Jan Becker
Du kannst Wunder vollbringen

W0048500

Jan Becker mit Christiane Stella Bongertz

DU KANNST WUNDER VOLLBRINGEN

Finde dein magisches Glück

Mit 22 Schwarz-Weiß-Abbildungen

PIPER

Mehr über unsere Autoren und Bücher:
www.piper.de

Von Jan Becker liegen im Piper Verlag vor:
Ich kenne dein Geheimnis
Du wirst tun, was ich will
Das Geheimnis der Intuition
Du kannst schaffen, was du willst
Nichtraucher in 120 Minuten
Du kannst schlank sein, wenn du willst
Entspannt schaffst du alles!
Du kannst Wunder vollbringen

MIX
Papier aus verantwor-
tungsvollen Quellen
FSC® C083411

ISBN 978-3-492-06193-3
© Piper Verlag GmbH, München 2020
Illustrationen: Sven Binner (nach Vorlage von Christiane Stella
Bongertz: Bewusstseins-Eisberg, Spiel, Sigille, Schnittmenge,
magisches Labyrinth)
Tarotkarten: Historic Collection/Alamy Stock Foto
Satz: Kösel Media GmbH, Krugzell
Gesetzt aus der Whitman
Litho: Lorenz & Zeller, Inning am Ammersee
Druck und Bindung: CPI books GmbH
Printed in Germany

Ich widme dieses Buch Erik Bisanz,
er weiß genau warum.

INHALT

VORWORT

DAS RESTAURANT AM ENDE DER WELT

Stell dir vor, die einzige Nahrung, die du kennst, ist Fast Food. Der einzige Ort, an dem du Nahrung zu dir nimmst, ist ein Schnellrestaurant. Dabei wirst du nicht nur satt. Es schmeckt dir sogar, du hast Lieblingsgerichte, die du besonders gerne isst. Vielleicht stellst du fest, dass es dir körperlich nicht so richtig gut geht, aber auf die Idee, dieses Unwohlsein mit deiner Ernährung in Verbindung zu bringen, kommst du nicht. Denn du siehst keine Alternative. Diese Art und Weise, dich zu ernähren, gehört zu deiner Welt, wie du sie kennst.

Doch einige der anderen Gäste im Schnellrestaurant – nicht viele – haben ein Gefühl, dass es noch mehr geben muss. Eines Tages wagen diese Menschen sich nach draußen. Ohne zu wissen, wonach sie eigentlich suchen, gehen sie los, auf eine Expedition. In der unbekannten Welt da draußen treffen sie auf ein anderes Restaurant. Das, was es dort gibt, sieht völlig anders aus. Es riecht anders. Es ist nicht eingewickelt oder eingeschweißt. Es hat ungewohnte Formen und Farben. Ein Teil der Neugierigen, dieser Erforscher fremder Welten, wird diese seltsamen Dinge gar nicht als Essen wahrnehmen. Nahrung, wie sie sie kennen, sieht ja anders aus. Vielleicht fürchten sie sich sogar davor und laufen zurück in das ihnen bekannte Schnellrestaurant.

Aber ein paar der Expeditionsteilnehmer bleiben. Sie fragen sich: Könnte das Nahrung sein? Eine andere Form? Ich probiere das mal! Diese Menschen werden ein Aha-Erlebnis haben. Sie müssen nicht unbedingt mögen, was sie essen (das Lokal, auf das sie zufällig getroffen sind, muss ja kein Sternerestaurant sein), aber sie stellen fest: Nahrung ist auch noch etwas anderes als das, was ich kenne! Wenn es das hier gibt, könnte es auch sein, dass es da noch viel mehr gibt! Mit dieser Erkenntnis öffnet sich die Tür zu einer ganz neuen Wirklichkeit. Die Welt erweitert sich, noch bevor die Neugierigen diese anderen Möglichkeiten ausprobiert haben. Sie wird erst recht größer, wenn sie sich dann auf die Suche machen und nach und nach all die wunderbaren Gerichte dieser Welt ausprobieren. Sushi, scharfe Currys, frische Salate mit Gemüsen, die sie nie zuvor gesehen haben, Spaghetti und Pizza, Enchiladas und Tortillas, Früchte, die am anderen Ende der Welt wachsen, Tapas, Blini, Baguette und was es sonst noch alles so gibt. Die Wirklichkeit des Essens ist mit einem Mal viel bunter, spannender und natürlich schmackhafter. Dadurch bekommen die Neugierigen die Möglichkeit, genau das Essen zu finden, das sie am liebsten mögen und das ihrem Körper am besten bekommt. Sie gewinnen Zugang zu Vitaminen und wichtigen Nährstoffen und damit zu besserer Gesundheit. Das heißt nicht, dass sie nie wieder Fast Food essen dürfen. Aber sie haben eine neue Sicht auf ihre bisherige Wirklichkeit bekommen. Sie können vergleichen. Sie können wählen. Sie sind frei.

Nun gibt es aber auch die nicht so Mutigen. Die bleiben im Fast-Food-Restaurant. Die sind nicht immer glücklich mit ihrem Essen, aber das ist immerhin das, was sie kennen. Das Sichere. Sie stellen sich lieber gar nicht die Frage, ob es noch mehr gibt. Sie haben Angst rauszugehen, denn vielleicht ist es dort gefährlich. Außerdem gibt es im Schnellrestaurant die Zögerlichen, die schon gerne einmal etwas anderes probieren würden, aber die nicht wissen, wo und wie.

Jetzt ist es gut, wenn es einen Wundermacher gibt.

Ein Wundermacher nimmt Ängstliche und Zögerliche an die Hand und sagt:»Kommt mal mit, nur Mut! Ich zeige euch was!« Er führt die Furchtsamen ebenso wie die Unschlüssigen sicher in und durch das Unbekannte. Er gibt Hilfestellung. So lange, bis den Zögerlichen der köstliche Duft nie gekannter Leckereien in die Nase steigt. So lange, bis sich die Angst in Neugier wandelt und die Menschen von allein weitergehen.

So ein Wundermacher, der bin ich.

Ich möchte auch dich an die Hand nehmen und dir zeigen, in welch magischer Welt voller Wunder wir leben. Natürlich geht es dabei nicht (nur) um Essen. Und natürlich sitzt du (wahrscheinlich) nicht tatsächlich im Fast-Food-Restaurant. Die Geschichte war nur eine Metapher. Aber wenn ich »Wunder« sage, meine ich auch welche: Ich möchte dir zeigen, wie du überall wahre Wunder erleben und wirken kannst. Ich möchte dir zeigen, dass du der Magier deiner Welt bist. Dass es viel mehr zu staunen und zu entdecken gibt, als du dir je vorstellen konntest. Und ich will dir zeigen, wie du die Welt verzaubern kannst. Deine eigene und die anderer Menschen. Vielleicht wusstest du es noch nicht, aber: Jeder kann zaubern! Auch du!

Wie das geht und wie du dein ganz persönliches magisches Glück findest, das wirst du in diesem Buch lernen. Es klingt paradox, aber ich weiß aus eigener Erfahrung: Erst wer im Zustand der Verzauberung lebt, hat eine gesunde Beziehung zur Realität. Wir alle brauchen Magie wie Vitamine.

Wir alle – ob ängstlich oder nicht – machen es uns manchmal im Bekannten ein bisschen zu bequem. Auf das, was uns stört, wovon wir träumen oder wonach wir uns sehnen, legen wir – bildlich gesprochen – ein paar weiche Kissen. So sehen wir es nicht und stoßen uns nicht dran.

Darum ist es wichtig, dass ab und zu jemand kommt und sagt: »Hey, komm mit raus. Wir spielen erst mal nur und gucken, was es sonst noch so gibt.« Und plötzlich, obwohl wir »nur« spielen, erlebst du aufregende Abenteuer. Du nimmst Gelegenheiten wahr, die dir sonst verborgen geblieben wären. Und ehe du dich's versiehst, lebst du das genau zu dir passende Leben voller Wunder, entfaltest dein volles Potenzial und erkennst, wie du unsere fantastische gemeinsame Welt bereichern kannst – und damit selbst zum Wundermacher wirst. Denn Wunder sind nicht nur möglich. Die ganze Welt besteht daraus.

Ich möchte dich einladen, sie mit mir zu entdecken!

Dein Jan Becker

PS: Falls du ein früheres Buch von mir gelesen hast, wunderst du dich vielleicht, warum ich dich, meine liebe Leserin, mein lieber Leser, auf einmal duze. Das ist keine Respektlosigkeit. Es ist die Konsequenz meines Wunsches, dir näherzukommen, mit dir auf einer Ebene zu stehen – denn menschliche Nähe ist eines der größten Wunder, lasst sie uns leben.

Wer dies hier liest,
wird in den nächsten
24 Stunden mindestens
ein Wunder erfahren.
Habe Vertrauen
und warte gelassen
auf dieses Zeichen
deines magischen Glücks –
es wird dich finden,
du musst nicht
danach suchen.

1

AUF DIE WUNDER, FERTIG, LOS: WORAUS SIE BESTEHEN, WAS SIE MIT MAGIE ZU TUN HABEN, WARUM JEDER DIE LIZENZ HAT, SIE ZU VOLLBRINGEN – UND WIE DU GLEICH DAMIT LOSLEGEN KANNST

> *Ein tiefer Mensch glaubt an Wunder*
> *und ist ihrer gewärtig, glaubt an Magie.*
> Ralph Waldo Emerson

Hast du die Botschaft auf der vorigen Seite gelesen? Falls du sie überblättert hast, hole das schnell nach, denn sie ist mein Willkommensgeschenk an dich. Sie ist wahrhaft magisch und wird ihr Versprechen halten. Alles, was du tun musst, ist, sie in dein Herz einzulassen und daran zu glauben. Vertrau mir, ich weiß, dass es funktioniert. Denn die Botschaft enthält die Bausteine der Wirklichkeit, und diese sind zugleich die Bausteine eines Wunders – denn Wirklichkeit, Wunder und Wahrheit, das ist tatsächlich alles eins. Ich werde später noch auf diesen Zusammenhang zu sprechen kommen, aber fürs Erste kannst du es dir wie folgt vorstellen:

DIE MAGISCHEN DREI: IDEE – IMAGINATION – GLAUBE

Zuallererst ist da noch nichts. Dabei ist »nichts« eigentlich das falsche Wort, denn dieses »Nichts« hat eine besondere Qualität. Es enthält bereits alles Notwendige, damit aus ihm ein »Etwas« wird – es ist ein Nichts wie unbepflanzte Erde. Dort hinein wird eine **Idee** gesät. In diesem Fall ist es die Idee, dass ein Wunder geschehen könnte. Daraus erwächst die **Imagination**. Imagination kommt vom lateinischen Wort *imago*, Bild. Zwar weißt du im Fall meiner Botschaft noch nicht, wie das Wunder später aussehen wird, es hat noch keine konkrete Form – zumindest keine, die dir zu diesem Zeitpunkt bereits bekannt ist. Aber dennoch ist da bereits die Vorstellung – oder auch: die Erwartung –, *dass* das Wunder eine Form annehmen wird. Diese Vorstellung ist wie ein weißes Blatt Papier, auf dem ein Bild entstehen kann. Oder, um in der Analogie zu bleiben: Es ist wie der Raum über der Erde, in den eine Blume hineinwächst und sich dort zu voller Schönheit entfalten kann. Der Ort, an dem das Wunder seine Form annehmen kann, wenn es so weit ist. Und dann ist da der dritte und letzte Baustein. Das ist der **Glaube,** der im Herzen wohnt. Der Glaube daran, dass das Wunder Wirklichkeit und damit wahr werden wird. Er ist wie die wärmende Sonne, die dafür sorgt, dass aus einem Keim auch wirklich eine Blume wächst. Der Glaube gibt dem Wunder die Energie, die es zu seiner Entstehung benötigt.

Mehr braucht es nicht.

Jetzt kennst du bereits das Grundrezept für jede Form von bewusst initiierten Wundern! Wir werden uns noch genauer anschauen, wie und warum dieses Rezept tatsächlich funktioniert, warum echte Wunder ganz real und überall zu finden sind und wie jeder sie willentlich wirken kann. Doch vergiss nun erst einmal wieder dein persönliches Wunder – vertrau darauf, es wird dich von alleine finden. Falls dir das schwerfällt, stell dir dein

Wunder vor wie eine eigenwillige Katze: Wenn du sie jagst, läuft sie davon. Versuchst du, sie auf deinen Schoß zu zwingen, steht sie wahrscheinlich sofort wieder auf und entwischt. Bleibst du dagegen ganz entspannt und wartest ab, wird sie nach einer Weile zu dir kommen und sich gerne auf deinem Schoß zusammenrollen.

Keine Sorge, langweilig wird die Wartezeit auf deine » Katze« nicht, gleich habe ich schon eine erste Aufgabe für dich.

Bevor wir allerdings damit loslegen, solltest du noch etwas besorgen:

DEINE SCHREIBWERKZEUGE

Wenn du schon Bücher von mir gelesen hast, weißt du, dass ich ein großer Anhänger von handschriftlichen Notizen bin. Die Hand hat eine direkte Verbindung zum Geist. Was wir konzentriert handschriftlich festhalten, sinkt besser und dauerhafter ins Unterbewusstsein[1] als jede Notiz auf dem Tablet oder Telefon – und unser Unterbewusstsein ist unser wichtigster Helfer, auch wenn es darum geht, Wunder zu vollbringen – in unserem eigenen Leben und im Leben anderer.

Ich möchte dich darum bitten, bei Gelegenheit in den nächsten Schreibwarenladen zu gehen und dir für die Arbeit mit diesem Buch eine altmodische Kladde oder ein schönes Notizbuch mindestens im Format DIN-A5 zu besorgen – und dazu einen Füllfederhalter oder ein anderes Schreibutensil, das dir gut in der Hand liegt, angenehm über das Papier gleitet und mit dem es dir Spaß macht, zu schreiben oder auch eine kleine Skizze anzufertigen.

Diese Kladde ist dein magisches Journal. Ich möchte dich jetzt schon bitten, darin alle Übungen und Rituale dieses Buches und deren Ergebnisse zu notieren. Sobald sich zum Beispiel dein Wunder zeigt, schreibe es nieder, versehen mit dem aktuellen Datum: Was hast du empfangen und warum fandest du es wunderbar? Wenn du dir das Notieren zur Gewohnheit machst, trainierst du deinen Blick für Wunder.

Neben der Kladde benötigst du für verschiedene Übungen und Rituale noch einige lose Bogen Papier.

Für die erste Übung reicht es, wenn du dir ein Blatt Papier und einen Kugelschreiber zur Hand nimmst. Du kannst den Bogen später in deine neue Kladde hineinkleben oder -heften. Nun aber los!

Ich möchte dich bitten, dich einmal intensiv mit dem Wort

WUNDER

zu befassen. Jeder Begriff hat die Macht, Bilder und Gefühle in dir auszulösen. Deine Aufgabe ist es nun, dein Herz und deine Seele zu öffnen und diesen Bildern und Gefühlen nachzuspüren. Dazu nimmst du dir bitte Zettel und Stift und begibst dich an einen ruhigen Ort, an dem du einen Moment ungestört bist. Setz dich bequem hin, lege das Blatt Papier und den Stift vor dich hin. Fixiere mit den Augen einen Punkt vor dir und atme einige Male tief ein und aus. Schaue immer nur auf den ausgewählten Punkt, bis du merkst, dass sich die Wogen deiner Gedanken glätten. Dann vertiefst du dich in die Betrachtung des Wortes »Wunder«. Du kannst auch die Augen schließen, wenn du möchtest. Halte das Wort in deinen Gedanken und beobachte, was für Empfindungen auftauchen. Diese Empfindungen können und dürfen in jede Richtung gehen. Wie fühlt sich das Wort an? Warm? Kalt? Offen? Beengt? Kribbelt es? Kommen dir eine oder mehrere Farben in den Sinn? Fühlt es sich hell oder dunkel an? Leuchtet es vielleicht? Wie klingt es? Ändert die Konzentration auf das Wort deinen Atemrhythmus? Wenn ja, wie? Wird er tiefer und langsamer? Oder schneller und vorfreudig? Gibt es eine Stelle in deinem Körper, an der das Wort widerhallt? Im Bauch? Im Kopf? Am Solarplexus? Welches Gefühl löst es dort aus? Tauchen Bilder vor deinem inneren Auge auf? Passiert etwas mit deinem Gesicht? Musst du lächeln? Oder gehen die Mundwinkel hinunter? Schreibe alles auf, was dir in den Sinn kommt, egal was es ist. Bewahre die Notizen auf, wir werden gleich darauf zurückkommen.

EIN WUNDER IST EIN WUNDER – IST DEIN WUNDER!

Der Duden versteht unter einem Wunder erst mal unkonkret ein »außergewöhnliches, den Naturgesetzen oder aller Erfahrung widersprechendes und deshalb der unmittelbaren Einwirkung einer göttlichen Macht oder übernatürlichen Kräften zugeschriebenes Geschehen, ein Ereignis, das Staunen erregt«. Wahrscheinlich würdest du es auch so ähnlich umreißen, wenn dich jemand fragte, was ein Wunder ist. So eine Definition ist sozusagen die Hülle des Begriffs, die für alle gleich ist. Aber das, was du gespürt oder gesehen hast, als du dich in den Begriff »Wunder« vertieft hast, ist die Essenz all dessen, was du in deinem Leben bisher zum Thema »Wunder« gelernt, gehört oder gelesen hast oder was du ganz persönlich als Wunder erlebt hast. In jedem Wort steckt unsere Geschichte damit. Diese Historie füllt die Definition mit Leben. Sie lässt sich nicht von dem Wort trennen.

Ich bin, wie viele Menschen, mit dem Begriff »Wunder« zum ersten Mal in der Grundschule in Kontakt kommen, genauer gesagt im Religionsunterricht. Da ging es um die Wunder in der Bibel. Die Bibel ist auch eine Fundgrube für Wunderbeispiele, die durch Einwirkung einer »göttlichen Macht« geschehen.

Im Alten Testament, im Judentum Tanach genannt, liest man zum Beispiel, wie Moses die Israeliten auf der Flucht vor den Ägyptern über den Grund des Roten Meeres führt, nachdem Gott die Fluten geteilt hat. Der Prophet Elischa vermehrt unter anderem Brot und macht vergiftetes Essen genießbar. Und ein Engel sorgt dafür, dass die Löwen in der Grube, in die der Prophet Daniel geworfen wird, der Appetit verlässt. Um nur einige der vielen Geschichten zu nennen. Im Neuen Testament betritt dann mit Jesus ein echter Superstar der Wundertaten die Bühne. Dank seines direkten Drahtes nach oben verwandelt er Wasser in Wein. Er vervielfältigt Brot und Fisch. Und er wandelt über Wasser und heilt Menschen von allen möglichen Gebrechen. In anderen Religionen gibt es ähnliche Helden. Im Koran ist der Prophet Mohammed vergleichbar wundersam tätig. So wirkt er etwa das Wunder, dass ein ausgezehrtes Schaf plötzlich jede Menge Milch gibt, obwohl es nicht mal ein Lamm geboren hat. In anderen Geschichten vermehrt er Wasser oder lässt eine verdorrte Dattelpalme wieder Früchte tragen – und auch er lässt Kranke gesund werden, zum Beispiel hat das von ihm zum Waschen verwendete Wasser heilsame Kräfte.[2]

Einige solcher Wundergeschichten – vielleicht nicht genau die genannten, aber vergleichbare Berichte – stecken vermutlich auch irgendwo in deinem im Unterbewusstsein gespeicherten »Gepäck« zum Thema Wunder.

PROBLEMLÖSUNG AUF DIE MAGISCHE ART

Wundersame Geschichten gibt es natürlich nicht nur in religiösen Schriften. Sie sind überall! In Märchen, Mythen, Legenden, Sagen, aber genauso in modernen Fantasy-Geschichten und Kinderbüchern. In diesen Geschichten, von *Schneewittchen* über *Faust* bis hin zu *Harry Potter* oder *Herr der Ringe*, wimmelt es von mit übernatürlichen Kräften ausgestatteten oder in Zauberkunst bewanderten guten und bösen Feen, Hexen, Trollen, Elfen, Zauberern, Dämonen oder auch schon mal dem Teufel höchstpersönlich. Es gibt sogar verzauberte Gegenstände, die über magische Kräfte verfügen.

Vieles davon kennen wir, weil wir es als Kind vorgelesen bekommen haben. Anderes haben wir später selbst gelesen, als Film gesehen oder es vielleicht sogar als Stoff in der Schule durchgenommen. Nicht wenige dieser Geschichten gelten als wichtiges Kulturgut – die von den Brüdern Grimm gesammelten Volksmärchen sind seit 2005 UNESCO-Weltdokumentenerbe, und Goethes *Faust* gilt als das bedeutendste Werk deutscher Literatur. Der 300. Jahrestag der ersten europäischen Übersetzung der *Erzählungen aus 1001 Nacht* wurde ein Jahr zuvor als kulturelles Gedenkjahr gefeiert. Diese Märchen sind ein kulturübergreifendes Phänomen, denn ihr Ursprung liegt in Indien, verbreitete sich von da aus in Persien, wurde schließlich ins Arabische übertragen und verzauberte dann ab 1704 ebenfalls Europa. Auch Homers fast dreitausend Jahre alte *Odyssee* wird immer wieder neu erzählt. Um nur einiges zu nennen.

Kurz: Unser Herz hängt an wunderbaren Geschichten.

Denn sie sind es, die uns als Menschen ausmachen, nicht Sachbücher über Steuerrecht oder Maschinenbau oder Karpfenzucht. Die haben auch ihre Berechtigung, aber wir sehnen uns nicht danach.

Eines haben alle Geschichten gemeinsam: Immer wieder werden darin vertrackte oder gefährliche Situationen auf wundersame und erstaunliche Weise gelöst. Ob nun die gute Fee in *Dornröschen* den bösen Zauber ihrer gemeinen Kollegin mit ihrem eigenen Zauberspruch entschärft, Pippi Langstrumpf beschließt, ein akutes Mobilitätsproblem mithilfe eines Schrottautos und »Konrads Spezialkleber« zu lösen, und damit ein Flugobjekt zaubert, oder Siegfried aus der *Nibelungensage* in Drachenblut badet, um sich unverwundbar zu machen.

Genau diese Magie, dieses »Alles geht«, macht die Faszination der Geschichten aus. Es lässt tief in unserem Herzen etwas anklingen. Denn wäre es nicht *wunder*bar, wenn uns in unserem Leben auch magische Kräfte zur Verfügung stünden, die uns Probleme mit Leichtigkeit lösen ließen? Die uns klarsehen lassen und uns zu unserem Glück führen können? Die uns sofort

Spaß am Leben und das Staunen zurückgeben? Die gute Nachricht ist: All das ist tatsächlich möglich! Und auf unserem Weg dahin habe ich nun eine weitere Aufgabe für dich.

Vielleicht ist dir aufgefallen, dass die wundersamen Geschehnisse in den nicht religiösen Geschichten nicht als »Wunder« bezeichnet werden. Stattdessen ist hier – wenn die magischen Geschehnisse überhaupt einen Namen bekommen – die Rede von Zauber oder Magie.

Aus diesem Grund möchte ich dich nun bitten, genau das, was du vorhin mit dem Wort »Wunder« getan hast, mit einem anderen Begriff durchzuführen. Nämlich mit dem Wort

MAGIE

Greife wieder zu Zettel und Stift und zieh dich zurück. Fixiere mit den Augen einen Punkt, atme, bis du entspannt bist, und öffne dich dann dem Wort. Lass es auf dich wirken. Beobachte, was du fühlst, siehst oder denkst. Schreibe auf, ohne es zu beurteilen. Alles gilt.

Lass dir Zeit.

Wenn du fertig bist, nimm deine »Wunder«-Notizen von vorhin und lege sie neben deine »Magie«-Aufzeichnungen. Dann vergleiche, was du aufgeschrieben hast.

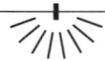

WUNDER UND MAGIE GEHEN HAND IN HAND

Lass mich raten: Vermutlich waren deine Empfindungen beim Wort »Wunder« vorwiegend positiv. Für die meisten Menschen fühlt sich der Begriff verheißungsvoll an. Manchmal ist er aufregend prickelnd oder glitzernd, aber in jedem Fall hell, offen und insgesamt einfach erhebend und schön. Das ist nicht weiter verwunderlich, die meisten von uns haben den Begriff nur in positiven Zusammenhängen kennengelernt. Auch dann, wenn man sich nicht für Bibelgeschichten und andere religiöse Erzählungen interessiert, hat man davon zumindest irgendwann mal gehört, und auch sonst ist von einem »Wunder« fast nur die Rede, wenn etwas Schönes und Gutes geschehen ist: Jemand hat unerwartet eine schwere Krankheit überwunden oder überraschend ein Turnier gewonnen, oder man hat einen alten Freund wiedergefunden, obwohl der inzwischen in Timbuktu lebt. Oder, oder, oder.

Auch »Magie« vermittelt oft ein aufregendes Prickeln. Auch Magie wirkt oft vielversprechend, aber die Assoziationen sind selten so durchgehend und eindeutig gut. In vielen Menschen weckt Magie Neugier, sie umgibt ein mystischer Reiz, aber sie ist gleichzeitig oft ein bisschen unheimlich. Natürlich haben viele Leute sofort Harry Potter vor Augen, aber mit dem erscheint auch gleich der böse Lord Voldemort. Vielleicht hast du sogar Assoziationen wie »dunkel« oder »unheimlich«, »schwarz« oder »gefährlich« aufgeschrieben. Vielleicht denkst du bei »Magie« zwar auch an Elfen und gute Feen, aber ebenso an beängstigende Figuren mit schwarzen wehenden Umhängen, die mit donnernder Stimme Verwünschungen rufen. Möglicherweise denkst du an die gemeine Hexe aus *Hänsel und Gretel*. Oder dir kommen zwielichtige Voodoo-Zauberer in den Sinn, die Nadeln in kleine Püppchen rammen, um demjenigen, der diese Puppe darstellen soll, zu schaden. Vielleicht denkst du auch an Goethes *Zauberlehrling*, dem die Magie in Abwesenheit seines Meisters über den Kopf wächst, weil er den richtigen Zauberspruch vergessen hat. Beispiele, in denen Magie mit Gefahr und Verbotenem verbunden ist, gibt es reichlich. Das Interessante dabei ist: Magie und Wunder sind ganz eng miteinander verknüpft! Sie gehören untrennbar zusammen, denn Magie ist eigentlich »nur« der Prozess, der zu einem Wunder führt. Mit magischen Handlungen vollbringt man bewusst Wunder. Zum Beispiel ist es Teil einer magischen Handlung, dass ich dir den Wunderbrief, der vor dem ersten Kapitel zu finden ist, geschenkt habe. Anders gesagt: Wenn ein Wunder eine schöne Blüte ist, dann ist Magie all das, was sie zu dieser schönen Blüte gemacht hat. Die Kraft der Sonne, des Wassers, die Nährstoffe in der Erde und natürlich die geheime Botschaft des Samens.

Ohne Magie kein(e) Wunder.

Das heißt auch: Wer Wunder vollbringen will, kommt um Magie nicht herum.

Aber warum empfinden die meisten von uns dann Wunder als durch und durch positiv, Magie aber oft als ein bisschen unheimlich?

WENN ZWEI DAS GLEICHE WUNDER TUN, IST ES NOCH LANGE NICHT DASSELBE

Um das zu erklären, müssen wir nur unsere Assoziationen zu den beiden Begriffen genauer unter die Lupe nehmen. Ein wichtiger Teil davon ist, wie gesagt, das, was wir im Laufe unseres Lebens dazu gehört, gelesen oder erlebt haben, zum Beispiel in Form von Geschichten, Filmen oder im Unterricht in der Schule. Dabei sind die erwähnten religiösen Wundergeschichten in unserer Kultur eine der größten Quellen unseres »Wissens« über Wunder, ganz egal ob wir religiös sind oder nicht. In diesen Geschichten gibt es einmal die legitimen Wundermacher – also Gottessöhne, Propheten, Engel und so weiter. Wenn diese Auserwählten Magie ausüben und ein Wunder dabei herauskommt, wird das als großartige Sache dargestellt. Interessant ist hier eines: Es wird nie von »Magie« gesprochen, obwohl ganz eindeutig welche im Spiel ist!

Daneben kennen die meisten Religionen aber weitere Mächte, die ebenfalls imstande sind, den Lauf der Dinge nach ihrem Willen zu beeinflussen. »Übernatürliche Kräfte«, um die Definition des Dudens zu benutzen. Doch hier gibt es eine wichtige Änderung. Der Einfluss dieser Kräfte wird nie »Wunder« genannt. Erst in diesem Zusammenhang ist von »Magie« die Rede – oder gleich von Hexerei oder Teufelswerk. Letztere sind eindeutig negativ besetzte Begriffe. Dadurch werden die magischen Handlungen abgewertet. Sogar, wenn genau das Gleiche geschieht und die Akteure dabei gute Absichten hegen. Doch das wird als völlig unerheblich angesehen, denn die Lizenz für Wunder haben in den monotheistischen Religionen mit nur einem Gott – mono heißt »ein«, und theós ist das griechische Wort für »Gott« – nur dieser selbst und die von ihm Beauftragten. Wer ohne Anweisung von höchster Stelle damit experimentiert, Wunder in die Welt zu bringen, begeht eine Sünde und steht automatisch auf der dunklen Seite der Macht. Darum sind Hexen in traditionellen Märchen fast immer böse.

Kurz: Wenn zwei Magie benutzen und das gleiche Wunder tun, ist es noch lange nicht dasselbe.

Schon das kann dazu beitragen, dass Magie in unserem Unterbewusstsein in der Abteilung mit dem Warnschild »Achtung – Betreten auf eigene Gefahr« abgespeichert ist. Dazu kommt noch etwas anderes. In unseren Breiten waren seit dem frühen Mittelalter Staatsmacht und Kirche eng miteinander verwoben. Weil auch Könige offiziell (angeblich) immer »von Gottes Gnaden« eingesetzt waren, hatten die Mächtigen mit der biblischen Vorgabe, dass nur von Gott Auserwählte Wundersames tun durften, ein gutes Kontrollinstrument in der Hand. Wer auch immer den Herrschenden unliebsam war oder ihnen gefährlich zu werden drohte – vielleicht, weil er[3] eine tolle Idee hatte, wie sich ein Staat besser als in einer Monarchie organisieren ließe (»Also, da ist diese Idee aus Griechenland, nennt sich Demokratie!«) –, konnte schnell der Hexerei bezichtigt und aus dem Weg geräumt werden. Hinzu kam, dass es in alten Zeiten außerdem viel gab, was sich die Menschen mit dem Einfluss böser Mächte erklärten – von Missernten über Epidemien, Feuersbrünste bis hin zu Unwettern. Da wurden Menschen, die irgendetwas Außergewöhnliches konnten, erfanden oder bewirkten, schnell zum Sündenbock: »Wenn die alte Kräuterfrau in dem Häuschen im Wald Krankheiten wegzaubern kann, dann kann sie bestimmt auch welche herzaubern – eine Hexe, ganz klar!« Daneben war es natürlich auch für skrupellose Neider, die es beispielsweise auf das Haus der Kräuterfrau abgesehen hatten, ein Leichtes, hier gezielten Verdacht zu streuen.

Diese Instrumentalisierung der Magie – oder was man dafür hielt oder halten wollte – hatte, das ist bekannt, fürchterliche Konsequenzen. Sie kostete in Europa im Zeitraum von etwa 1450 bis 1750 ungefähr fünfzigtausend vermeintlichen Hexen oder Magier das Leben – und daneben vermutlich Tausenden weiteren Menschen, denen die »Frevler« hätten helfen können. Schließlich waren die Beschuldigten häufig Frauen und Männer mit großer naturheilkundlicher und heilerischer Erfahrung. Darum geht die heute bekannte Naturheilkunde oft auf Mönche und Nonnen zurück. Denn sie waren die Einzigen, die, sozusagen »mit Gottes Segen«, in ihren Klostergärten unbehelligt experimentieren durften.

WENN UNS MAGIE UNHEIMLICH IST, HAT DAS NICHTS MIT DER MAGIE ZU TUN – SONDERN DAMIT, WAS UNSEREN AHNEN WIDERFAHREN IST

Hast du also das Gefühl, den Begriff »Magie« würde etwas Unheimliches umwehen, ist das – nach so vielen Jahrhunderten, in denen Magie als Teufelswerk galt, mit dem gottesfürchtige Menschen besser nichts zu schaffen hatten – nicht überraschend. Es spielt keine Rolle, ob du dich als religiös oder gottesfürchtig bezeichnen würdest. Es ist auch egal, was du glaubst oder ob du überhaupt an irgendetwas glaubst – diese Zeiten haben Spuren in unserem kollektiven Gedächtnis hinterlassen, also in der Gesamtheit aller mündlichen oder schriftlichen Überlieferungen.

Die Hexenverfolgung endete schließlich erst vor rund zweihundertsiebzig Jahren, das ist nicht mal ein Wimpernschlag in der Geschichte der Menschheit. Hätte ich vor drei- oder vierhundert Jahren gelebt und Ähnliches getan wie heute, wäre auch ich vermutlich als Hexer auf dem Scheiterhaufen gelandet oder vom nächsten Hexenturm gestürzt worden. Einer, der sich »Wundermacher« nennt, der Gedanken liest und jede Menge Menschen hypnotisiert – hoch verdächtig! Und wären den Kirchenoberen dann noch Anekdoten zu Ohren gekommen wie die von einer Teilnehmerin meiner Bühnenhypnosen, die nach diesem Erlebnis plötzlich ihren seit einer Operation vor vielen Jahren steifen Arm wieder beugen konnte, wäre es spätestens um mich geschehen gewesen. Da hätte ich hundertmal beteuern können, dass nicht ich für die Genesung verantwortlich war. Die Dame hatte dank meiner Hypnose nur endlich gemerkt, dass ihr Arm längst wieder in Ordnung war. Sie hat ihr persönliches Wunder gemäß dem universellen Dreiklang *Idee* (»Mein Arm könnte vielleicht funktionieren.«) – *Imagination* (»Ich stelle mir mal vor, dass er funktioniert.«) – *Glaube* (»Ich glaube, ich probiere das mal aus.«) höchstpersönlich gewirkt, ich habe ihr lediglich dabei geholfen.

Bezeichnenderweise kann beim gedanklichen Spiel »Was wäre, wenn ich in anderen Zeiten gelebt hätte?« noch etwas völlig Gegensätzliches herauskommen: Wäre ich zu biblischen Zeiten im Nahen Osten unterwegs gewesen, hätte es gut sein können, dass man in meinem Tun vielleicht etwas Göttliches gesehen und mich zu einem Propheten oder gleich gar zum Messias gemacht hätte.

Einmal teuflisch, einmal göttlich.

Und das, obwohl ich genau das Gleiche gemacht hätte.

Interessant, oder?

Aber egal, als was ich in welcher historischen Epoche angesehen worden wäre: Diese Vorgeschichte, in der nicht jede und jeder Wunder tun und Magie ausüben durfte, hat in vielen von uns tief sitzende Ängste etabliert. Nicht nur Ängste vor Magie selbst, sondern auch davor, irgendwie aus der Reihe zu tanzen. Wir fürchten uns nicht unbedingt davor, ein Wunder zu erfahren – dann ist man ja nicht dafür verantwortlich. Aber wenn es darum geht, selbst etwas zu tun, dessen Resultat etwas Aufsehenerregendes oder auch nur Ungewöhnliches ist, haben wir Vorsicht gelernt. Schließlich bedeutete das jahrhundertelang vor allem Ärger. Ärger gab es auch regelmäßig für neue Ideen oder Erkenntnisse, die die herrschende Weltsicht infrage stellten.[4] Galileo Galilei hatte noch Glück, von der Inquisition »nur« unter lebenslangen Hausarrest gestellt zu werden. Sein Astronomenkollege Giordano Bruno, der wie Galilei das sonnenzentrierte Weltbild vertrat, das im Gegensatz zur herrschenden Ansicht stand, die Sonne drehe sich um die Erde, wurde der Ketzerei – und Magie! – für schuldig befunden und 1600 auf dem Scheiterhaufen verbrannt.

Wahrscheinlich aber ist unsere Einstellung zur Magie von noch mehr beeinflusst als allein von unserem im Unterbewusstsein gespeicherten Wissen: In der relativ neuen Disziplin der Epigenetik geht man davon aus, dass sich Erfahrungen vorhergehender Generationen längerfristig im Erbgut niederschlagen können. Gut möglich also, dass sich die Angst, als Hexe, Hexer oder Häretiker auf den Scheiterhaufen geworfen oder gefoltert zu werden, wenn wir uns nicht »benehmen«, in unsere Gene geschrieben hat, weil unsere Vorfahren diese Gräuel hautnah miterleben mussten.

Der britische Biologe Rupert Sheldrake[5] geht außerdem davon aus, dass Wissen oder Erfahrungen nicht nur an die eigenen Nachfahren weitergegeben werden. Mindestens alle Angehörigen der gleichen Spezies haben seiner Ansicht nach Zugang zu einer kollektiven Erinnerung, die außerhalb von ihnen existiert, als Felder von verdichteter Information. Sheldrake hat diese Felder *morphic fields* – also morphische oder formende Felder – getauft. Seiner Vorstellung nach umspannen diese Felder die Erde und könnten etwa erklären, warum bestimmte Formen im Pflanzen- oder Tierreich sich immer wiederholen, obwohl sie sich weit voneinander entfernt entwickelt haben. Sie könnten aber zum Beispiel auch Phänomene erklären wie jenes, dass Menschen, die ein bestimmtes Suchbild enträtseln, dieses signifikant schneller tun, je mehr andere Leute das Rätselbild ganz woanders bereits gelöst haben. Das war das Ergebnis eines Versuchs des britischen Senders BBC. An die Theorie der *morphic fields* anknüpfend geht Sheldrake auch von *social fields* aus. Diese Felder wiederum speichern gezeigtes Verhalten sozialer Gruppen und beeinflussen deren zukünftige Organisation. Wenn die Menschen also in früheren Generationen Angst hatten, neue Ideen zu verwirklichen oder sich magischen Praktiken zu widmen, weil ihnen dafür Strafe drohte, wäre es denkbar, dass diese Furcht in bestimmten sozialen Feldern fortwirkt.

Ob Sheldrakes soziale Felder hier eine Rolle spielen, darüber lässt sich bisher nur spekulieren. Aber es gibt noch eine Möglichkeit: Ich halte es nicht für ausgeschlossen, dass wir wiedergeboren werden und uns unbewusst an Ereignisse aus eigenen früheren Leben erinnern. Ich habe einmal mit einem befreundeten Hypnotiseur eine sogenannte Rückführung mitgemacht. Das ist ein hypnotisch geführtes Eintauchen in ein früheres Leben. Dabei habe ich mich, nein, nicht als Magier, sondern als betagten Ritter mit einem weißen Bart erlebt, der mit einem Schwert in der Hand vor einem Burgtor steht. Ich wurde in diesem Moment von einer abgrundtiefen Traurigkeit erfasst, denn jemand hatte mir befohlen, diese Burg zu überfallen und die Menschen darin zu töten. In jenem Augenblick schwor ich mir, nie wieder Befehle von jemand anderem zu befolgen, falls ich noch einmal leben sollte. Ein Hinweis darauf, dass diese Geschichte tatsächlich stimmen könnte: Ich konnte schon als kleiner Junge fechten, obwohl mir das nie jemand gezeigt hatte. Merkwürdig, findest du nicht?

Ich selbst leite ebenfalls manchmal hypnotische Rückführungen, und oft finden sich dabei gerade Menschen mit ausgeprägter Angst vor Feuer plötzlich als Hexe oder Ketzer auf einem Scheiterhaufen wieder. Nun kann bis heute niemand beweisen, dass es Reinkarnation gibt. Möglicherweise handelte es sich bei meiner Ritter-Episode und auch bei den Scheiterhaufen-Erlebnissen allein um bildhafte Projektionen des Unterbewusstseins, wie es ja zum Beispiel auch in Träumen passiert. Doch vielleicht werden so auch die epigenetisch verankerten Erfahrungen ferner Vorfahren ausgedrückt.

Fest steht, dass wir nicht losgelöst von unserer Geschichte existieren. Sie wirkt auf vielfältige Weise nach. Darum ist es auch unbestreitbar, dass die Furcht vor bestimmten Dingen über viele Generationen fortbestehen kann.

KEINE ANGST: FANG EINFACH GLEICH AN, WUNDER ZU VOLLBRINGEN

Doch egal, auf welchem Weg sich bestimmte Ängste in unserem Unterbewusstsein eingenistet haben: Die Furcht davor, Wunder zu vollbringen und zum Grenzen überwindenden Zauberer zu werden, ist vor allem das Erbe vergangener Zeiten. Zeiten, in denen nur bestimmte Menschen die Mittel der Magie benutzen durften und alle anderen, die es taten, bestraft, bedroht oder sogar getötet wurden. Diese Zeiten sind glücklicherweise vorbei!

Trotzdem verhindern diese Ängste leider heute noch, dass wir alle Magie und Wundern offen gegenüberstehen und ihre fantastischen Möglichkeiten vorurteilsfrei erkunden.

Das sollten wir aber!

Denn diese Welt braucht Wunder!

In und nach den Krisen der jüngsten Zeit mehr denn je!

Und sie braucht Wundermacher, die keine Angst vor magischen Verwandlungen haben. Die sich trauen, neue Welten zu schaffen und kühne Ideen zu verfolgen. Für sich selbst, für das ganz persönliche Glück auf Erden, aber auch für uns alle, um gemeinsam die Probleme dieser Erde zu lösen und sie zu einem für uns alle glücklichen, schönen, ja zu einem wundervollen Ort zu machen.

Diese Welt braucht Wundermacher – wie DICH!

Keine Sorge, ich nehme dich an die Hand und führe dich Schritt für Schritt in ein Reich voller Wunder. Du gehst immer nur so weit, wie du willst. Magier von heute sind ganz normale Leute. Frauen, Männer und sogar Kinder und Jugendliche. Letztere haben oft einen ganz natürlichen Zugang zur Magie, weil sie offener sind als Erwachsene und noch keine Scheuklappen tragen, die sie nur das sehen lassen, was angeblich möglich ist. Auch ich habe mich schon als Kind für Themen wie Telepathie, Hypnose und Magie interessiert. Moderne Magier haben auch (in den allermeisten Fällen) nichts Böses im Sinn. Sie unterscheidet nichts von anderen Menschen – abgesehen von ihrer Neugier und Lust, neue Dinge auszuprobieren und hinter den Vorhang des Möglichen zu schauen.

Ich will dich ermuntern, deiner Sehnsucht nach Wundern, nach dem Staunen über die Welt, nachzugeben und mehr Wunder in die Welt zu bringen. Denn es gibt unendlich viele *wunderbare* Möglichkeiten, diese Welt und ihre Menschen auf magische Weise zum Positiven zu verwandeln. Jeder hat das Zeug zu magischem Handeln und nicht nur irgendwelche Auserwählten oder zwielichtige Gestalten. Magie ist nichts Lichtscheues, das sein Dasein im Verborgenen fristet. Im Gegenteil! Unser ganz normaler Alltag ist voller Magie – wir sehen nur die Wunder vor unserer Nase oft gar nicht mehr. Ich werde dir helfen, sie zu erkennen und sie zu nutzen.

Magie ist dabei erst mal eine völlig neutrale Kraft. Entscheidend ist, wie man sie einsetzt. Du weißt nun, dass Vorbehalte in Sachen Magie, die du vielleicht insgeheim hegst oder gehegt hast, aus vergangenen Epochen stammen, in denen die ungerechte Verteufelung von Magie als Machtinstrument benutzt wurde. Wann immer dich Unbehagen befällt, kannst du dir das in Erinnerung rufen. Magie ist ein Werkzeug, um Grenzen zu überwinden. Du bestimmst, welche! Aber wenn du sie mit Liebe im Herzen anwendest, kann Magie nur Gutes tun. Fang doch einfach gleich damit an, dir selbst und anderen Gutes zu tun. Ich habe da eine schöne Idee:

DER MAGISCHE GELDSCHEIN
Nimm dir einen Fünf- oder Zehneuroschein. Darauf schreibst du nun voll konzentriert den folgenden Satz:

Mehr davon soll den Weg zu mir finden.

Diesen Geldschein legst du in deinen Geldbeutel und trägst ihn immer mit dir herum. Bitte kaufe dir nichts dafür, sondern warte, bis Geld zu dir kommt, mit dem du nicht gerechnet hast: ein Geldgeschenk zum Geburtstag, eine unerwartete Rückzahlung, eine Rechnung, die du vergessen hattest und die plötzlich überwiesen wird, ein Fund auf der Straße, ein Preisnachlass, ein Auftrag aus heiterem Himmel und so weiter. Sobald du den ersten Geldsegen erhalten hast, verschenkst du den Schein – das bedeutet nicht, dass der Zauber aufhört zu wirken, im Gegenteil. Erkläre dem Empfänger, dass auch er den Schein nicht ausgeben darf, sondern warten muss, bis er unerwartete Einkünfte hat – und dass er ihn dann ebenfalls mit entsprechenden Instruktionen weitergeben soll. Du kannst dir anschließend auch jederzeit wieder einen neuen Geldschein schreiben. Erfahrungsgemäß kommt durch dieses Geldvermehrungsritual wirklich einiges zusammen. Vergiss bitte nicht, auch in deinem magischen Journal zu notieren, wann du den Geldschein beschriftet hast und wie die Ergebnisse in Form unerwarteter Einkünfte aussahen. Schreib auch auf, wann du den Geldschein weitergegeben hast. Das Ganze funktioniert übrigens auch, wenn du normalerweise bargeldlos bezahlst, denn der Geldschein wird ja nie ausgegeben.

Neben dem sich unterschwellig auswirkenden Erbe vergangener Zeiten gibt es aber noch etwas, was dir – auch das vor allem unbewusst – im Weg stehen kann, wenn du zum Magier deines Lebens werden möchtest: das dumpfe Gefühl, dass echte Wunder und echte Magie gar nicht existieren, weshalb es logischerweise schwerfallen kann, daran zu glauben. Schließlich gibt es einige Zeitgenossen, die nicht müde werden, genau das zu behaupten ...

2

WUNDER GIBT'S DOCH GAR NICHT? UND OB! WARUM DIE ENTZAUBERUNG DER WELT GESTERN WAR, WISSENSCHAFT NICHT DAS GEGENTEIL VON MAGIE IST – UND WAS UNS ALLE ZU ZAUBERERN WERDEN LÄSST

> *Wenn der echte Realist ungläubig ist,*
> *wird er immer die Kraft und die Fähigkeit in sich finden,*
> *an Wunder nicht zu glauben; wenn aber das Wunder vor ihm*
> *zur unabweisbaren Tatsache wird, so wird er eher seinen*
> *Sinnen nicht trauen, als daß er die Tatsache zugäbe.*
>
> Fjodor M. Dostojewski

Stell dir vor, du kommst zu nachtschlafender Zeit in ein Hotelzimmer, und als du gerade schon im Pyjama ins Bett kriechst und das Licht ausschalten willst, siehst du etwas Dunkles an der Decke. Eine Spinne, nimmst du an, auch wenn du nicht ganz genau sehen kannst, ob es wirklich eine ist. Du ekelst dich vor Spinnen. Natürlich könntest du das Zahnputzglas aus dem Bad holen und dich auf einen Stuhl stellen, um die Spinne – oder was es auch ist – zu fangen und rauszutragen. Aber du hast Angst davor, ihr dabei zu nahe zu kommen. Also machst du einfach das Licht aus und versuchst, nicht dran zu denken. Zwar ist dir ein bisschen unbehaglich, denn du weißt: Irgendwo da oben ist was! Ganz in der Nähe! Aber du widerstehst der Versuchung, noch mal nachzugucken, um dich nicht zu beunruhigen. Du tust einfach so, als wäre gar nichts. Wenn das dunkle Etwas dann am nächsten Morgen fort ist, atmest du auf. Zwar gehst du davon aus, dass es sich vermutlich nicht in Luft aufgelöst hat, aber du beeilst dich, das Zimmer zu verlassen, auszuchecken und weiterzureisen. Aus den Augen, aus dem Sinn. Ob es wirklich eine Spinne war, wie vermutet, oder vielleicht ein Schmetterling, eine Heuschrecke oder etwas ganz anderes, wirst du nie erfahren.

So ein Verhalten ist menschlich: Wenn uns etwas nicht in den Kram passt, geben wir uns oft alle Mühe, nicht so genau hinzugucken. Dann kann man so tun, als wäre alles wie immer. So ähnlich verhalten sich allerdings leider auch die meisten Wissenschaftler, wenn es um magische Phänomene und Wunder geht: Irgendwie ist da was. Aber sich drum zu kümmern, das wäre höchst unbequem. Am Wort »Magie« klebt nämlich aus ihrer Perspektive einerseits das Etikett »Scharlatanerie«. Das hat damit zu tun, dass es immer auch Illusionisten gegeben hat und gibt, die Zaubertricks als echte Magie verkauft haben – und zwar im wahrsten Wortsinn, weil sie sie auf die Bühne gebracht haben. Solche Shows, in denen bewusst magische Handlungen vorgetäuscht werden, fallen natürlich nicht ins Interesse der Wissenschaft. Noch problematischer ist aber das zweite Etikett, das an Magie haftet, nämlich das mit der Aufschrift »unerklärlich«. Das ist noch viel schlimmer, als wenn es nichts zu erklären gäbe! Weil Wissenschaft nichts Unerklärliches duldet, echte Magie aber schon mal gängige naturwissenschaftliche Gegebenheiten infrage stellt, lauert hier Gefahr. Wahrscheinlich sagen sich die Forscher: Was, wenn wir es nicht hinkriegen, das zu begründen? Wie peinlich! Da machen wir lieber das Licht aus und gucken gar nicht hin. Und wenn uns jemand drauf aufmerksam macht, dass da was ist, sagen wir einfach, das ist alles Quatsch!

WIE DIE ENTZAUBERUNG DER WELT IHREN ANFANG NAHM

Auf den ersten Blick hat es darum den Anschein, dass Wunder außerhalb fiktiver Geschichten keine Rolle mehr spielen. Unsere Gesellschaft wurde seit der sogenannten Aufklärung, die ungefähr im Jahr 1700 begann, immer mehr geprägt von der westlichen naturwissenschaftlichen Weltsicht. Westlich, weil die Aufklärung – also die Verbreitung der naturwissenschaftlichen Lehren darüber, wie die Welt »wirklich« ist – ihren Ausgangspunkt in Europa genommen hat. Das heißt aber nicht, dass diese Sicht aller Dinge und Naturerscheinungen nur im geografischen Westen verbreitet ist. Sie bestimmt die Bildungssysteme auf dem gesamten Globus. Der Soziologe Max Weber hat das Zurückdrängen der Magie zugunsten des naturwissenschaftlichen Weltbildes 1917 in einem Vortrag »Die Entzauberung der Welt« genannt. Die entzauberte Welt ist nach Weber eine ohne »geheimnisvolle Mächte«, in der man nicht mehr »zu magischen Mitteln greifen« muss. Man geht davon aus, dass es für alles, was passiert, eine mit den heute bekannten und als allumfassend angesehenen Naturgesetzen übereinstimmende plausible Erklärung geben muss. Diese Sicht der Welt und all ihrer Erscheinungen ist die heute immer noch vorherrschende Meinung.

Passiert trotzdem etwas, was nicht mit den bekannten Naturgesetzen vereinbar ist (und ich verrate dir was: Das kommt schon mal vor!), handelt es sich auf keinen Fall um ein Wunder, sondern entweder um Einbildung, Fake News oder einen Trick. Da muss man gar nicht genauer hinschauen.

Mit anderen Worten: Wunder gibt's nicht.

Und bewusst wirken kann man sie schon gar nicht.

Wer laut etwas anderes behauptet, gilt jedenfalls schnell entweder als dumm, verrückt, naiv oder sogar als Betrüger. Das will niemand auf sich sitzen lassen. Darum spricht man offiziell über »Wunder« entweder gar nicht, nur sehr vorsichtig oder im übertragenen Sinne, als Metapher. Gesundet etwa jemand ohne offensichtlichen Grund von einer ernsten Krankheit, steht schon mal in der Zeitung »Ihre Heilung grenzt an ein Wunder«. Aber die Heilung *grenzt* eben auch nur daran. Knapp vorbei ist auch daneben – und der oder die Betroffene hatte nur Glück im Unglück, wie auch immer dieses »Glück« nun zustande gekommen ist.

Den Titel *Wunder von Marseille* trägt der auf wahren Tatsachen beruhende Film über den elfjährigen Fahim Mohammad, der 2012 in Marseille die französische Schachmeisterschaft der unter Zwölfjährigen gewann und sich und seinem mit ihm vor Bandenkriminalität in Bangladesch geflohenen Vater die Aufenthaltsgenehmigung sicherte. Als Wunder wurde dieser Erfolg aber nicht bezeichnet, weil irgendjemand davon ausging, dass Magie oder eine geheimnisvolle Macht am Werk waren. Sondern ganz einfach, weil es außergewöhnlich war und niemand damit gerechnet hatte. Ähnlich wie beim »Wunder von Bern«, als die deutsche Fußballnationalmannschaft 1954 in der Schweiz überraschend den Weltmeistertitel gegen Ungarn holte. Das ebenfalls in diese Zeit fallende »deutsche Wirtschaftswunder« wird auch nicht als Resultat von Zauberei gesehen. Es wird als Ergebnis von Fleiß und großer Entschiedenheit betrachtet, sich aus dem Schlamassel, den der Zweite Weltkrieg verursacht hatte, wieder herauszuarbeiten. Hin und wieder begegnet man auch der Redewendung »wie durch ein Wunder«, beispielsweise wenn ein sportliches Ereignis eine unerwartete Wendung nimmt. »Wie durch ein Wunder schaffte der Irak im Qualifikationsspiel gegen Japan in letzter Minute vor dem Schlusspfiff noch ein Ausgleichstor und verhalf Südkorea damit zur WM-Teilnahme«, heißt es in einem Text des Sportjournalisten Dong Hoon Kim über die Fußballgeschichte Südkoreas. Dabei soll der Zusatz »wie durch« immer andeuten, dass der Verfasser des

Textes den Vorfall natürlich nicht für ein echtes Wunder hält, sondern eher für einen glücklichen Zufall.

Das ist nun, im wahrsten Sinne des Wortes, tatsächlich *kein* Wunder: Ein Redakteur einer Zeitung, die Wert auf Seriosität legt, oder auch ein Physiklehrer, der an seinem Job hängt, hätten schnell ein Problem, wenn sie Wunder – oder Zauber oder Magie oder eine andere »übernatürliche« Ursache – als ernsthafte Erklärung für ein Ereignis heranzögen.

Was die alten Schriften über Wunder, wie jene aus der Bibel, betrifft, so werden diese aus demselben Grund nur noch selten buchstäblich aufgefasst: Sogar viele Menschen, die sich selbst als religiös empfinden, tendieren heutzutage zur Auffassung, dass die Geschichten vor allem als Gleichnisse und nicht wörtlich zu nehmen sind. Das gilt auch für die beschriebenen Wunder.

Aber ist all das das eigentlich richtig?

Schauen wir mal!

WAS GESCHAH WIRKLICH? ODER: DIE UNGEKLÄRTEN GEHEIMNISSE DER »STILLEN POST«

»Dass die Wunder eins zu eins so passiert sind, wie es in der Bibel steht, schließen die meisten Theologen heute aus«, schreibt zum Beispiel die Theologin und Journalistin Gabriele Meister im evangelischen Magazin *Chrismon*.

Viele Skeptiker gehen noch weiter und halten die frommen Geschichten für frei erfundenen Unsinn.

Ich habe da eine etwas differenziertere Meinung.

Denn der Umkehrschluss zu »nicht wörtlich nehmen« bedeutet nicht, dass die Wunderberichte völlig aus der Luft gegriffen sein müssen. Historiker gehen davon aus, dass die meisten alten, überlieferten Legenden und Geschichten – nicht nur im religiösen Kontext – oft eine wahre Begebenheit als Kern haben. Zum Beispiel wird diskutiert, ob die im Alten Testament erwähnte Teilung des Roten Meeres sich eigentlich an einem anderen Gewässer abgespielt haben könnte, in dem ab und zu Seebeben vorkamen – was dazu geführt haben könnte, dass das Wasser zeitweise ganz verschwand. Eine andere denkbare Erklärung ist, dass es eine Erhöhung unter Wasser gegeben haben könnte – wie ein Riff oder eine Sandbank –, die durch starke Winde vorübergehend freigelegt worden ist, sodass man trockenen Fußes darübergehen konnte.

Also kein Wunder in Sicht?

So simpel ist es nicht.

Denn selbst wenn es so gewesen sein sollte, muss das nicht zwingend bedeuten, dass hier nicht doch eine besondere Kraft im Spiel war. Eine Kraft, die zum Beispiel auf den Wind eingewirkt haben könnte. Vielleicht lachst du jetzt – das hätte ich früher auch getan. Wetterzauber klang selbst in meinen Ohren nach einem Ding der Unmöglichkeit. Aber dann habe ich miterlebt, wie ein mongolischer Schamane ein Wetterritual veranstaltet und damit die vorhergesagte Schlechtwetterfront mir nichts, dir nichts aufgelöst hat – du wirst die Geschichte noch im Detail zu lesen bekommen. Seitdem bin ich hier etwas vorsichtiger in meinem (Vor-)Urteil.

Andere Begebenheiten können auf ein Ereignis zurückgehen, das irgendeinem Menschen, oft ganz woanders und in völlig anderem Zusammenhang als dem letztendlich beschriebenen, tatsächlich passiert sein kann. Ein Ereignis, bei dem irgendjemand etwas Beeindruckendes vollbracht hat. Dabei war dieser »Jemand« aller Wahrscheinlichkeit nach ein ganz normaler Mensch wie du und ich und kein göttlich Auserwählter. Vielleicht waren es sogar mehrere Personen, deren Taten in einer verschmolzen wurden.

Diese Story wurde dann mündlich weitergegeben, und dabei wurde, wie das beim Geschichtenerzählen so geht, das ein oder andere Detail ausgeschmückt und übertrieben. Dass das auch bei den Bibelgeschichten der Fall war, ist stark anzunehmen. Die Texte des Neuen Testaments erhielten ihre heutige Form erst im vierten Jahrhundert *nach* Christus. Hinzu kommt: Selbst die Evangelisten, deren Schriften in den Bibeltext übernommen wurden, sind Jesus nie persönlich begegnet. Sie haben das, was ihnen berichtet wurde, erst zwischen den Jahren 66 und 110 unserer Zeitrechnung aufgeschrieben. Trotz dieses »Stille Post«-Effekts bleibt es weiterhin möglich, dass irgendwann an einem lange zurückliegenden Tag einmal etwas, ja, Wunderbares geschehen ist. Etwas so Beeindruckendes und Erstaunliches, dass die Menschen es in Erinnerung bewahren wollten und das darum über viele Generationen weitergegeben wurde. So lange, bis es eines Tages als Beispiel für göttliche Macht in einer religiösen Schrift landete, ob die göttliche Macht nun dahintersteckte oder nicht.

Auch die eben erwähnte Theologin Meister geht von einem wahren Ursprung aus – jedenfalls, wenn es um die Bibelberichte über die von Jesus durchgeführten Heilungen geht: »[...] von keiner anderen Person der Antike [sind] derart viele Wunder überliefert. Das ist wahrscheinlich kein Zufall und deutet darauf hin, dass Jesus tatsächlich Menschen geheilt hat.« Ob Frau Meister der Ansicht ist, dass die Fähigkeit zu heilen eine Art Exklusivgabe von Jesus war, weiß ich nicht. Ich kann mir durchaus vorstellen, dass es einmal jemanden mit Namen Jesus gab, der durch die Lande zog, predigte und anderen Wohltaten angedeihen ließ. Oder vielleicht auch mehrere Personen, die nicht unbedingt alle Jesus hießen, aber deren Wirken unter seinem Namen vereinigt wurde (»Hast du von dem Kerl gehört, der durch die Lande zieht und die Leute heilt? Wie hieß der noch mal?« »Ach, klar, das muss dieser Jesus gewesen sein.«).

Abgesehen davon halte ich es für absolut möglich, dass es Menschen gab (und gibt!), die die Fähigkeit haben, andere unmittelbar zu heilen. Ganz sicher bin ich mir, dass man mit gewissen Ritualen und Zaubersprüchen die Selbstheilung in anderen und sich selbst anregen und noch viele andere Wunder bewirken kann.

WUNDER SIND KEIN ZUFALL, KEIN TRICK UND KEINE EINBILDUNG – SONDERN GESCHENKE EINER TRANSZENDENTEN WELT

Nun lässt sich bei den biblischen Geschichten nur sehr eingeschränkt überprüfen, welche Geschehnisse ihnen tatsächlich zugrunde lagen. Bei den anfangs erwähnten Beispielen wie der gewonnenen Schachmeisterschaft oder dem Sieg bei der Fußball-WM ist das anders. Hier sind die Geschehnisse gut dokumentiert.

Und jetzt bitte festhalten, denn ich wage nun eine steile These!

Ich sage: Auch in diesen Beispielen geht es um Wunder – und um Magie. Und zwar nicht nur im metaphorischen Sinne, sondern ganz konkret und tatsächlich. Ohne dass es jemand so richtig merkt, wird immer wieder zu »magischen Mitteln« gegriffen, die Max Weber 1917 für überflüssig erklärte. Ganz im Geheimen und oft, ohne dass sich die Magier dessen bewusst wären, werden täglich und überall auf dem Globus »geheimnisvolle Mächte« angezapft.

Die Verzauberung der Welt ist in vollem Gang.

Denn immer, wenn Menschen etwas unbedingt wollen und es nicht beim Träumen belassen, sondern *bestimmen,* dass etwas, was sie sich wünschen, Wahrheit werden wird, dann vollziehen sie einen magischen Akt. Auch du. Und selbst dann, wenn wir keine Ahnung haben, dass wir in diesem Moment gerade zaubern. Dabei ist es egal, ob es um das Genesen von ernster Krankheit, um das Gewinnen einer Meisterschaft oder darum geht, sich nach einer großen Krise wie Phönix aus der Asche zu erheben.

Der junge Fahim hat irgendwann etwas zu sich gesagt wie:
»Ich gewinne diese Schachmeisterschaft, denn das ist der einzige Weg, um für Papa und mich die Aufenthaltsgenehmigung zu bekommen!« Als die deutsche Elf 1954 feststellte, dass Regen in der Luft lag – die Witterung, bei der ihr Kapitän Fritz Walter die beste Leistung zeigte –, hat sie das im Glauben bestärkt, dass sie gewinnen kann, und sie hat sich geschworen: »Es ist Fritz-Walter-Wetter, ein gutes Omen – jetzt gewinnen wir dieses Turnier!« All die vielen Menschen, die zusammen in den Fünfzigerjahren das Wirtschaftswunder geschaffen haben, haben sich gesagt: »Wir verfolgen jetzt diese oder jene Geschäftsidee mit voller Kraft. Wir bauen das jetzt auf, denn in Trümmern zu leben ist keine Alternative.« Und als ich vor einigen Jahren plötzlich schwer krank wurde und fast gestorben wäre, habe ich nicht gesagt: »Och, mal gucken, ob ich vielleicht doch nicht sterbe«, sondern meine Aussage war glasklar: »Ich werde wieder gesund!«

Solch ein magischer Akt ist auf verschiedenen Ebenen sehr wirksam.

Er gibt unserem Unterbewusstsein eine klare Anweisung. Das hilft uns dabei, unsere Kräfte zu bündeln und alles zu tun, was zum Wahrwerden unserer Prophezeiung notwendig ist. So wird auch unsere Wahrnehmung gefiltert, und wir erkennen sofort gute Gelegenheiten und können ihnen folgen. Vielleicht sagst du nun: »Aber das ist Psychologie, keine Magie!« Du hast recht, dieser Teil des magischen Aktes lässt sich zu einem guten Teil psychologisch begründen, denn wenn wir uns auf das Erreichen eines Ziels konzentrieren und alles dafür tun, steigt natürlich die Wahrscheinlichkeit enorm an, dass wir es erreichen.

Ich habe selbst lange die Erklärung bevorzugt, dass es ausschließlich an einer in sich geschlossenen Funktionsweise unseres Unterbewusstseins liegt, wenn alles wie am Schnürchen läuft, nachdem wir uns ein Ziel gesetzt haben. Schließlich möchte ich auch nicht für verrückt gehalten werden. Es blieb aber immer ein sagenhafter Rest. Was ich damit nie so recht begründen konnte, war zum Beispiel meine Fähigkeit zum Gedankenlesen über Distanz, also ohne andere zu berühren oder anzuschauen. Sobald man jemanden berührt, kann man nämlich unwillkürliche Muskelbewegungen erspüren, und sieht man jemanden an, kann man in seiner Körpersprache lesen. Auf diese Weise habe ich als Kind mit dem Gedankenlesen angefangen. Dass das Ganze bei mir aber auch ohne diese Hilfen klappt, habe ich schnell gemerkt – und nahm es lange als besonderes Talent von mir einfach hin. Inzwischen habe ich realisiert: Das Unterbewusstsein kann sogar noch mehr, als selbst ich ihm lange zugestanden habe!

Denn das Unterbewusstsein beeinflusst nicht nur uns selbst.

Damit wären wir bei der zweiten Ebene, auf welcher der magische Akt ins Geschehen eingreift: Jedes Unterbewusstsein wirkt auch über sich hinaus. Es schickt die Anweisung, die es im magischen Akt bekommen hat, weiter in die Welt. Es ist nicht in unserem Gehirn hermetisch eingeschlossen, sondern es hat einen Draht nach draußen, zu einem Bereich, in dem vermeintlich »Unmögliches« möglich wird – nämlich zu einem alle Dinge und Wesen durchdringenden und verbindenden Bewusstsein. Unser Unterbewusstsein ist Teil dieses allumfassenden Bewusstseins, das alles durchdringt oder auch: transzendiert.

Du kannst dir das alles verbindende Bewusstsein wie einen gigantischen Eisberg vorstellen. Du und ich und alle anderen Menschen sind sichtbare und – scheinbar – voneinander getrennte Eisspitzen, die über der Meeresoberfläche sichtbar sind. In Wirklichkeit hängen wir alle an derselben riesigen Eismasse. Das, was gemeinhin als »Bewusstsein« oder »Verstand« bezeichnet wird, also unser wacher Zustand, in dem wir uns als getrennt von allen anderen empfinden, ist vom alles verbinden-

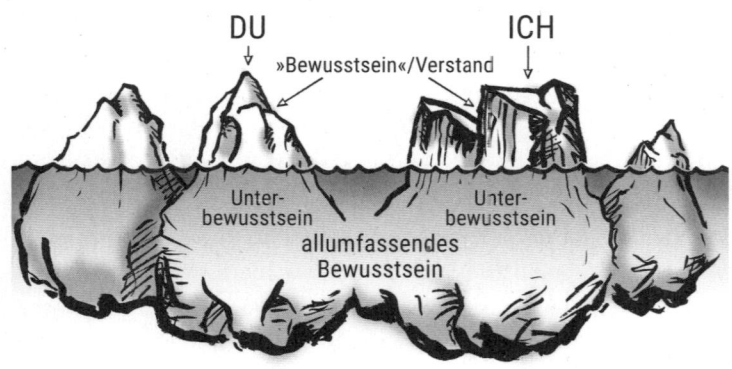

den Bewusstsein weiter entfernt als unser Unterbewusstsein. Letzteres befindet sich unter der Oberfläche und hängt untrennbar mit dem ganzen Rest zusammen.

Die Idee einer allem zugrunde liegenden Einheit ist Grundlage des Glaubenssystems vieler Religionen oder Philosophien, wie beispielsweise des Buddhismus oder des Taoismus. Diese Idee ist aber auch die Grundlage zum Beispiel der Quantenphysik. Deren Begründer Max Planck sagte:

»Da es im ganzen Weltall aber weder eine intelligente Kraft noch eine ewige Kraft gibt, [...] so müssen wir hinter dieser Kraft einen bewussten intelligenten Geist annehmen. Dieser Geist ist der Urgrund aller Materie. Nicht die sichtbare, aber vergängliche Materie ist das Reale, Wahre, Wirkliche – denn die Materie bestünde ohne den Geist überhaupt nicht –, sondern der unsichtbare, unsterbliche Geist ist das Wahre!«

Auf der Idee eines alles durchdringenden Geistes oder Bewusstseins basiert auch Magie. Aber genauso, wie sich die Quantenphysik erstaunlicherweise (noch) nicht zu hundert Prozent in Einklang bringen lässt mit den Gesetzen und Theorien der klassischen Naturwissenschaften, entzieht sich auch Magie der umfassenden Erklärung durch Letztere.

SYNCHRONIZITÄTEN – DAS RÄTSEL DER NICHT KAUSALEN KORRELATIONEN

Vor Jahren sollte ich zum Beispiel eine Stecknadel finden, die irgendwo in Berlin versteckt worden war. Fest stand: Weder mein Verstand noch all das in meinem Unterbewusstsein gespeicherte Wissen konnten mir hier helfen. Trotzdem habe ich diese Stecknadel entdeckt. Mein Vorsatz war dabei ganz deutlich: Ich werde diese Nadel finden! Daraufhin habe ich mich konzentriert, bis mir die Nadel klar vor Augen stand. Und plötzlich war es, als würde ich an einer unsichtbaren Schnur in eine Richtung gezogen.

Das ist mehr als Psychologie.

Hier ist noch ein Effekt im Spiel, der sich nicht so einfach begründen lässt. Dafür kann man ihn beobachten und beschreiben: der Effekt der Synchronizität. Zum ersten Mal als solchen erwähnt hat ihn der berühmte Psychoanalytiker Carl Gustav Jung. Er hatte beobachtet, dass innere Ereignisse, wie bildhaft erlebte Ideen oder Träume, sich oft in der äußeren Welt verwirklichen. Dazu gehört, dass sich Geschehnisse, die zu dieser Verwirklichung führen, aufeinander abstimmen. Sie synchronisieren sich miteinander, obwohl sie nicht in einer konsequenten – also logisch aufeinanderfolgenden – Ursache-Wirkung-Beziehung zueinander stehen. Es handelt sich stattdessen, überspitzt ausgedrückt, um eine unlogische *Non*sequenz, die sich um die Unlogik aber nicht kümmert, sondern trotzdem auftritt. In der Quantenphysik wird so eine Synchronizität »nicht kausale Korrelation« genannt. Ein Beispiel für das Prinzip Ursache-Wirkung wäre, dass ich gerne einen Blumenstrauß hätte, in einen Blumenladen gehe und einen kaufe. Ein Beispiel für Synchronizität (oder eine nicht kausale Korrelation) wäre, dass ich gerne einen Blumenstrauß hätte, intensiv daran denke, und ein paar Stunden später klopft meine Nachbarin an, sagt, sie fahre in Urlaub, und fragt, ob ich vielleicht ihren Blumenstrauß haben möchte, den sie nicht mitnehmen will, aber zu schade zum Wegwerfen findet.

Was Jung selbst betrifft, ist ein Beispiel aus seinem Praxisalltag am bekanntesten geworden. Darin erzählt ihm eine Patientin einen Traum, in dem ihr jemand einen goldenen Skarabäus-Käfer schenkt. Plötzlich hört Jung ein Geräusch wie ein zartes Klopfen am Fenster, er öffnet dies, und herein schwebt ein seltener Rosenkäfer, der einem Skarabäus zum Verwechseln ähnlich sieht. Jung fängt ihn und zeigt ihn der Patientin, die davon extrem beeindruckt ist. Ihre Therapie hatte lange keine Fortschritte gemacht, aber das Erscheinen des Rosenkäfers wurde für die Frau zu einem Wendepunkt.

Dieser Käfer fühlte sich vermutlich genauso geheimnisvoll angezogen, wie ich mich von der Vorstellung der in Berlin versteckten Nadel angezogen fühlte. Seine Flugbahn wurde auf die Gedanken Jungs und der Patientin abgestimmt, ähnlich wie meine Vorstellung von der Nadel meinen Weg durch die Stadt gesteuert hat – noch unterstützt von den Gedanken derer, die die Nadel versteckt hatten.

Dass ich vorhin die Quantenphysik ins Spiel gebracht habe, kommt übrigens nicht von ungefähr. Carl Gustav Jung hatte nämlich die Bekanntschaft des jungen Quantenphysikers Wolfgang Pauli gemacht, der sich wegen seiner beunruhigenden Träume bei ihm und seiner Assistentin Erna Rosenbaum in Behandlung begeben hatte. Es entwickelte sich eine starke Verbundenheit zwischen den beiden Männern. Daraus wurde später eine lange Brieffreundschaft, in der die beiden Fragen aus ihrer beider wissenschaftlichem Alltag erörterten und miteinander verknüpften. Pauli, der selbst immer wieder Synchronizitäten erlebte, kam gemeinsam mit Jung zu dem Schluss, dass das Prinzip der kausalistischen Physik – Ursache und Wirkung – bei der Erklärung des Verhältnisses von Psyche, Geist und Materie versagte. Die Theorien der noch jungen Quantenphysik konnten hingegen zumindest ein eigenes Beispiel für Synchronizität vorweisen: die »Verschränkung« von Quantenzuständen. Dabei gehen zwei Teilchen auf subatomarer Ebene – zwei Photonen – eine Verbindung auf nicht lokaler Ebene ein. Nicht lokal bedeutet dabei, dass diese Teilchen sich an verschiedenen Orten in beliebig großer Entfernung zueinander befinden können. Ändert das eine Teilchen seinen Zustand, ändert das andere seinen auch, und zwar nicht nacheinander, sondern gleichzeitig! Unter anderem wegen dieser Gleichzeitigkeit stand Albert Einstein – übrigens ebenfalls ein guter Bekannter Jungs – der Quantenphysik skeptisch gegenüber. Die Gleichzeitigkeit setzte aus seiner Sicht eine höhere Geschwindigkeit als Lichtgeschwindigkeit voraus. Die klassische Physik baut aber auf dem Prinzip des »lokalen Realismus« auf, in dem ein Objekt auf ein räumlich entferntes zweites Objekt höchstens in Lichtgeschwindigkeit einwirken kann.

Wolfgang Pauli und Carl Gustav Jung unterhielten sich noch hypothetisch über diese Verschränkung, die Albert Einstein als unwahrscheinliche »spukhafte Fernwirkung« verspottete. Inzwischen ist längst experimentell nachgewiesen, dass es sie gibt. Das erklärt nun zwar noch lange nicht, wie und warum Synchronizitäten funktionieren, denn die Verschränkung ist weiterhin nur im subatomaren Bereich nachgewiesen. Von dort ist es ein weiter Weg bis zur Synchronizität, bei der die Psyche die materielle Welt – oder andere Psychen durch Telepathie – beeinflusst. Allerdings haben einige Forscher die Quantenverschränkung als Denkansatz übernommen und versuchen, sie auf andere Bereiche zu übertragen. Das gilt insbesondere für jene Bereiche, die heute unter dem Begriff »Parapsychologie« zusammengefasst werden, wie Telepathie (Gedankenlesen) oder Telekinese (das Beeinflussen entfernter Objekte) und Präkognition (das Voraussehen von Ereignissen).[6]

Ich möchte auch nicht, dass hier ein falscher Eindruck entsteht: Ich selbst will mir nicht anmaßen, magische Phänomene quantenphysikalisch zu erklären. Da halte ich es mit dem Physiker und Nobelpreisträger Richard Feynman, der gesagt hat: »Wer glaubt, die Quantentheorie verstanden zu haben, hat sie nicht verstanden.« Aber so viel lässt sich festhalten: Vielleicht wird Synchronizität – und damit auch Magie – eines Tages bis ins letzte Detail wissenschaftlich erklärbar. Bis dahin ist sie bereits genau beobachtbar. Vor allem aber ist sie anwendbar – um Wunder zu wirken. Für mich ist das der entscheidende Punkt, das Warum ist zwar unheimlich interessant, aber zweitrangig.

WISSENSCHAFT UND MAGIE HABEN DIESELBEN WURZELN

Tritt man gedanklich einen Schritt zurück, haben Wissenschaft – egal welcher Ausrichtung –, Religion, magisches Denken und Spiritualität ohnehin viel mehr Gemeinsamkeiten, als man gemeinhin glaubt. Sie alle wollen sich auf andere Welten einlassen. Magie und Alchemie sind eigentlich die Vorläufer unserer zeitgenössischen, evidenzbasierten Wissenschaft. Das, womit sich ein heutiger Forscher beschäftigt, sind Erkenntnisse über die Wirklichkeit, die in Experimenten oder anderen Untersuchungen gewonnen werden. Bei einer Wiederholung des Experiments oder der Untersuchung muss man zum selben Ergebnis kommen, damit die daraus abgeleitete Erkenntnis valide, also gültig wird. Aus demselben Grund sind Zaubersprüche und magische Rituale entstanden. Auch damit soll eine Wiederholbarkeit in einer Formel hergestellt werden – und genau darauf bauen zum Beispiel Schamanen ihre Rituale auf.

Diese Verbindungen werden leider oft übersehen. Ähnlich ist es bei der Psychotherapie – die ist eigentlich aus dem Orakel entstanden. Ein Orakel gibt keine klare Antwort, sondern spricht in einem interpretierbaren Rätsel, mit dem die gestellte Frage vertieft wird. Genauso geht man zum Beispiel bei moderner systemischer Psychotherapie davon aus, dass die Lösungen für alle Probleme in dir stecken und du nur die richtigen Fragen stellen musst. In dir selbst findest du die Antwort. Außerdem sind in der systemischen Therapie Übungen mit stellvertretenden Objekten üblich: Dabei werden zum Beispiel Puppen benutzt, die reale Personen repräsentieren, und Gegenstände, die Probleme darstellen. Diese Puppen oder Gegenstände werden neu angeordnet oder manipuliert, um Lösungen für Probleme zu finden. Solche Übungen muten wie magische Rituale an und haben oft eine ebensolche Wirkung. In Familienaufstellungen wiederum repräsentieren fremde Personen zum Teil verstorbene Familienmitglieder und nehmen auf rätselhafte Weise deren Eigenschaften an.

Ebenso ist es bei der Verhaltenstherapie oder bei der Behandlung von Süchten, bei denen oft Hypnose eingesetzt wird. Hypnose beruht zu großen Teilen auf den gleichen Techniken wie Magie: Trance, Suggestion und Fokus. Doch niemand wird auch nur mit der Wimper zucken, wenn du sagst, ich lasse mich hypnotisieren, um mit dem Rauchen aufzuhören. Das Ganze wird sogar von der Krankenkasse bezahlt. Die Wirkungen der Hypnose – nicht ihr Wirkmechanismus – sind allgemein anerkannt und werden nicht mehr hinterfragt. Dabei sind sie eigentlich genauso magisch wie ein schamanistisches Ritual.

Ich mag diese Anknüpfungen sehr, denn sie zeigen, dass eine gegenseitige Anfeindung nichts als Zeitverschwendung ist.

Die Zukunft beeinflusst die Gegenwart genauso wie die Vergangenheit.
Friedrich Wilhelm Nietzsche

MAGISCHE SCHLEIFEN: DIE ZUKUNFT WIRD VON BEWUSSTER INTENTION BESTIMMT – UND WIRKT AUF DIE GEGENWART ZURÜCK

Doch noch einmal zurück zu den Beispielen von vorhin – also dem Gewinnen der Schachmeisterschaft oder des Fußballturniers sowie dem Wirtschaftswunder: In allen Fällen hatten die Menschen feste und konkrete Intentionen. Alle gingen davon aus, dass etwas Bestimmtes wahr werden würde. Kurz: Sie glaubten daran. Oder um mit Carl Gustav Jung zu sprechen: Sie hatten innere Ereignisse.

In so einem Moment richtet sich das weitere Geschehen auf das imaginierte zukünftige Geschehen aus wie auf einen Magneten. Das Spannende dabei ist, dass sich der Magnet dabei in der Zukunft befindet und von dort aus »zieht«. Während der Synchronisierung der Ereignisse häufen sich dann auch scheinbare »Zufälle«, und es passieren aus (derzeitiger) wissenschaftlicher Perspektive eigentlich völlig unwahrscheinliche Dinge. Gemeinsam schenken uns diese Ereignisse schließlich genau das, was wir im magischen Akt »bestellt« haben.

Man könnte es auch so ausdrücken: Wunder werden vollbracht. Täglich und überall. Dass all das über bloße Einbildung und Zufälle hinausgeht, illustriert beispielsweise ein Experiment des Psychologen und Physikers Dean Radin. Radin ist einer der mutigen zeitgenössischen Wissenschaftler, die sich die Magie zu seinem Forschungsgegenstand gemacht haben. Er will wissen, was dahintersteckt und ob sie wirklich funktioniert.[7]

In seinem Versuch sollten Probanden auf einen Schalter drücken, und daraufhin ertönte entweder einfach nur ein »Klick« oder es wurde ein bekanntes Audio-Zitat eingespielt. Aussprüche wie »I have a dream« von Martin Luther King oder das von John F. Kennedy proklamierte »Ich bin ein Berliner«.

In der Versuchsanordnung wurde ein RNG benutzt, ein »Random Number Generator« – also ein Zufallszahlengenerator –, der in einem dreischrittigen, aber blitzschnell im Hintergrund ablaufenden Prozess dafür sorgen sollte, dass das Ergebnis auch wirklich zufällig war. Außerdem sollten die drei Schritte es möglich machen, den Zufallsprozess später nachvollziehen zu können.

Radin hatte den RNG mit seinem Team zunächst tausendfach getestet. Erst als man sicher war, dass, den Gesetzen der Wahrscheinlichkeit gehorchend, in etwa der Hälfte der Fälle ein »Klick« zu hören war und in der anderen Hälfte ein Ausspruch, wurde das eigentliche Experiment durchgeführt: Aufgabe der Probanden war es, sich beim Drücken auf den Knopf intensiv zu wünschen, dass sie statt des langweiligen Klicks ein interessantes Zitat zu hören bekamen. Und siehe da: Plötzlich waren die Audios statistisch signifikant häufiger zu hören. Radin und seine Leute prüften den RNG noch einmal auf mögliche Abweichungen, fanden aber keine. Bei Berechnungen – rückwärts von den Ergebnissen ausgehend durch den dreischrittigen Prozess mittels einer sogenannten Markow-Kette – kam schließlich das »Unmögliche« heraus: Die Zukunft hatte die Gegenwart beeinflusst! Der Wunsch hatte im Augenblick des Wünschens sozusagen das Ereignis in der Zukunft vorweggenommen, und die Ereignisketten hatten sich darauf ausgerichtet.

Hast du etwas gemerkt?

Genau! Hier sind wieder unsere drei Bekannten Idee, Imagination und Glaube am Werk, die schöpferische Kraft unserer Welt! Wir werden noch mehrfach auf das faszinierende Phänomen der Synchronizität zu sprechen kommen – ich habe damit unglaubliche Dinge erlebt.

Ausprobieren kannst du es aber direkt – dafür habe ich zwei sehr wirksame Rituale für dich!

Überlege dir zunächst einen kleinen Wunsch. Es kann alles sein, solange der Wunsch niemandem schadet. Also zum Beispiel, wie du nach der Arbeit vor der Tür direkt einen Parkplatz findest. Vielleicht hast du Lust auf ein Stück Kuchen. Oder du wünschst dir, mal wieder von deinem besten Freund zu hören. Vielleicht suchst du auch nur seit Tagen nach deiner Lieblingsmütze und möchtest, dass sie wieder auftaucht. Oder du brauchst eine zündende Idee.

Klein sollte der Wunsch anfangs vor allem deshalb sein, weil er sich so schneller überprüfen lässt – du sollst nämlich erleben, dass es funktioniert. Außerdem ist es, wie überall, wichtig, erst mal im Kleinen zu üben, bevor man sich an Größeres wagt – so entwickelst du ein Gespür dafür, wie Magie funktioniert. Die Erfüllung umfassenderer Wünsche oder Wünsche für andere Menschen können mithilfe der folgenden Rituale aber grundsätzlich auch auf den Weg gebracht werden – da brauchst du allerdings etwas mehr Geduld.

EIN GLAS VOLLER WÜNSCHE

Nimm dir ein Glas oder einen Krug.

Schließe die Augen, und konzentriere dich auf deinen Wunsch.

Stelle dir vor, wie er warm aus deinem Herzen aufsteigt.

Wenn du dir für jemand anderen etwas wünschst, stelle dir auch diese Person vor und verbinde sie in deinem Herzen mit dem Wunsch.

Nun öffne die Augen und puste den Wunsch ins Glas.

Lege sofort die Hand auf das Gefäß, als wolltest du einen Schmetterling daran hindern, wegzufliegen.

Gehe jetzt hinaus vor die Tür und hebe das Glas in Richtung Himmel. Zieh dann die Hand weg, damit dein Wunsch in Richtung des Universums fliegen kann, das sich deines Wunsches annimmt.

Geht es um größere Wünsche, die nicht unmittelbar erfüllt werden müssen oder können wie der Wunsch nach einem Parkplatz vor der Haustür, ist dieses Ritual abends kurz vor dem Schlafengehen besonders wirksam. Wichtig ist, dass du nach dem Ausführen des Rituals nicht darüber grübelst, wie und wann der Wunsch sich erfüllen könnte. Fällt dir das schwer, hilft es, wenn du dich sofort bewusst mit etwas anderem beschäftigst, das deine Aufmerksamkeit fordert, etwa das Lösen eines Kreuzworträtsels, das Singen eines Liedes oder das Lesen einiger Seiten in einem Roman.

Nicht jedes magische Ritual funktioniert bei jedem gleich gut. Manchmal muss man mehrere ausprobieren, um das zu finden, das am besten passt. Das nächste Ritual stammt aus Indien und gehört zu den im Yoga praktizierten Handgesten, den Mudras, die den körperlichen Energiefluss, aber auch den Energiefluss des Universums beeinflussen: Im Hinduismus geht man, so wie in allen magischen Schulen auch, davon aus, dass nichts voneinander getrennt ist, sondern sich alles aufeinander auswirkt. Dass diese Sicht der Welt nicht im Gegensatz zur Wissenschaft stehen muss, haben wir eben schon gesehen.

Viele Mudras im Yoga werden eingesetzt, um körperliche Beschwerden zu heilen, zu lindern oder ihnen vorzubeugen. Die folgende Mudra ist eine der Ausnahmen, denn sie wird zur Wunscherfüllung eingesetzt oder um Vorhaben besondere Kraft zu verleihen. Geweiht ist sie Kubera, dem Gott der Schätze. Du musst nicht an vedische Götter glauben, damit sie wirkt – gehe einfach davon aus, *dass* sie wirkt. Denn das tut sie.

Überlege dir zunächst wieder einen Wunsch. Dann gehe wie folgt vor:

DREIMALDREI ZUR WUNSCHERFÜLLUNG

Folge dem Fluss deines Atems mit deinen Gedanken.

Spüre, wie er frisch wie die Luft an einem Frühlingsmorgen durch die Nase einströmt, deinen Bauch ausfüllt – und dann wieder langsam durch die Nase ausströmt.

Spüre, wie deine Gedanken sich dabei beruhigen wie ein Meer, das sich glättet, nachdem der Sturm abgeklungen ist.

Wenn sie ganz ruhig daliegen, denke intensiv an deinen Wunsch.

Frage dein Herz, ob die Erfüllung des Wunsches dir und der Welt Gutes bringt.

Horche auf die Antwort.

Ist diese ein JA, drücke Daumen, Mittel- und Zeigefinger beider Hände zusammen.

Spüre den Fluss der Lebensenergie zwischen deinen Fingern.

Sprich nun deinen Wunsch laut oder in Gedanken aus.

Wiederhole das Zusammendrücken der Finger und das Aussprechen des Wunsches drei Mal.

Lass ihn dann los, damit er aufsteigen kann zu den Kräften, die ihn erfüllen.

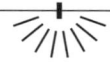

Bei kleinen Wünschen funktioniert das Ritual wie beschrieben, bei größeren Vorhaben üben sich die Yogi zusätzlich in ausgedehnterer Meditation und Visualisierung. Auch du kannst diese Techniken einsetzen, um das Wunschverschicken zu verstärken. Die ersten Schritte des »Dreimaldrei zur Wunscherfüllung« sind schon eine Mini-Meditation. Wenn du gut damit zurechtkommst, kannst du sie einfach auf einige Minuten ausdehnen, bevor du dir deinen Wunsch intensiv vorstellst, als wäre er schon wahr, und ihn dann losschickst.

Auch Yogi meditieren, bis sie sich in einer leichten Trance

befinden, und stellen sich dann vor, wie ihr Wunsch bereits erfüllt ist. In vielen magischen Schulen wird ebenfalls gelehrt, dass Trance die Erfüllung von Wünschen oder das Durchführen eines Zaubers erleichtert. Das hat damit zu tun, dass man sich in Trance mit dem alles durchdringenden Bewusstsein – also dem, was Max Planck als »Geist« bezeichnet hat – verbindet. Zum anderen werden in Trance die »Kommentare« des skeptischen Bewusstseins zum Schweigen gebracht. Übrigens alles genau wie in der Hypnose, die bei näherem Hinsehen auch ein magisches Ritual darstellt. Um in Trance zu kommen, vollführen traditionelle Schamanen oder Medizinmänner in verschiedenen Kulturen oft merkwürdige Tänze, Gesänge oder komplizierte Handlungsabläufe. Es gibt unendlich viele verschiedene Methoden. Klassische Meditation ist nur eine davon.

Wir kommen später noch auf dieses ebenso spannende wie wichtige Thema zurück. Dann werde ich dir weitere Möglichkeiten zeigen – und auch, wie du Trance nutzen kannst, um nicht weniger zu tun, als das Leben deiner Träume zu zaubern.

Magie ist nur eine Wissenschaft, die wir noch nicht verstehen.
Arthur C. Clarke

3

VON NICHTS KOMMT NICHTS? DOCH! VON NICHTS KOMMT ALLES! SPÜRE DIE MAGIE AUF, WO DU SIE NICHT VERMUTET HAST, UND HOLE DIR BEI VERTRACKTEN PROBLEMEN HILFE AUS DER ZUKUNFT

Es gibt nur zwei Arten zu leben.
Entweder so, als wäre nichts ein Wunder,
oder so, als wäre alles ein Wunder.
Albert Einstein

Erinnerst du dich noch, was ich zu Beginn des ersten Kapitels gesagt habe?

Wirklichkeit ist Wunder,
und Wunder ist Wahrheit.

Das klingt im ersten Moment vielleicht ein bisschen kryptisch. Doch denke mal ein wenig darüber nach. Dinge, die eigentlich schier unglaublich klingen, sind dennoch wirklich und vollkommen wahr: Wir schweben auf einem um sich selbst zirkulierenden Ball durch den Weltraum, rasen mit diesem Ball wie mit einem Raumschiff mit zweihundertvierzig Kilometern pro Sekunde auf einer elliptischen Bahn durch das Nichts des Weltalls. Im selben Nichts gibt es einen anderen Ball, einen Feuerball, der unseren wiederum wärmt, der Pflanzen sprießen lässt, der Leben möglich macht. Beide Bälle sind entstanden aus dem Unkonkreten. Man könnte auch hier sagen: aus dem Nichts. Es gibt zwar etliche wissenschaftliche Theorien, wie das Universum entstanden sein könnte, die meisten – nicht alle – gehen von einem Urknall aus. Aber wie genau der vor sich gegangen sein soll, darüber sind sich nicht einmal die Forscher einig. Und das Warum des Ganzen können sie erst recht nicht beantworten.

Was man aber festhalten kann: Das Unkonkrete, aus dem auch die beiden wundersamen Bälle Erde und Sonne entstanden sind, ist der Raum aller Möglichkeiten. Der Raum für Wunder. Zum Beispiel für das Wunder, dass es uns Menschen gibt. Für das Wunder, dass wir selbst diese Fackel der Existenz weitergeben und neues Leben hervorbringen können. Dass wir die Fähigkeit zur Liebe haben. Oder auch das Wunder, dass wir miteinander in Kontakt treten können. Dass wir das, was wir uns ausdenken, anderen Menschen mitteilen können. Dass wir miteinander kommunizieren können. Obwohl unsere Gehirne voneinander getrennt als zerklüftete Masse in den Schalen unserer Schädel liegen, sind wir trotzdem in der Lage, Ideen weiterzugeben wie Samenkörner, die in anderen Menschen Neues entstehen lassen können – und, wie wir noch sehen werden, nicht nur in anderen Menschen, sondern auch in der physischen Welt.

DER URKNALL IM KOPF: AUS SCHWARZEN STRICHEN ENTSTEHEN WELTEN

Ein Beispiel für unmittelbar aus weitergegebenen Ideen wachsende Welten sind Bücher.

Ein Schriftsteller beschreibt in ein paar Zeilen eine Szene, und obwohl unsere Augen eigentlich nur schwarz-weiße Buchstaben sehen, passiert etwas vollkommen Magisches. Sobald wir anfangen zu lesen, schrumpft die Wirklichkeit um uns herum, die wir, bevor wir anfingen zu lesen, als allumfassend und »echt« wahrgenommen haben, rasant zusammen. Ein bisschen so, wie manche Wissenschaftler den Moment vor dem Big Bang beschreiben. Es spielt keine Rolle, ob wir uns zuvor in einer Welt befinden, die von Krisen geschüttelt wird, wir eben noch Probleme wälzten oder Zukunftsangst spürten. Sobald wir das Buch aufschlagen oder den Reader einschalten und uns konzentrieren, verwandelt sich die Wirklichkeit: Der Stuhl, auf dem wir sitzen, das Zimmer um uns herum löst sich auf. Ja, sogar die Buchstaben auf dem Untergrund – im Grunde sind es ja nicht mehr als schwarze Striche – verschwinden vor unserer *Wahrnehmung*. Nur die Botschaft, die die schwarzen Striche enthalten und die wir mit einer Technik, die sich Lesen nennt, zu entschlüsseln gelernt haben wie einen geheimen Code, diese Botschaft bleibt.

Und gemeinsam mit unserem Geist, unserer Vorstellungs*kraft*, explodiert in einer Art magischem Urknall eine vollkommen neue Wirklichkeit. Wir reisen dabei vielleicht in andere Zeiten, andere Jahrhunderte zurück. Oder Jahrtausende in die Zukunft. Wir befinden uns auf anderen Kontinenten, anderen Planeten oder an Orten, die es physisch nicht gibt. Die sich jemand ausgedacht hat und die trotzdem im Augenblick des Lesens völlig real sind in unserer Vorstellung. Die geboren werden durch unsere Vorstellung. Wir sehen Menschen, hören sie miteinander sprechen. Vielleicht riechen wir sogar einen Duft, wenn ein Parfum beschrieben wird, oder wir schnuppern das Aroma des Meeres. Wir fühlen mit den Figuren der Geschichte wie mit Freunden, werden traurig, wenn ihnen das Schicksal übel mitspielt, und fühlen echtes Glück, wenn sie Liebe empfinden. Und das alles tun wir, weil die Striche auf dem hellen Untergrund Ideen enthalten, die viel mehr sind als diese Striche. Nämlich Ideen, die in unserer Vorstellung, der Leinwand in unserem Kopf, Bilder – *imagina* – malen und eine Realität erzeugen, die für die Dauer des Lesens nicht weniger wahr ist als die, die uns umgibt, wenn wir damit wieder aufhören. Dabei glauben wir fest daran, dass die schwarzen Striche auf weißem Grund sich in diese innere Realität verwandeln können. Schließlich haben wir es schon unzählige Male erlebt.

Es handelt sich hier ein weiteres Mal um die Bausteine, die du schon kennst: Idee, Imagination und Glaube. Es sind die Bausteine, aus denen auch ein Wunder besteht – und unsere Alltagswirklichkeit. Das ist kein Widerspruch, sondern eine Frage der Perspektive. Wenn du zaubern und Wunder vollbringen willst, ist es wichtig, dass du diese Perspektive einnehmen kannst. Denn auch du kannst Geschichten erzählen. Du kannst die Geschichte deines Lebens schreiben – jeden Tag.

DEINE INNERE MUSIK

Musik hat ebenfalls die Kraft, unsere Welt unmittelbar magisch zu verwandeln. Sie kann durch ihre unterschiedlichen Stimmungen unsere Perspektive und damit unsere Wahrnehmung sofort verändern. Um das auszuprobieren, suche dir jeweils Musik oder Geräusche aus folgenden Kategorien aus:

1. Musik, die dich entspannt und fröhlich macht. (Für viele Menschen funktioniert hier Klassik gut, zum Beispiel Johann Strauss' *Donauwalzer* oder Vivaldis *Vier Jahreszeiten*. Vielleicht auch Bossa nova wie zum Beispiel Astrud Gilbertos und Stan Getz' *The Girl from Ipanema*.)

2. Musik oder Geräusche, die dich stressen. (Zum Beispiel die Kakofonie, die entsteht, wenn ein Orchester seine Instrumente stimmt. Oder Baustellenlärm. Oder die Geräuschkulisse aus Stimmen und Musikfetzen in einer Messehalle. Oder Free Jazz. Oder Death Metal.)

3. Lieder, die dich auf positive Weise an deine Kindheit erin-

nern. (Zum Beispiel »Hey, Pippi Langstrumpf« oder »Ein Männlein steht im Walde« oder »Auf der Mauer, auf der Lauer«.)
4. Hits deiner Jugend, an die du dich gerne erinnerst.

Nun probiere in verschiedenen Situationen aus – zum Beispiel auf einer Bank im Park, im Supermarkt, beim Kochen, auf dem Weg zur Arbeit –, wie sich deine Gefühle verändern, wenn du dir dabei nacheinander die Musik der unterschiedlichen Kategorien vorstellst. Verfolge, wie sich ein und dieselbe Szene völlig anders anfühlt und wie dir ganz andere Dinge ins Auge springen. Bei entspannter Musik siehst du von der Bank im Park aus vielleicht in erster Linie die Bäume, die im Wind sanft vor blauem Himmel hin und her wogen, und dein Blick fällt auf wunderschöne Blumenbeete. Beim Baustellenlärm fallen dir möglicherweise die (vermeintlich) hektisch herumhetzenden Jogger auf und Hunde, die (vermeintlich) aggressiv hinter einem Ball herrasen.

Die Musik tatsächlich abzuspielen ist eine Alternative, vorausgesetzt, du kannst sie schnell anwählen, weil du dir zum Beispiel zuvor eine Playlist zusammengestellt hast.

Nach diesem Experiment kannst du dir immer eine entspannende Musik vor dein inneres Ohr holen, wenn dich gerade düstere Gedanken überfallen oder du gestresst bist. Und du kannst natürlich auch ganz bewusst Musik nutzen, um erst gar nicht gestresst oder deprimiert zu werden.

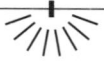

LADE ALIENS IN DEIN LEBEN EIN – UND ENTDECKE VERBORGENE WUNDER

Wenn ich morgens aufstehe und meine Füße aus dem Bett schwinge, habe ich, ohne dass es mir unbedingt bewusst wird, sehr viele Ideen davon, wie meine Wirklichkeit funktioniert. Diese Ideen erzeugen in meinem Kopf Bilder, also Imaginationen. Dadurch, dass ich daran glaube, dass dieses Bild wahr werden wird, verwandelt es sich in eine Erwartung. Und Erwartungen haben eine Tendenz, wahr zu werden.

Das mag jetzt erst mal abstrakt klingen, darum gebe ich dir ein Beispiel: Viele Menschen machen sich morgens als Erstes eine Tasse Kaffee. Ich auch. Da ist zunächst die bloße Idee einer Tasse Kaffee. Die wird schnell zu einem mentalen Bild von einer konkreten Tasse Kaffee: die duftende braune Bohnenbrühe in meiner Lieblingstasse. Da ich aber außerdem fest daran glaube, dass diese Vision Wirklichkeit werden kann, gehe ich zur Kaffeemaschine. Zu dieser habe ich auch gewisse wirklichkeitskonstruierende Bausteine im Kopf (nämlich die Idee, dass ich mit ihrer Hilfe eine Tasse Kaffee zubereiten kann, das mentale Bild, welche Handgriffe ich dazu ausführen und welche Knöpfe ich drücken muss, und zuletzt den Glauben, dass all das auch funktioniert). Ich fülle sie mit Wasser und Kaffee und schalte sie ein.

Bald ist meine Wirklichkeit eine, in der ich mit einer Tasse Kaffee am Frühstückstisch sitze. Bestimmt kannst du dich damit identifizieren. Falls du dir morgens keinen Kaffee, sondern Tee machst oder heißes Wasser mit Ingwer, ersetze den Kaffee einfach durch dein Getränk.

Stelle dir nun einen Außerirdischen vor, der in deine Küche kommt. Der Außerirdische kennt Kaffee (oder dein Getränk) nicht, er hat keine Ahnung von Kaffeemaschinen (oder den Utensilien, die zur Zubereitung deines Getränks notwendig sind) und davon, wie sie funktionieren. Er hat keine Idee, keine Vorstellungen oder Erwartungen davon und darum logischerweise auch keinen Glauben an alles, was damit zusammenhängt. Wenn dieser Alien in deine Küche kommt, wird er dort nur eine für ihn völlig unverständliche Ansammlung an Gegenständen vorfinden, von denen er keine Ahnung hat, was diese Dinge sind und wozu sie dienen. Deine Kaffeemaschine (oder das, was du für die Herstellung deines Getränks benutzt) ist für den Außerirdischen genauso ein Ding wie der Blumentopf, der Stuhl oder die Lampe. Er kennt keinen Kaffee (auch keinen Tee oder Ingwerwasser).

Nun stelle dir weiter vor, du lädst diesen Außerirdischen (vor dem du in diesem Beispiel keine Angst hast, weil du vielleicht ein renommierter Außerirdischenforscher bist und ständig welchen begegnest) zu einer Tasse Kaffee (oder …) ein. Während du eure Getränke zubereitest, zeigst du ihm, wie du das machst. Du demonstrierst ihm, wie die Kaffeemaschine funktioniert, wo die Tassen stehen, und machst ihm dann auch begreiflich, was eine Tasse ist und was man mit der Flüssigkeit macht, die man da hineinfüllt, nämlich trinken. Deinem Beispiel folgend probiert der Alien (der in diesem Beispiel zufällig ähnliche physische Voraussetzungen zum Trinken und Schmecken hat wie wir Menschen) vom Kaffee – und staunt begeistert über den fantastischen Geschmack und die belebende Wirkung des Getränks. Für den Außerirdischen ist dein Kaffee ein Wunder, mit dem er nicht gerechnet hat. Dir und mir mag der tägliche Kaffee nicht wie ein Wunder vorkommen, weil du und ich uns an dieses Wunder gewöhnt haben, aber wenn wir aus der Perspektive des Aliens schauen, können wir erkennen, dass es eines ist.

Kinder haben in ihrer »magischen Phase«, wie das Entwicklungsstadium vom dritten bis etwa zum fünften oder sechsten Lebensjahr – bei besonders fantasiebetonten Kindern auch noch länger – bezeichnenderweise genannt wird, oft *imaginary friends*: Freunde, die allein in ihrer Fantasie existieren, mit denen sie aber ganz normal sprechen und spielen. Oft erklären sie ihren unsichtbaren Freunden, was sie gerade tun oder wie Dinge funktionieren. Auf diese Weise werden sich die Kinder bewusst darüber, was sie alles schon wissen und können – daraus erwächst Selbstvertrauen.

Und du kannst dir mithilfe eines *imaginary alien* die Wunder in deinem ganz normalen Alltag bewusst machen und das Staunen wiederentdecken! Dadurch entwickelst du Bewusstsein dafür, was Magie ist – um sie dann selber zu nutzen.

IMAGINARY ALIENS – BESUCH AUS EINER ANDEREN DIMENSION

Suche dir einen Tag aus, an dem du dich von einem imaginären Alien begleiten lässt. Dieser Alien verfügt der Einfachheit halber über die gleichen Wahrnehmungsmöglichkeiten wie du – er hat Augen, Ohren, Nase, Hände und Füße, er kann also alles sehen, hören, fühlen, riechen, was du ihm zeigst. Er versteht auch grundsätzlich deine Sprache und ist ein intelligenter Zeitgenosse, er begreift schnell.

Das ist dann aber auch alles.

Er kennt nichts von dem, was deinen Alltag ausmacht. Neben der Kaffeemaschine kennt er auch keine Mikrowelle, kein Auto, keine Lampe, keinen Computer oder anderes technisches Gerät. Er weiß auch nicht, was eine Kerze ist, ein Streichholz, hat keine Ahnung, wozu Bett oder Schrank dienen. Er kennt keine Fenster, keine Kugelschreiber, kein Buch, er hat noch nie Schuhe, Unterhosen oder andere Kleidungsstücke gesehen, denn auf seinem Planeten ist es immer hell und angenehm temperiert, die Aliens müssen weder schlafen noch sich anziehen. Er hat keine Ahnung von Nahrungsmitteln, weder von Rohwaren wie Äpfeln, Möhren oder Kohlrabi noch von zubereiteten Lebensmitteln wie Pizza, Brot oder Kuchen, weil er sich von geschmackloser Pulvernahrung ernährt. Er kann nicht lesen, kennt kein Telefon, kein Theater, keinen Spielplatz. Er kennt nicht mal ein Sofakissen oder eine Fußmatte. Er hat noch nie ein Tier gesehen, eine Blume oder einen Baum. Obendrein haben in der Gesellschaft der Aliens alle dasselbe Geschlecht – beziehungsweise gar keines – und kommen erwachsen auf die Welt. Darum weiß er auch nichts von Sexualität, und er hat auch noch nie ein Baby oder Kind gesehen.

Er ist ein völlig unbeschriebenes Blatt.

Deine Aufgabe ist es, ihm einen Tag lang alles zu zeigen und zu erklären. Du musst deine Erklärungen dabei nicht laut abgeben, das kannst du gedanklich tun. Nicht wortreich und nicht bis ins letzte Detail – eher so, wie man einem Kind etwas erklärt: Was ist das? Was kann es? Dazu musst du nicht exakt wissen, wie ein Backofen technisch funktioniert, oder jedes Einzelteil an einem Fahrrad einwandfrei bezeichnen können.

Aber nimm dir einen Augenblick, um anzuerkennen, dass du da eine großartige Erfindung vor dir hast, die nicht vom Anbeginn aller Tage da war. Oder ein Lebewesen oder eine Naturerscheinung. Etwas, das irgendwann vor langer oder kürzerer Zeit aus dem Nichts des Unkonkreten entstanden ist. Darum geht's. (Solltest du neugierig werden, kannst du natürlich anfangen, nachzuforschen.)

Du kannst das gedankliche Alien-Experiment auf deinen gesamten Alltag anwenden und wirst schnell feststellen, dass du von Magie umgeben bist. Einerseits ist es die reine Magie, dass die Evolution Tiere, Pflanzen und Menschen hervorgebracht hat. Außerdem bist du von den Ergebnissen magischer Handlungen umgeben, die Menschen irgendwann einmal ausgeführt haben – auch das ist nichts Geringeres als ein Wunder. Alle Gegenstände waren irgendwann einmal eine Idee, die zu einer Imagination wurde, an die irgendjemand geglaubt hat, bis sie schließlich wahr und Wirklichkeit wurde. Du siehst: Wirklichkeit ist Wunder, ist Wahrheit.

INSIDER-TIPPS AUS DER ZUKUNFT

Das heißt natürlich nicht, dass zum Beispiel der Erfinder des Urfahrrads – ein Laufrad für Erwachsene –, Karl von Drais, Anfang des 19. Jahrhunderts mit den Fingern geschnippt und sich ein Rad gewünscht hat, so wie du im » Dreimaldrei der Wunscherfüllung « am Ende von Kapitel 2 dir vielleicht einen Parkplatz vor der Haustür » bestellt « hast. Denn wie soll man etwas bestellen, was es noch gar nicht gibt? Es wird vielmehr so abgelaufen sein: Von Drais, ein bekannter Erfinder seiner Zeit, hatte den Wunsch nach einem schnellen, individuellen und kompakten Fortbewegungsmittel, für das man nicht so ein unpraktisches, pflege- und kostenintensives Pferd brauchte. Das war seine Intention, so etwas wollte er erfinden. Er hat außerdem daran geglaubt, dass so eine Erfindung grundsätzlich möglich ist – diese Sicherheit zog er daraus, dass er zuvor schon andere Dinge erfunden hatte, an deren Anfang nichts als eine Idee stand. Ähnlich wie das angekündigte Wunder in deinem Wunderbrief war das Ganze aber noch unkonkret. Der Glaube an die Machbarkeit kam zuerst.

Dieser Glaube an die Erfüllung ist auch hier das magische Moment!

So, wie die Teilnehmer in Radins Experiment die Intention hatten, ein interessantes Audiozitat zu hören, hatte von Drais die Intention, eine Idee zur Lösung seines Problems zu entwickeln. Und diese Idee kam ihm dann tatsächlich. Das Besondere daran war: Sein Einfall gilt noch heute als absoluter Geniestreich, ein Geistesblitz aus dem Nichts, denn das auf zwei durch Schnelligkeit auszubalancierenden Rädern beruhende Funktionsprinzip des Fahrrads war, da sind sich Experten einig, nicht logisch von den damals bekannten Wagen mit vier Rädern herleitbar. Wer rational denkt, wäre aber vom Bekannten ausgegangen. Von Drais' Idee war etwas völlig Neues. Erinnerst du dich, was Dean Radin in seinem Experiment herausgefunden hat, als er vom Ergebnis ausgehend die Schritte des Zufallsgenerators zurückverfolgt hat? Er hat festgestellt, dass die Studienteilnehmer durch ihre Intention, ein Audiozitat hören zu wollen, dieses Zitat sozusagen in der Zukunft bestellt hatten. Die Zukunft hat dann sofort auf die Gegenwart zurückgewirkt. Darum ist es absolut denkbar, dass von Drais bei seinem intuitiven Geistesblitz einen Tipp von sich selbst aus der Zukunft bekam – einer Zukunft, in der seine »Schnelllaufrad«-Erfindung schon existierte.

Falls dir jetzt der Kopf schwirrt und du dich fragst, ob so was denn wirklich sein kann, habe ich noch ein bisschen Gedankenfutter für dich, das noch einmal illustriert, was in so einem Fall passiert: Der US-amerikanische Psychologe Daryl Bem erforscht seit Langem das Phänomen der »Präkognition« – also des »Vorauswissens«. In einem von vielen erstaunlichen Experimenten gab er einer Gruppe Studenten eine Vokabelliste. Die Studenten sollten die Vokabeln lernen, so gut sie konnten. Im nächsten Schritt war es ihre Aufgabe, alle Wörter aufzuschreiben, an die sie sich erinnern konnten. Danach wurden per Zufallsgenerator einige Wörter aus der gesamten Wortliste ausgewählt, die die Studenten besonders intensiv pauken sollten, was sie auch taten. Das Spannende war: Als man schließlich die Wörter, die der Zufallsgenerator ausgewählt hatte und die *anschließend* besonders geübt worden waren, mit der Liste der Wörter verglich, die die Versuchsteilnehmer *am Anfang* am besten memoriert hatten, stellte sich heraus: Es waren weitgehend dieselben. Das besondere Üben der Wörter hatte bereits gewirkt, bevor es passierte. Die Zukunft hatte die Gegenwart beeinflusst. Oder besser gesagt: Zukunft und Gegenwart hatten sich übereinandergelegt und sich gegenseitig beeinflusst.

Wenn ich selbst etwas schreiben muss – ein Buch oder ein Hypnose- oder Meditationsskript –, versetze ich mich darum oft zuallererst gedanklich in die Situation, in der das Schriftstück schon fertig ist. Ich spüre die Befriedigung, es erstellt zu haben. Je besser ich mich auf dieses Gefühl und die damit einhergehende Gewissheit fokussieren kann, umso eher erlebe ich, wie in meinem Kopf eine Art Diktiergerät anspringt. Dann scheint mir der fertige Text direkt aus der Zukunft zuzufließen, und ich muss ihn nur noch aufschreiben.

Darf ich vorstellen? Du hast hier eine der Grundlagen von Magie kennengelernt. Wer eine Intention oder einen Wunsch oder eine simple Vokabel mit dem nötigen Nachdruck per Gedanken*kraft* losschickt, bekommt »Post« aus der Zukunft, die dabei hilft, die Intention zu verwirklichen, den Wunsch erfüllt zu bekommen oder auch nur die Vokabel so in der Erinnerung zu verankern, dass man sie nie wieder vergisst. Ich werde dir zeigen und wir werden üben, wie du diese magischen Zusammenhänge bewusst nutzt. Solche Magie passiert aber vor allem ständig unbewusst, ohne dass wir es merken. Und sie ist gespeichert in allen großen und kleinen Erfindungen um uns herum.

Auch in der Kaffeemaschine – und sogar im Kaffee selbst. Denn auch, dass man Kaffeekirschen nach dem Pflücken auf bestimmte Weise so bearbeiten kann, dass ein belebendes Getränk daraus wird, hat sich irgendwann jemand ausgedacht. Diese Schöpferkraft ist Magie! Alles, was wir heute selbstverständlich finden, wurde irgendwann einmal als Wunder gefeiert. Aber selbst wenn wir das vergessen haben: Es ist immer noch eines!

Auch du besitzt diese magische Schöpferkraft. Das zeigt dir die folgende Übung, in der du aus dem »Nichts« etwas Wirklichkeit werden lässt, was zuvor nur in deinem Kopf war. Du kannst diese Übung allein oder mit anderen machen – besonderen Spaß macht sie zusammen mit Kindern.

DAS WEISSE BLATT PAPIER

Nimm dir bitte einen weißen Bogen Papier. Der Bogen sollte nicht zu klein sein, ich empfehle dir ein DIN-A4-Format. Stelle einen Timer auf eine halbe Stunde. Deine Aufgabe ist nun, in dieser Zeit aus diesem Papier etwas zu machen, es zu verwandeln. Es ist dir völlig freigestellt, was du machst. Du darfst auch Hilfsmittel benutzen. Eine Schere. Klebstoff. Einen Kugelschreiber oder Malstifte.
Lies bitte erst weiter, wenn deine Kreation fertig ist.

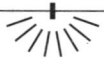

Diese Übung bringt in meinen Seminaren immer die erstaunlichsten Dinge hervor. Dort arbeiten die Teilnehmer damit meistens in Gruppen. Eine Gruppe hat daraus eine nachahmenswerte Mantra-des-Tages-Lotterie gemacht, indem sie das Blatt in kleine Stücke zerrissen und auf jeden Papierschnipsel ein positives Wort geschrieben hat. Dann wurden die Zettel umgedreht, und jeder hat ein Wort gezogen, das er sich dann in die Hosentasche stecken konnte, um es bei Bedarf immer wieder hervorzuholen. Andere haben das Papier geteilt und aus der einen Hälfte eine Start- und Landebahn gemacht und aus der anderen Hälfte einen Flieger gefaltet – und das als Bild dafür gesehen, dass sie jetzt mit etwas Neuem starten. Wieder andere haben das Blatt in kleinere Papiere geteilt und eine Papierschiffchen-Flotte gefaltet. Es gab Teilnehmer, die sich kurzerhand ein Gesellschaftsspiel ausgedacht haben, ein Teil des Blattes war das Spielfeld, die Figuren waren Papierstückchen. Es gab Puzzles und Bilder und Ziehharmonikas und Tiere.

So macht diese Übung die grundlegende Beschaffenheit unserer Wirklichkeit greifbar: Wir formen sie mit unserer Vorstellungskraft – und die ist grenzenlos und magisch. Auch deine.

4

ACH, DAS GEHT JA! WAS UNS DIE ALLTÄGLICHE MAGIE DER BÜCHER UND FILME LEHRT UND WIE WIR IM STAUNEN BEGREIFEN, DASS DIE KRAFT UNSERER GEDANKEN DIE WELT VERÄNDERN KANN

Ich glaube, dass Kino und Magie
schon immer eng miteinander verbunden waren.
Die ersten Menschen, die Filme drehten, waren Magier.

Francis Ford Coppola

1896 wurde im Pariser »Grand Café« der Film *L'arrivée d'un train en gare de La Ciotat* (Die Ankunft eines Zuges im Bahnhof von La Ciotat) vorgeführt. In diesem Film nähert sich ein Zug – eine Dampflok mit einigen Personenwaggons – auf der Leinwand von hinten rechts nach vorne links. Für unsere heutigen Maßstäbe nicht besonders schnell. Die Kamera, die die Einfahrt gefilmt hatte, war auf dem Bahnsteig ganz nahe den Gleisen platziert worden. Die Menschen, die vorne links vor der Leinwand saßen, bekamen so den Eindruck, dass die Lok auf sie zuhielt – und rannten schreiend aus dem Saal. Sie hatten Angst, gleich überrollt zu werden, und liefen instinktiv um ihr Leben. Und das, obwohl der kurze Film schwarz-weiß, körnig, ohne Ton und nicht im Entferntesten dreidimensional war.

Das Reale war in der Imagination der Betrachter entstanden – perfekte Animation ist dafür überhaupt nicht nötig. *L'arrivée* war einer der ersten Filme der Welt, ein Werk der Brüder Auguste und Louis Lumière. Man könnte sie auch zwei der großen Magier ihrer Zeit nennen, wie das Herr Coppola ja auch in dem oben stehenden Zitat tut. Heute haben wir uns beim Schauen von Filmen oder auch beim Spielen von Computerspielen daran gewöhnt, in andere Welten geleitet zu werden und für eine begrenzte Zeit darin einzutauchen. Unter anderem, weil wir wissen, dass uns nichts Schlimmes passiert, wenn wir unseren Geist auf diese Weise entführen lassen. Darum rennen wir auch nicht ständig schreiend aus dem Zimmer, wenn wir Netflix schauen.

Es ist nicht schwer, sich vorzustellen, was für ein Wunder die bewegten Bilder für die Menschen damals gewesen sein müssen. Aber hättest du gedacht, dass bisher kein Wissenschaftler erklären kann, wie es genau vor sich geht, dass selbst ein nicht lebensechter Film auf der Leinwand in unserem Kopf so real werden kann, dass wir davor weglaufen?

Noch deutlicher wird es beim Lesen.

Auch wenn Lesen eine alltägliche Tätigkeit und uns allen vertraut ist, geschieht dabei etwas Rätselhaftes. Nicht mal ein Hirnforscher kann bis heute erklären, wie die elektrischen Impulse, die über die Nervenbahnen zwischen den Hirnregionen hin und her sausen und die er ganz wissenschaftlich objektiv messen kann, vor unserem »inneren Auge« als lebendiges Geschehen erscheinen. Kein Forscher kann mit seinen Messgeräten die Bilder sehen, die wir vor Augen haben, während wir lesen (oder denken oder träumen). Es gibt keinen kleinen Projektor in unserem Kopf, an den sich ein Wissenschaftler anschließen könnte. Und dennoch sind Bilder, die Emotionen, die Geräusche und vielleicht sogar Gerüche da.

Wie aus dem Nichts.

Wissenschaftler können anhand der Impulse auch nicht feststellen, was wir gerade lesen (oder denken oder träumen). Sie können zwar beispielsweise herausfinden, ob uns gerade etwas aufregt, weil dann bestimmte Hirnregionen aktiv sind. Aber ob diese Spannung daher rührt, dass etwa in einem Kriminalroman ein Verbrecher in die Enge getrieben wird, oder ob uns die Lektüre eines dokumentarischen Buches über die Anschläge des 11. September aufwühlt, ist für einen Forscher nicht nachvollziehbar. Natürlich könnte man auch hier sagen: noch nicht.

Schließlich ist vieles, was uns Menschen irgendwann einmal unerklärlich schien, heute enträtselt – zumindest lässt sich meist genau beschreiben, *wie* ein Phänomen zustande kommt (das »Warum?« ist eine andere Geschichte). Beispiele wären unter anderem Naturgewalten wie Gewitter oder Stürme, die auf Temperaturunterschiede und dadurch entstehende Luftströmungen zurückgehen. Erscheinungen wie das Polarlicht, das von elektrisch geladenen Partikeln des Sonnenwinds herrührt, die in der Erdatmosphäre auf Sauerstoff- und Stickstoffteilchen treffen und in einer Kettenreaktion Licht erzeugen. Oder auch Ebbe und Flut, die durch die Anziehungskraft des Mondes und der Sonne im Zusammenwirken mit der Erdzirkulation entstehen.

WIE WISSENSCHAFTLER DAS RÄTSEL UNSERER GEDANKEN ZU ENTSCHLÜSSELN VERSUCHEN

So, wie sie viele Phänomene in der äußeren Welt »entzaubert« haben, versuchen Wissenschaftler auch zu verstehen, wie unsere Sinneswahrnehmungen zu unserer erlebten Wirklichkeit werden. Schon allein weil Futuristen wie der bekannte Computerwissenschaftler Ray Kurzweil seit Jahrzehnten davon träumen, dass wir uns eines Tages unsterblich machen können. Wie? Indem wir uns in einen Roboter downloaden, um von unserer sterblichen Hülle unabhängig zu werden. Ob so ein Roboterleben erstrebenswert ist, sei mal dahingestellt. Fest steht: Damit so etwas klappt, wäre es eine wichtige Basis, die Magie unserer Gedanken zu entschlüsseln. Und das versucht man darum an den Unis rund um den Globus auch fleißig. Dabei sucht man im Gehirn, ganz gemäß der naturalistischen Vorstellung, dass sich unser Geist irgendwo in dessen Windungen versteckt und alles, was wir fühlen und denken, hervorbringt.

Erst kürzlich habe ich gelesen, dass ein Neurowissenschaftler der Universität Berkeley in Kalifornien, Shinji Nishimoto, zusammen mit Professor Jack Gallant und seinem Team analysiert hat, was im visuellen Cortex des Gehirns – also im Sehzentrum – passiert, während man einen Film schaut. Dazu haben Nishimoto, Gallant und Kollegen sich selbst in die Röhre eines funktionellen Magnetresonanztomografen (fMRT) gelegt – das ist ein Apparat, der die Aktivität des Gehirns aufzeichnet – und stundenlang Filme angeschaut. Ein Computer ordnete hinterher einzelnen Filmsequenzen bestimmte Aktivierungsmuster im Sehzentrum – dem visuellen Cortex – zu. Anschließend wurde der Computer mit fünftausend Stunden Videomaterial gefüttert. Daraufhin legten sich die Wissenschaftler wieder in die Röhre, um neue Videos zu schauen. Nun war es die Aufgabe des Computers, die dabei gemessene Gehirnaktivität passenden Schnipseln aus dem eingespeisten Videomaterial zuzuordnen. Anders gesagt: Der Computer sollte das, was die Forscher sahen, allein anhand der Aktivität im visuellen Cortex rekonstruieren. Das Ergebnis ist beeindruckend. Zwar ist der nachkonstruierte Film schemenhaft und natürlich ohne Ton – es wurde ja nur die Aktivität im visuellen Zentrum untersucht –, aber Farben, Hell-Dunkel-Kontraste und Bewegungen sind erstaunlich gut erkennbar.[8] Mit noch mehr Videorohmaterial würde hier die Bildqualität sicher noch steigen.

Trotz solcher Erfolge glauben sogar die Forscher selbst, dass es noch ein sehr weiter Weg sein wird, bis wir mithilfe von Computertechnik Gedanken abbilden können – oder auch das, was sich während des Lesens, Filmeschauens, Computerspielens oder ganz einfach während des Denkens im Gehirn abspielt.

Ich möchte niemanden unterschätzen, aber ich habe so meine Zweifel, ob das überhaupt je gelingen wird.

Die von den kalifornischen Wissenschaftlern in Berkeley untersuchten Kontraste und Farben sind objektiv vorhandene optische Erscheinungen, an deren Erfassung sich unsere Augen und unser Sehzentrum im Laufe der Evolution perfekt angepasst haben – ein Vorgang, von dem man annehmen kann, dass er für uns alle ähnlich abläuft. Stellen wir uns vor, ich stehe mit dir vor einem Schaufenster und zeige dir darin eine rote Jacke. Dann sieht dein Rot vielleicht nicht ganz genauso aus wie das Rot, das ich wahrnehme, und wenn du kurzsichtig oder weitsichtig bist, erkennst du vielleicht nicht genau das Logo, das ich deutlich sehe. Trotzdem sehen wir in etwa dasselbe Bild.

Das ist auch das, was ich als Gedankenleser auffangen kann, dazu vielleicht noch ein Grundgefühl. Doch es gibt einen Unterschied zwischen einem Bild wie dem von der roten Jacke und den Vorstellungen in unserem Kopf. Unsere komplexen Emotionen und Assoziationen, wenn wir etwas denken oder auch lesen oder fühlen oder wenn wir einen Film schauen, speisen sich aus unserer bewussten und unbewussten Erinnerung. Und die ist nun mal individuell – erinnere dich an die Übungen, in denen ich dich gebeten habe, dich auf das Wort »Wunder« oder das Wort »Magie« zu fokussieren. Auch wenn es gewisse Übereinstimmungen zwischen unser aller Vorstellungen gibt – sonst könnten wir uns nicht verständigen –, ist die Erfahrung selbst bei eineiigen Zwillingen niemals exakt gleich. Wenn ich mir einen Magier vorstelle, sieht der anders aus, als wenn du das tust. Du denkst vielleicht direkt an den Zauberkünstler in Frack und Zylinder, der dich als Kind im Zirkus beeindruckt hat. Und mir erscheint der mongolische Schamane, der vor einigen Jahren »wie durch ein Wunder« (ich bin geneigt, hier das »wie« zu streichen, die Geschichte bekommst du in Kapitel acht zu lesen) in mein Leben trat. Bei dir folgen dieser Vorstellung vielleicht wohlige Kindheitsgefühle von Geborgenheit, Erinnerungen an deine Großmutter, die mit dir im Zirkus war, Gerüche von Stroh und feuchter Erde in der Manege. Bei mir wird das Bild begleitet von meiner Erinnerung an ein schamanistisches Wetterritual, an ein Schloss bei Göttingen und die Hochzeit eines Freundes.

Anders als im Fall der optischen Wahrnehmung der roten Jacke gibt es hier kein übereinstimmendes und damit isolierbares Hirnaktivitätsmuster. Aber vielleicht wird auch hier eines Tages die Quantenphysik helfen, wer weiß?

Ich will hier jedoch nicht die Frage erörtern, ob Wissenschaftler wohl je einen Roboter entwickeln, in den wir uns samt unserer Persönlichkeit und all unseren Erinnerungen »herunterladen« können. Der entscheidende Punkt für mich ist an dieser Stelle: Unsere Wirklichkeit entsteht zunächst in unserem Kopf – wie aus dem Nichts. Hier werden die Samenkörner gesät, die sich dann auch in der äußeren Welt verwirklichen, aus dem einfachen Grund, weil sie nicht von ihr getrennt sind. Jeder Mensch wird so zum Herrscher über seine eigenen, einzigartigen und wandelbaren Wirklichkeiten. Wir können denken und uns vorstellen, was wir wollen. Und damit, das haben wir schon gesehen, können wir die Welt tief greifend verändern. Unsere eigene und die der Menschen, denen wir begegnen.

Wir erschaffen Realität.

Für mich ist das ein Wunder – und etwas, das nie aufhört, mich zu erstaunen. Staunen ist auch eine große transformative, magische Kraft, denn sie bringt uns dazu, das magische Potenzial unserer Wirklichkeit, die wir zu Unrecht manchmal als unveränderlich erleben, zu begreifen.

DIE MAGISCHE BERÜHRUNG

Öffne bitte einmal die linke oder rechte Hand. Nun berühre dich bitte für einen Augenblick mit dem Zeigefinger der anderen Hand auf der Handfläche. Spüre bewusst die Berührung. Dann hebe deinen Zeigefinger wieder an.

Was wird nun aus der Empfindung der Berührung auf der Handfläche? Wie fühlt sich der Punkt an, an dem du dich eben berührt hast?

Ich möchte dich jetzt bitten, mit dieser Empfindung zu spielen. Was passiert, wenn du die Handfläche der anderen Hand über den Punkt hältst? Wenn du sie dem Punkt annäherst? Und dann wieder weiter entfernst? Verändert sich die Empfindung? Was passiert, wenn du die Handfläche im Abstand von ein paar Zentimetern langsam den Arm hinaufbewegst? Folgt der Punkt der Bewegung? Kannst du die Empfindung per Gedankenkraft vergrößern? Verkleinern? Verändern? An andere Körperstellen transportieren? Vielleicht sogar zum Fuß? Oder an die Nasenspitze?

Sinn dieser Übung ist es, dir klarzumachen, wie bewusste Fokussierung deine Wahrnehmung sofort beeinflusst und verändert. Normalerweise würdest du es gar nicht merken, wenn du dich selbst berührst. Aber sobald du dich darauf konzentrierst, wird aus einer flüchtigen Empfindung nicht nur eine deutlich wahrnehmbare, sondern auch modulierbare und haltbare Größe. Und das gilt für alle unsere Gedanken: Sie sind es, die bestimmen, was wir aus dem, was von außen auf uns einströmt, machen. Du bist der Architekt deiner Welt!

STAUNEN VEREINT – UND ERÖFFNET UNGEAHNTE MÖGLICHKEITEN

Die Filme der Lumière-Brüder waren damals eines der großen Gesprächsthemen auf der ganzen Welt. Und die Menschen, die das Glück hatten, selbst bei einer Vorführung dabei zu sein, fühlten sich wie eine eingeschworene Gemeinschaft. Auch sie waren vereint im Staunen. Genauso vereint sind Menschen, die fasziniert sind von einer meisterhaft erzählten Geschichte und nicht aufhören können, sich darüber auszutauschen, und sie vielleicht selbst weiterspinnen oder sich inspiriert fühlen, sich selbst eine auszudenken. Egal, ob sie von einer Geschichte in einem Buch oder in einer TV-Serie *in den Bann gezogen* werden – dieser magische Vergleich kommt nicht von ungefähr. Genauso im Staunen verbunden fühlen sich Leute, die erleben, wie jedes Jahr mit einer Lasershow das Hermannsdenkmal im Teutoburger Wald in Bewegung versetzt wird. Wahrscheinlich kommen in diesen Zuschauern ähnliche Gefühle auf, wie es bei den Menschen vor zweihundertfünfzig Jahren der Fall war, wenn auf einem Jahrmarkt die Laterna magica durchscheinende Bilder projizierte, die wie Geister über dem Geschehen schwebten.

All das sind absolut magische Momente, die in uns etwas in Gang setzen. Die Magie besteht hier darin, zu zeigen, dass etwas möglich ist, was man so bisher noch nie erlebt hat oder was man normalerweise für völlig oder nahezu ausgeschlossen hielt. Die magische Verwandlung, das Erleben, dass etwas für unmöglich Gehaltenes tatsächlich funktioniert, lässt den Zweifel verschwinden.

Aber natürlich ist Magie noch viel mehr. Sie umfasst neben den Dingen, die sich erklären lassen, oder denen, an die wir uns gewöhnt haben, weil sie so alltäglich sind, immer noch Dinge, die auch der klassischen Definition von Magie als einer Kunst, die sich übersinnliche Kräfte dienstbar macht, entsprechen.

Ich erlebe bei meiner Arbeit ständig magische Momente, die

ich mir vielleicht annähernd, aber nie ganz erklären kann. Wie du schon weißt, ist eine meiner Spezialitäten seit vielen Jahren das Gedankenlesen, das ich seit meiner Kindheit übe. Es lässt sich bis zu einem gewissen Grad erklären: Wenn ich zum Beispiel jemanden am Arm halte, kann ich über winzige, unwillkürliche Bewegungen erspüren, in welche Richtung diese Person gehen möchte. Wenn ich jemanden anschaue, kann ich mithilfe der Mimik und Körpersprache Gefühle wie zum Beispiel Begeisterung, Liebe oder Abscheu erfassen. Aber ich kann nicht erklären, wieso ich plötzlich ganz klar in meinem Inneren einen Namen höre oder sogar ein Gesicht sehe, wenn ich mein Gegenüber auffordere, an jemanden zu denken, der ihm viel bedeutet. Oder warum ich das dringende Gefühl habe, ein Kaninchen malen zu müssen, wenn im Nebenraum jemand sitzt, der etwas zeichnet, das ich zu erspüren versuche. Und es stellt sich heraus: Es ist ein Kaninchen.

WENN EINE REALITÄT ZERBRICHT, BEDEUTET DAS, DASS WIR EINE GANZ NEUE KREIEREN KÖNNEN – IN EINER WELLE DER WUNDER

Dieses große Staunen ist auch etwas, was mich an meinem Beruf immer wieder fasziniert. Ich bin viel gereist und habe schon auf der ganzen Welt auf der Bühne gestanden. Zeitweise war ich alle drei Monate in einer anderen Stadt, in einem anderen Land. Bei diesen Reisen habe ich gelernt: Überall reagieren Zuschauer völlig gleich auf meine Shows, in denen ich etwas präsentiere, womit die Menschen nicht rechnen. Ob in Tokio, in London, in Vancouver oder in einem Dorf in der Mongolei. Es gibt im Staunen auch keine Klassenunterschiede. Der Chef des Unternehmens reagiert genauso wie der Praktikant. Der Staatsführer reagiert genauso wie der Migrant, der gerade in den Staat eingereist ist. Alle bekommen dieses Leuchten in den Augen und fragen ehrfürchtig: »Wow, was passiert hier gerade?« Niemand fängt in so einem Moment zu streiten an, denn Streit würde eine Trennung voraussetzen – und niemand fühlt sich in solch einem Moment von den anderen getrennt.

Staunen hat die Fähigkeit, Menschen auf der ganzen Welt, über alle Grenzen hinweg, zu einer Gemeinschaft zu machen. Das gilt auch für das Staunen – oder Erstaunen – über etwas erst einmal nicht so Schönes. Zum Beispiel ein Virus, das unser aller Verhalten und damit eine äußere Welt, auf deren Stabilität wir uns insgeheim verlassen haben, innerhalb sehr kurzer Zeit so radikal verändert, wie es zuvor niemand für möglich gehalten hätte. Vieles, was zuvor undenkbar war, trat ein – von einem Tag auf den anderen. In diesen Augenblicken haben wir alle gemerkt, dass die Realität nicht fix ist.

Normalerweise entsteht eine gemeinsame Wirklichkeit in kleinen Schritten, sodass es uns gar nicht auffällt. Aber wenn ein plötzliches Ereignis dazu führt, dass viele ihr Denken gleichzeitig in eine Richtung lenken, wird Veränderung erkennbar, weil sie sich beschleunigt. So beängstigend die Erfahrung sein kann, wenn Realitäten zerbrechen, sie enthält eine absolute Wahrheit und eine große Chance, die uns Optimismus schenkt, sobald wir sie erkennen: Wenn die Realität nicht festgelegt ist, bedeutet das, dass wir sie verändern können. Immer!

Unser Geist ist deshalb so *wunder*bar, weil er vor dem Zerbrechen einer Realität nicht kapituliert, sondern aus dem Unkonkreten, aus dem auch die vorherige Realität entstanden ist, sofort eine neue erschaffen kann. Jeder Einzelne von uns hat damit das Potenzial, sie zu gestalten. Jede einzelne Veränderung zum Positiven zählt und kann etwas Großes anstoßen – für uns selbst, aber auch für uns alle gemeinsam.

Wenn wir uns erlauben, uns eine neue, schöne Wirklichkeit lebendig vorzustellen, statt uns von Szenarios der Angst lähmen zu lassen, werden Synchronizitäten geschaffen, die eine riesige Welle der Wunder auslösen können.

DEIN »GEHT NICHT GIBT'S NICHT!«-MOMENT:
STELL DIR EINFACH VOR, ES FUNKTIONIERT!

Natürlich ziehe ich, wie sicher jeder von uns, das Staunen über Schönes vor. Das Staunen über die täglichen Wunder. Dieses Gefühl kann für jeden Einzelnen ein Transformator sein. Denn es geht weit über einen kurzen Nervenkitzel hinaus. Dieses Gefühl erzählt nämlich davon, dass die Welt viel größer ist, als man sie sich jemals hat vorstellen können – und kann völlig neue Möglichkeiten eröffnen. Im Staunen, diesem »Oh, das ist tatsächlich möglich?«, wird die bisherige Realität erweitert.

Ich habe ein Beispiel für dich.

Vielleicht erinnerst du dich noch an den erfolgreichen Werbespruch »Geht nicht gibt's nicht!« eines Baumarkts. Daran musste ich denken, als ich vor Kurzem in einem Hypnoseseminar eine Teilnehmerin auf dem Boden »festgeklebt« habe. Natürlich habe ich dazu nicht Klebstoff genommen und ihn der Teilnehmerin unter den Schuh gestrichen. Stattdessen hat auch hier der Dreiklang »Idee – Imagination – Glaube« sein magisches Werk getan. Am Anfang stand dabei die reine Idee, eine Möglichkeit: Der Fuß könnte vielleicht im Boden verankert sein. Aus dieser Idee entstand die Imagination, wie sich das wohl anfühlte, wenn der Fuß mit dem Boden verbunden wäre. Um diese Imagination anzuregen, habe ich der Teilnehmerin unter Hypnose – wie die Meditation ein völlig entspannter Zustand, in dem die »normale Welt« mit all ihren Annahmen darüber, was möglich ist und was nicht, außer Kraft gesetzt ist und Platz macht für etwas Neues – eine Geschichte erzählt, in der ihr Fuß Wurzeln schlägt.

Die Dame ist dieser Geschichte mit ihrer Vorstellung gefolgt. Allein kraft ihres Geistes hat sie gesehen und gespürt, wie ihr Fuß sich mit dem Boden verbunden hat. So, wie jemand in das Geschehen eines Romans eintaucht und es im Moment des

Lesens als real erlebt. Diese Wahrnehmung war so intensiv, dass daraus der Glaube entstanden ist: Mein Fuß ist mit dem Untergrund untrennbar eins. Innerhalb einer Minute war eine neue Realität entstanden, in der sie keinen Schritt mehr tun konnte. Nachdem sie eine Weile vergeblich probiert hatte, ihren Fuß anzuheben, habe ich zu ihr gesagt:»So – und nun denk dir doch einfach mal, du kannst gehen.« Im nächsten Moment ging sie los. Genauso, wie ein Gedanke – der Gedanke, Wurzeln zu schlagen – sie»festgeklebt« hatte, hatte es einen einzigen Gedanken gebraucht, um sie wieder zu lösen. Nicht weniger, aber vor allem nicht mehr. Ein einziger Gedanke, um zwischen völlig verschiedenen Wirklichkeiten zu wechseln. Mit einem einzigen ersten Schritt. Hypnose ist dazu übrigens nicht zwingend notwendig! Sie erleichtert zwar den Übergang von einer Realität in die andere, weil sie den Einfluss der»alten« Wirklichkeit unmittelbar stoppt. Diesen Effekt hat jede Form der Entspannung, die mit einem zeitweiligen Gedankenstopp einhergeht. Aber der magische Moment, der den Zündfunken ausmacht und die neue Wirklichkeit schafft, ist der Gedanke:

Denk doch mal, es funktioniert.

Statt»Gedanke« könnte man auch den Begriff»Zauberformel« verwenden. Denn erstens ist die Wirkung magisch. Und zweitens ist eine Zauberformel immer ein Gedanke. Nach dieser Übung habe ich zu der Teilnehmerin gesagt:»Und jetzt überlege einmal, was bedeutet das für dein Leben?« Sie hat mich nachdenklich angeschaut und erst einmal nichts geantwortet. Doch am nächsten Seminartag rief sie auf einmal:»Stopp, mal alle herhören, ich möchte etwas sagen. Ich hatte gerade einen Erleuchtungsmoment!« Dann erzählte sie, wie ihr das gestrige Erlebnis plötzlich gezeigt hat, dass sie in ihrem Leben – bildlich gesprochen – gehen kann, wohin sie möchte, und dass die Begrenzungen, das übliche »Aber das geht doch nicht!«, nur in ihrem Kopf existieren. Ich weiß nicht, was sie mit dieser Erkenntnis angestellt hat. Vielleicht hat sie den Traum verwirklicht, Tänzerin zu sein oder ein Buch zu schreiben oder eine Weltreise zu machen. Egal, was sie vorhatte, sie hat die Erkenntnis dieses kurzen Moments auf ihr eigenes Leben gestülpt und hat eine Idee entwickelt, wie sie das neue Denken in ihr Leben integrieren kann.

Und dazu möchte ich dich nun auch auffordern. Denn viele von uns machen genau das Tag für Tag: Wir glauben, wir sind in einer Situation »festgeklebt«. Wir denken, unser Leben kann nur so sein, wie es ist, und nicht anders. Weil »die Umstände« nun einmal so sind, wie sie sind. Wir fühlen uns wie gelähmt, denn wir haben vergessen: Eigentlich können wir gehen. Dabei braucht es nur einen Gedanken – oder auch nur: das Spiel mit einem Gedanken, sein spielerisches Zulassen –, um in den natürlichen Prozess des Gehens hineinzukommen.

DER STÄRKETEST
Ich möchte dich bitten, dich auf einen Stuhl zu setzen. Stelle die Beine hüftbreit auseinander. Nun nimm deine dominante Hand, also wahrscheinlich die, mit der du auch schreibst – bei den meisten wird es die rechte sein –, und drücke damit deinen Oberschenkel auf derselben Seite nach unten. Rechtshänder drücken also aufs rechte Bein und Linkshänder aufs linke. Drücke so, dass deine Fußsohle fest gegen den Boden presst. Bündele die Kraft in deinem Arm und drücke, so fest es geht. Probiere aus, ob du das Bein noch heben kannst. Ist das der Fall, drücke noch fester – bis es wirklich nicht mehr funktioniert. Nun darfst du dich wieder entspannen.
Nun frage ich dich: Wessen Stärke wurde hier bewiesen?*

* Antwort: Es wurde die Kraft deines Geistes bewiesen, eine neue Realität zu schaffen! Denn an Stärke ist dein Bein deinem Arm immer überlegen, es hat einfach die größeren Muskeln. Eigentlich kann dein Arm also nicht über das Bein »siegen«. Dass er es doch getan hat, ist deiner Vorstellungskraft zu verdanken – auch du hast dich auf »Denk doch mal, es funktioniert« eingelassen. Dabei kann deine Vorstellungskraft noch viel, viel mehr, als nur dein Bein auf den Fußboden zu drücken!)

Ich habe gerade eben erwähnt, dass es oft nur einen Gedanken braucht, um in eine neue Realität hinübertreten zu können. Dazu reicht es bereits aus, buchstäblich mit dem Gedanken zu spielen. Ein Spiel ist immer ein unverbindlicher Testlauf. Ein Testlauf, der uns zeigt, was alles möglich ist, wenn wir »nur mal denken«. Viele von uns haben Angst vor Veränderung – und das Spielen kann uns Mut machen, denn es fungiert als Vorschau auf das Mögliche. Darum: Lass uns spielen – und blättere um.

5

MAGISCHE VERWANDLUNG IST EIN KINDERSPIEL: WIE DU ANGST VOR UNBEKANNTEM ÜBERWINDEST, NEUGIER ZUR GEWOHNHEIT MACHST UND NEBENBEI GLÜCKLICHE ERINNERUNGEN WEBST

> *Der Mensch spielt nur,*
> *wo er in voller Bedeutung des Wortes Mensch ist,*
> *und er ist nur da ganz Mensch, wo er spielt.*
>
> Friedrich Schiller

Kennst du noch »Hüpfekästchen«? Das Kinderspiel mit den bunten nummerierten Rechtecken, die auf dem Asphalt oder auf Gehwegplatten aufgezeichnet sind? Das Spiel gibt es in vielen verschiedenen Varianten, und es wird von Kindern auf der ganzen Welt gespielt. Allein in Deutschland hat es unzählige Namen, hier in Berlin heißt es »Hopse«, und im Saarland, wo ich aufgewachsen bin, nennt man es »Hippelheisje«. Sehr verbreitet sind auch die Namen »Hickelkasten«, »Himmel und Hölle« oder »Reise zum Mond«. Dabei wirft man meistens zunächst einen Stein in ein Feld und hüpft dann hinterher, man kann aber auch einfach den Zahlen folgend durch die Kästchen hopsen. Der Ursprung des Spiels ist nicht bekannt, doch man hat sogar auf dem Boden des antiken Forum Romanum in Rom ein in den Stein geritztes Hüpfekästchenspiel entdeckt. Schon die Kinder der alten Römer haben sich also damit vergnügt – und vielleicht auch die Erwachsenen.

WAS UNS JUNGE – UND ÄLTERE – HÜPFER ÜBER EIN ELEMENTARES GRUNDBEDÜRFNIS ENTHÜLLEN

Solch ein Hüpfekästchenspiel ist immer wieder Gegenstand von Experimenten.

An der University of California im US-amerikanischen Irvine, der UCI, haben Studenten das Spiel auf einen Weg auf dem Campus gemalt. Dann haben sie sich auf die Lauer gelegt und geschaut, wer seinem Spieltrieb nicht widerstehen konnte und wie ein Kind von Kästchen zu Kästchen gehüpft ist. Diese »Hüpfer« haben die Studenten gestoppt und befragt. Es stellte sich heraus, dass von den insgesamt 182 befragten Personen fünf Prozent vor dem Hüpfen schlechte Laune hatten und 56 Prozent neutrale Laune. Nur 31 Prozent waren gut gelaunt und lediglich ein Prozent hatte blendende Laune.

Zusammengefasst: Deutlich mehr als die Hälfte der Leute, nämlich 61 Prozent, hatten vor dem Hüpfen *keine gute Laune*.

Nun geschah etwas Wunderbares.

Nach dem Hüpfen, das nur ein paar Sekunden gedauert hatte, war das Bild ein völlig anderes: Die Leute hatten ein breites Lächeln im Gesicht, und es gab niemanden mehr, der negativ gestimmt war. Überwältigende 53 Prozent hatten nun gute Laune, 38 Prozent sogar sehr gute! Das sind insgesamt 165 Leute, deren Tag plötzlich völlig anders aussah als nur Sekunden zuvor.

Neun bunte Kreidekästchen hatten ausgereicht, um eine neue Realität zu schaffen!

Auch wenn sich in der äußeren Welt nichts geändert hatte, war die innere Wirklichkeit der »Hüpfer« eine andere. Nicht mehr grau und trist, sondern leicht und bunt. Das mag wie eine winzige Veränderung erscheinen, aber in einer Welt, in der alles mit allem zusammenhängt, setzt sich auch eine ganz subtile

Abweichung fort und schlägt Wellen. Wie der Flügelschlag des Schmetterlings, der auf der anderen Seite der Erde einen Orkan auslösen kann. Stell dir etwa vor, das Lächeln, das ein Student der UCI plötzlich auf den Lippen trägt, führt dazu, dass ein Mädchen es erwidert. Die beiden gehen zusammen in die Cafeteria und verlieben sich. Sie stellt sich als die Frau seines Lebens heraus – ein Mädchen, an dem er sonst vielleicht einfach vorbeigelaufen wäre, weil er schlecht gelaunt auf seine Füße geschaut hätte. Jahre später bekommen die beiden Kinder, von denen eines als Erwachsener eine Erfindung macht, die die Wüsten der Welt bewässern kann. Dadurch bekommen vom Aussterben bedrohte Tiere neuen Lebensraum, neue Anbaugebiete werden erschlossen, Kriege um Ressourcen verhindert. Eine andere Kästchenhüpferin ist plötzlich so beschwingt, dass ihr ein tolles Thema für die Examensarbeit einfällt, das ihr sonst nie in den Sinn gekommen wäre. Die Arbeit gefällt wiederum einem Unternehmen so sehr, dass es die Absolventin vom Fleck weg engagiert. Auch hier kannst du dir weitere »Wellen« vorstellen, die alle ausgehen von einem Moment gelöster Stimmung, hervorgerufen von einem simplen Kästchenspiel.

In einem ähnlichen Experiment legte sich die Studentin Auste Skrupskyte in London auf die Lauer. Auch sie malte ein Kästchenspiel auf den Fußgängerweg, allerdings nicht auf einem Universitätsgelände, sondern neben einem Weiher im Londoner Hyde Park. Skrupskyte hatte zuvor eine Umfrage gemacht, deren Ergebnis ihr zu denken gegeben hatte. Sie hatte Menschen zwischen 25 und 75 befragt, und 80 Prozent davon hatten angegeben, sich nicht mehr daran erinnern zu können, wann sie zuletzt wie ein Kind gespielt hatten. Aber 93 Prozent derselben Leute wünschten sich, es mal wieder zu tun. Eine unglaubliche Diskrepanz zwischen Wunsch und Wirklichkeit! Daraufhin überlegte Skrupskyte, ob und wie es ihr wohl gelingen könnte, die Menschen zu überreden, einfach mal wieder zu spielen. So kam sie auf die Idee mit dem Kästchenspiel. Am Beginn des Parcours befestigte sie einen Zettel auf dem Boden mit der Aufschrift »When was the last time you did something childish?« Ganze drei Tage lang versteckte sie sich neben dem Weg, beobachtete die Spaziergänger und notierte ihre Reaktionen. Der Hyde Park war für ihren Test unter anderem deshalb ideal, weil die Wege meistens gut frequentiert sind und hier Menschen aller Altersgruppen flanieren.

Heraus kam, dass die allermeisten der beobachteten Passanten – nämlich rund 80 Prozent – neugierig den Text lasen, an die 40 Prozent lachten dabei. Aber: Nur 14 Prozent ließen sich dazu hinreißen, tatsächlich durch den Parcours zu hüpfen. Die, die es doch taten, schauten sich in vielen Fällen erst einmal verstohlen um, ob auch niemand schaute, und legten erst dann los – um anschließend mit einem breiten Lächeln im Gesicht weiterzuspazieren.

Um auch dir und anderen ein Lächeln ins Gesicht zu zaubern, kannst du einmal Folgendes versuchen:

DER HAPPY-KNOPF

Der Happy-Knopf ist eine wunderbare hypnotische Spielerei, die gute Laune macht und dich auf dein Gegenüber einschwingt. Du brauchst dazu einen Partner. Das muss nicht dein Lebenspartner sein – ein Freund, ein Familienmitglied oder ein Kollege wird auch Freude an diesem Spiel haben. Fordere zunächst den Partner auf, eine besonders glückliche Erinnerung heraufzubeschwören. Sobald du siehst, wie sich ein Lächeln auf seinem Gesicht ausbreitet, tippst du auf einen imaginären Knopf an seiner Schulter und sagst: »Happy!« Dann drückst du noch einmal drauf und sagst noch mal »Happy!« Und noch mal. Dabei wirst du merken, wie das Grinsen deines Gegenübers immer breiter wird. Schließlich fragst du dein Gegenüber: »Was, glaubst du, passiert, wenn ich dich gleich noch mal an der Schulter berühre?« Ganz sicher wird dein Spielpartner etwas antworten wie: »Dann kommt in mir wieder das Glücksgefühl hoch.« Wenn ihr so bei der ersten Person das Glücksgefühl verankert habt, wechselt ihr. Ab sofort habt ihr tatsächlich einen Happy-Knopf! Wann immer einer von euch traurig, mutlos oder deprimiert ist: Ein Druck an der Schulter hilft sofort, um die Laune zu heben.

IM SPIEL NEUE WELTEN TESTEN OHNE RISIKO – DAS KÖNNEN AUCH ERWACHSENE

Leider haben wir Erwachsenen oft dieses einschränkende Denken: Darf ich das? Blamiere ich mich, wenn ich das hier mache? Ist das nicht nur was für Kinder? Dabei haben alle von uns, auch wenn wir schon sehr lange erwachsen sind, einen ganz natürlichen Spieltrieb. Das zeigte ja auch Skrupskytes Umfrage deutlich. In Kapitel drei hatte ich schon einmal die magische Phase erwähnt, die alle Kinder ungefähr zwischen zwei und sechs, manchmal auch länger, durchlaufen. Diese Zeit ist voller Wunder. Für die Kinder sind jetzt Christkind, Monster, Feen und Kuscheltiere genauso real wie die Familie und Spielkameraden. Dabei erleben sie eine Welt, in der alles miteinander verbunden ist. Sie können mit einem Fingerschnippen auf den Mars reisen, sich in Tiere verwandeln, sich mit Pflanzen unterhalten oder einen Eierkarton in ein U-Boot verwandeln. Egal, was sie sich vorstellen – für sie ist es möglich.

Diese Offenheit und grenzenlose Vorstellungskraft tun viele Menschen als kindliche Naivität ab. Dabei ist genau diese Offenheit, der Glaube daran, dass wirklich alles möglich ist, was wir uns vorstellen können, auch eine der Grundlagen von Magie – die magische Phase trägt ihren Namen nicht von ungefähr. Als ich sieben war, gab es einen sehr intensiven Moment, der sich in meine Erinnerung eingebrannt hat. Ich stand in meinem Zimmer, schaute durchs Fenster nach draußen ins Grüne. Dort bewegten sich die Blätter im Wind, die Sonne schien. Dann sagte ich feierlich zu mir selbst: »Ich werde nie aufhören zu spielen!« Das war ein Schwur – und es war, wie sich später zeigen sollte, ein Zauberspruch. Der Grund für diese feierliche Erklärung war, dass ich bei den meisten Erwachsenen, die um mich herum waren, keine Spur von magischem Denken oder auch nur der Leichtigkeit des Spiels entdecken konnte. Es schien mir gefährlich, erwachsen zu werden, wenn ich nicht gleichzeitig aufpasste, die Magie des Spiels nicht zu verlieren. Dieser Moment war ein Augenblick großer Klarheit darüber, wer ich bin und was ich will.

Ich habe mir tatsächlich seitdem immer die kindliche, magische Sicht auf die Dinge bewahrt und die Freiheit, das Leben zu spielen. Aber auch du kannst dir diese Freiheit zurückerobern, egal wie alt du bist. Auch wenn wir als Erwachsene spielen, eröffnen sich uns neue Möglichkeiten. Wir entfesseln Kreativität, denn wer spielt, probiert ohne Angst Neues aus und sieht in vielen Fällen mit Staunen, dass dieses Neue funktioniert. Und wenn nicht? War es ja nur ein Spiel! Wer spielt, folgt ganz automatisch dem Zaubersatz: »Denk doch mal, es geht!« Du erinnerst dich: Das hatte ich zu der Teilnehmerin in meinem Seminar gesagt, deren Fuß ich am Boden »festgeklebt« hatte. Sie hat daraufhin gespielt, dass sie wieder gehen kann. »Denk doch mal, es geht!« hat einen Spielmoment möglich gemacht. Und dieses Erlebnis ist für sie zum großen Aha-Moment ihres Lebens geworden. Hätte ich zu der Frau einfach nur gesagt: »Du bist einen Gedanken davon entfernt, dein Leben neu zu ordnen!«, hätte sie mir wahrscheinlich nicht geglaubt – und den Gedanken nicht gedacht. Aber dadurch, dass sie seine Bedeutung im Spiel erfahren hat, wurde für sie das Abstrakte, das Surreale, das bisher nicht Vorstellbare plötzlich zur realen Möglichkeit. Denn sie hat es erlebt. Ohne Risiko, ohne Angst, aber ganz real.

IM AUGE DES BETRACHTERS

Neues zu denken und ungewohnte Standpunkte einzunehmen – also mit Gedanken zu spielen –, kannst du auf spaßige Weise üben.

Nimm dein Notizbuch und gehe damit in ein Kunstmuseum, eine Galerie oder eine Ausstellung – möglichst mit Werken von einem Künstler oder von Künstlern, zu dem bzw. denen du keine starke vorgefasste Meinung hast. Falls du dazu gerade keine Möglichkeit hast, tut es auch ein Bildband. Nun suche dir ein Bild oder Kunstwerk aus. Es ist völlig egal, welches. Es muss dich nicht auf bestimmte Weise berühren, es muss dir nicht gefallen.

Sobald du nun deine Wahl getroffen hast, denke dir drei ernsthafte, für dich persönlich schlüssige Gründe aus, warum dieses Kunstwerk das großartigste ist, das du je gesehen hast. Überlege, wie du das einer anderen Person vermitteln würdest. Schreibe diese Erklärungen in dein Notizbuch und denke eine Weile darüber nach.

Bist du damit fertig, drehe die Aufgabe um: Überlege dir nun drei Gründe, warum dasselbe Kunstwerk das schlechteste ist, das dir je begegnet ist, und wie du einen Außenstehenden davon überzeugen würdest.

Das Erstaunliche ist: Beides funktioniert. Durch diese Übung wirst du Neuem gegenüber flexibler und kannst so schnell erkennen, dass es immer deine Idee ist, die deine Realität kreiert. Du entscheidest, wie du Dinge wahrnimmst. Abgesehen davon schult sie ganz wunderbar deine Aufmerksamkeit und wird dich mit Sicherheit neugierig darauf machen, was der Künstler denn eigentlich mit seinem Werk im Sinn hatte. Ganz nebenbei ist diese kleine Übung auch hervorragend dafür geeignet, Kinder oder gelangweilte Teenies in Ausstellungen und Museen zu beschäftigen – und in ihnen ein Interesse für Kunst zu wecken.

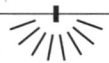

DU BIST DRAN: FANGEN WIR AN ZU SPIELEN, VERÄNDERN WIR DIE WELT

Die Zauberkraft des Spiels habe ich mal wieder auf wunderbare Weise erfahren, als ich vor einer Weile in Vancouver meinen Freund Aaron besucht habe. Aaron ist Psychologe und arbeitet im Sozialbereich. Ich habe ihm von meinen Seminaren erzählt, und er hat mir im Gegenzug von kreativen Ideen berichtet, mit denen er seine Arbeit effektiver machen möchte. Da gibt es viele Übereinstimmungen, denn es ist unser beider Aufgabe, Menschen zu helfen, Aha-Momente zu erleben, die ihnen die Erkenntnis vermitteln, dass sie ihr Leben zum Positiven verändern können. Und plötzlich hatte ich einen Geistesblitz. Ich habe zu Aaron gesagt: »Deine Ideen sind total spannend, meine Ideen sind total spannend, wollen wir nicht mal ein paar Freunde zusammentrommeln? Wir schauen, was von unseren Einfällen funktioniert und wie wir in Menschen positive Veränderung anstoßen können – in die Richtung, in die sie es sich wünschen.«

Anders gesagt: Ich schlug vor, ein Seminar zu *spielen*.

Aaron war Feuer und Flamme und begann, seine Freunde anzurufen. Ein paar Tage später war es so weit. Insgesamt waren wir zwölf Männer, die meisten davon waren zwischen 33 und 38 Jahre alt, abgesehen von einem 44-Jährigen – der war ich.

Nun brauchte unser simuliertes Seminar noch ein Thema, und wir fragten die Jungs, welchen Bereich sie am liebsten bearbeiten wollten. Für sich persönlich, aber auch, um Anregungen für die Arbeit mit ihren Klienten zu bekommen – denn viele der Freunde waren wie Aaron Psychologen oder Sozialarbeiter. Es stellte sich heraus, dass viele in der Gruppe Singles waren und sich sehnlichst eine neue Beziehung wünschten, dabei aber Schwierigkeiten und sogar Ängste hatten, außerhalb des Jobs mit neuen Menschen in Kontakt zu kommen. Da stand unser Thema fest: Wir wollten schauen, wie sich *social skills*, also soziale Fähigkeiten, unkompliziert entwickeln lassen, denn das wäre für alle Anwesenden sowohl beruflich als auch privat relevant.

Und ich habe gesagt: »Alles klar, dann gehen wir jetzt erst mal ins Spiel, um zunächst diese Angst zu verlieren, in Interaktion zu treten mit der Welt.« In dem Moment haben, glaube ich, alle gedacht, wir machen jetzt miteinander ein Rollenspiel. Ich meinte das aber ganz wörtlich. Ich wollte, dass wir nicht nur das Seminar spielen, sondern auch anfangen, mit der Welt zu spielen. Darum habe ich alle nach draußen gescheucht, wie man früher Kinder zum Spielen vor die Tür geschickt hat. Allerdings muss ich zugeben, dass mein spontaner Gedanke schneller war als der konkrete Plan. Ich wusste erst mal selbst nicht so genau, was wir jetzt machen sollten. Dann hatte ich den Einfall, dass wir genau das tun sollten, was Kinder in so einer Situation machen würden – und dachte an meinen Sohn, der mit seinen Kumpels draußen am allerliebsten Fangen spielt. Ich sagte zu den anderen: »Leute, wir spielen Nachlaufen ...« Und als die Jungs schon anfangen wollten, sich gegenseitig abzuschlagen, fügte ich hinzu: »... aber nicht miteinander, sondern mit Passanten.«

Sofort waren alle wie schockgefroren. Wir standen auf der Straße wie die Orgelpfeifen. Die anderen waren wohl unschlüssig, ob sie wirklich tun sollten, was der verrückte Deutsche da vorschlug. Schließlich haben wir uns zögerlich verteilt. Die Aufgabe war ja eigentlich ganz einfach – und trotzdem: Sogar mich, der ich es ja gewohnt bin, mit vielen unterschiedlichen Menschen zu arbeiten, kostete es zunächst Überwindung, völlig fremde Leute im wahrsten Sinne des Wortes, ja, anzuhauen.

In mir sprang erst mal der innere Dialog an:

O Mann, ich und meine Einfälle mal wieder! Das ist aber jetzt wirklich nicht das ideale Wetter zum Fangenspielen – da, war das ein Regentropfen? Hm, mal sehen ... Diese Passantin ist zu alt, der da ist viel zu jung – oder war sie vielleicht doch nicht zu alt? Na ja, die Frau ist jetzt jedenfalls schon viel zu weit weg. Hm, irgendwie ist es ein bisschen kalt, vielleicht sollten wir doch lieber wieder reingehen? Was mach ich hier eigentlich? Mich kennt hier doch keiner. Ich will mich ja auch nicht aufdrängen. Andererseits, ich sollte natürlich den Anfang machen, schließlich hab ich mir das Ganze ausgedacht – aber die erschrecken sich doch bestimmt ...

Und so weiter. Die anderen haben mir später erzählt, dass es ihnen genauso ergangen war. Auch hier das typische Bild, das sich beim Kästchenhüpfen in London zeigte: Spätestens, wenn wir erwachsen sind, leben die meisten von uns in einer Realität, in der man nicht mehr spielt. Eine Ausnahme sind sportliche Aktivitäten, vielleicht Fußball, Tennis oder Volleyball. Eine andere Ausnahme sind Gesellschaftsspiele, eine Partie Schach mit dem besten Kumpel oder eine Runde »Siedler von Catan« oder »Mensch ärgere dich nicht« mit der Familie. Das ist toll – nur sind das alles Spiele mit festen Regeln, an denen wir uns festhalten können. Spontaneität hat hier keinen Platz.

Einfach frei unserem Spieltrieb nachzugeben, das erlauben wir uns höchstens, wenn wir kleine Kinder haben, und auch nur mit diesen zusammen (ich vermute übrigens, dass viele Menschen, die sich Kinder wünschen, sich unter anderem nach genau dieser unbekümmerten Spielfreude sehnen). Aber draußen auf der Straße als Erwachsener? Um Himmels willen, wie sieht das denn aus? Darum finden wir, wie ich zunächst, jede Menge rationale Ausreden, um nicht spielen zu müssen. Und das, obwohl wir uns danach sehnen – siehe Auste Skrupskytes Umfrage.

Nachdem ich also schon viel zu lange unschlüssig rumgestanden hatte, gab ich mir endlich einen Ruck. Ich habe zu mir gesagt: Hey, Jan, was ist los mit dir – was soll schon passieren? Dann bin ich zu einer älteren Dame gegangen, die mich gerade passiert hatte, habe sie an der Schulter angetippt, dabei *Hit!* – also »Du bist dran!« – gerufen und bin schnell weggerannt. Schon nach den ersten drei Schritten hörte ich ein merkwürdiges Geräusch. Als ich mich umdrehte, sah ich, wie die Dame nach Luft schnappte und sich vor Lachen bog. Das war so ein schöner Moment – und meine anfänglichen Zweifel, die in Wirklichkeit nur unbegründete Angst gewesen waren, wandelten sich in Spaß! Ich hatte plötzlich Spaß, die Dame hatte Spaß, und alle drum herum hatten ebenfalls Spaß.

Aber das war noch nicht alles! Die alte Dame hatte plötzlich eine Geschichte zu erzählen! Vielleicht hat sie noch am selben Abend zu ihrem Enkel gesagt: »Stell dir vor, heute in der Stadt war da plötzlich so ein Riesentyp, ganz in Schwarz gekleidet, und der wollte mit mir Fangen spielen.« Und der Enkel hat gesagt: »Super, Oma, das will ich jetzt auch!« Und, wer weiß, vielleicht hätte plötzlich die gesamte Familie Fangen gespielt und einen denkwürdigen Abend mit viel Gelächter und positiven Emotionen erlebt, der sie zusammengeschweißt hätte und an den sie sich noch in vielen Jahren erinnern wird.

Dass ich mich an diesen Tag in Vancouver mein Leben lang erinnern werde, da bin ich jedenfalls ganz sicher. Wahrscheinlich werde ich selbst noch meinen Enkeln davon erzählen (falls die das hören wollen).

Warum?

Bereits meine anfängliche Ängstlichkeit hat dafür gesorgt, dass der Augenblick im Gedächtnis bleibt. Wir sind genetisch so eingestellt, dass wir uns an Angsteinflößendes besser erinnern, damit wir gefährliche Situationen in Zukunft vermeiden können. Nun habe ich aber mein anfängliches Unbehagen, die Angst vor dem Neuen, überwunden. Ich habe sie zunächst in Neugier und dann in eine bereichernde Erfahrung umgewandelt. Sobald ich so die »gefährliche« Situation »entschärft« habe, belohnt das Gehirn meine Erfahrung mit der Ausschüttung von Glückshormonen – und die markieren meine neue Erfahrung ebenfalls als bedeutungsvoll. Damit erfolgt eine Umdeutung: Was ich mir zuvor nur merken sollte, um es in Zukunft auf gar keinen Fall noch mal zu tun, ist nun etwas, das ich gemeistert habe und gerne wiederholen darf. Etwas, auf das ich stolz sein kann. Und vor dem ich in Zukunft keine Angst mehr zu haben brauche. Das ist der Stoff, aus dem wunderbare Erinnerungen gemacht sind.

UNSER GEHIRN UND SEINE SELTSAME HASSLIEBE ZU NEUEN ERFAHRUNGEN

Doch um dieses wundervolle und erhebende Gefühl zu erleben, dieses »I did it!«, muss ich mein Gehirn erst mal überzeugen. Denn es hat ganz generell eine eingebaute Abneigung gegen Neues und Fremdes – und zwar nicht nur gegen das öffentliche Spielen eines Kinderspiels als Erwachsener.

Der erste Grund für die Abneigung: Auch bereits ohne Angst zu verspüren, schrecken wir oft vor Neuem zurück, weil wir dabei nicht auf Routinen zurückgreifen können. In unserem Gehirn entsteht erst mal ein heilloses Durcheinander, das es zu vermeiden versucht. Neues ist aus Gehirnperspektive nämlich vor allem anstrengend, unbequem und energiezehrend – darum mag auch kein Schüler das Pauken von Vokabeln oder Matheformeln. Und darum sind Neujahrsvorsätze auch nicht immer so einfach umzusetzen. Statt Neuem liebt das Gehirn alles

Gewohnheitsmäßige. Alles, was es schon kennt und kann. Da kennt es sich aus, da kann nicht viel schiefgehen. Außerdem sind Routinen energiesparend, weil eingefahrene neuronale Schaltkreise benutzt werden können. In meinem Fall kannte ich zwar Fangspiele aus meiner Kindheit, aber ich hatte tatsächlich noch nie als Erwachsener mit Erwachsenen Fangen gespielt, noch dazu mit völlig unbekannten Menschen.

Das Problem ging aber noch tiefer: Wenn ich mir meine bekannte Alltagswirklichkeit als Gebiet auf einer Landkarte vorstellte, dann lag die Wirklichkeit, in der man mit fremden Erwachsenen Fangen spielt, außerhalb des Zauns, den ich um mein Gebiet gezogen hatte. Auf unbekanntem Terrain. Die Als-Erwachsener-Fangen-spielen-Wirklichkeit war sozusagen ein anderes Land, in das ich mich noch nie gewagt hatte und dessen Gepflogenheiten ich nicht kannte. Durfte ich dieses Land überhaupt betreten? Was würde dort geschehen? Ich wusste nicht, wie es mir ergehen würde, wenn ich die Grenze übertrat. Der Aufbruch in unbekannte Gefilde ist ein brenzliger Moment, vor dem viele Menschen zurückschrecken. Du kennst sicher eine populäre Grafik, die manchmal in sozialen Medien geteilt wird: Darin sind zwei Kreise zu sehen, ein kleiner und ein großer. Im kleinen Kreis ist »Komfortzone« zu lesen und im großen »Where the magic happens« – »Wo die Magie passiert«. Die Kreise haben keine Schnittmenge und auch sonst keine Verbindung, sie berühren sich nicht einmal. Um vom kleinen Kreis in den großen zu gelangen, vom Komfort zur Magie, muss man den kleinen Kreis zunächst verlassen.

Je seltener wir bisher erlebt haben, wie wunderbar es sich anfühlt, in die magische Zone zu treten, umso lieber bleiben wir im Bekannten.

NEGATIVITY BIAS – WARUM UNS UNBEKANNTES OFT AUTOMATISCH ANGST MACHT

Und damit wären wir bei der zweiten Ursache für die Abneigung unseres Gehirns gegen Neues. Sie ist ein Erbe unserer Ahnen, nämlich die negative Erwartung, die in der Psychologie *Negativity Bias* genannt wird: Wenn unsere Vorfahren durch den dunklen Wald gingen und in der Ferne etwas sahen, das sowohl ein Busch als auch ein Bär sein konnte, dann deuteten sie das Gebilde meist vorsichtshalber als Bären – also als Gefahr. In so einer Situation feuern im Normalfall die Amygdalae – das heißt Mandelkerne und weist auf ihre Form hin – im limbischen System warnende Nervenimpulse. Das limbische System ist der Bereich des Gehirns, in dem Emotionen verarbeitet werden. Dabei sind die Amygdalae für Furcht zuständig und lösen angesichts von Gefahr – auch hypothetischer – eine Stressreaktion aus, nämlich die berühmte Fight-or-flight-Reaktion: Kampf oder Flucht.

Dabei ist die Option »Flucht« sozusagen die Standardeinstellung, denn unsere Vorfahren kämpften nur, wenn sie sich überlegen fühlten oder wenn es sonst keinen Ausweg gab, weil sie in die Enge getrieben waren. In allen anderen Fällen rannten sie lieber weg – oft auch ohne zuerst nachzuschauen, ob man vor dem, was da vor ihnen war, wirklich weglaufen musste. Das Schlimmste, was beim Wegrennen passieren konnte, war, dass sie nach einem kurzen Adrenalinschub ein bisschen außer Atem waren und ein paar Kalorien verbraucht hatten. Hätten sie aber der Deutung »Busch« den Vorzug gegeben, und es hätte sich dummerweise doch um einen Bären oder ein anderes Raubtier gehandelt, hätte es sie das Leben kosten können. Die Urmenschen, die immer, ohne zu überlegen, das Positive angenommen haben, sind die, die von Bären und anderen wilden Tieren gefressen worden sind – und deren draufgängerische Gene darum nicht weitergegeben wurden. Zu Urzeiten war Vorsicht eine wichtige Überlebensstrategie. Das ist sie selbstverständlich im entsprechenden Kontext immer noch – wer ohne Seil Bungee springt oder waghalsige Autorennen über Serpentinen fährt, bezahlt das schon mal mit seinem Leben.

In den allermeisten Zusammenhängen kann uns heute aber genauso wenig passieren wie mir auf der Straße in Vancouver, als ich eine alte Dame an der Schulter angetippt habe. Fast immer ist die Angst vor Neuem in der heutigen Zeit nicht nur unbegründet, sie steht auch unserem Glück im Weg, das sehr oft auf dem Fuße folgt, wenn wir uns an Neues wagen.

AB DURCH DIE MITTE FÜHRT DER WEG DER NEUGIER

Dass uns unser Gehirn für gemachte neue Erfahrungen belohnt, obwohl es uns doch zunächst davon abhalten wollte, klingt ein bisschen paradox.

Das ist es aber nur auf den ersten Blick.

Denn die allzu Vorsichtigen, die sich nie aus ihrer Höhle gewagt haben, hätten genauso wenig überlebt wie die Waghalsigen, weil sie schlicht und ergreifend verhungert und verdurstet wären. Sie hätten nie etwas entdeckt, erforscht oder erfunden und wahrscheinlich auch nie andere Menschen außer ihrer direkten Familie getroffen – und wären schon allein deswegen die Letzten ihrer Art gewesen.

Es gibt aber noch einen Weg zwischen Draufgängertum und Ängstlichkeit: mit Umsicht gepaarte Neugier. Wer es hinbekommt, erst mal tief durchzuatmen und nicht automatisch kopflos – also ohne Nachdenken – zu reagieren, erkennt, dass die Reaktionen Kampf oder Flucht nur sehr selten die einzigen Möglichkeiten sind. Selbst unsere Vorfahren, die vor der Busch-oder-Bär-Frage standen, hätten eine dritte Option gehabt: die vorsichtige Analyse der Situation. Sie hätten vielleicht einen Stein weit von sich weg ins Dickicht werfen können, um zu schauen, ob der »Bär« reagiert, um dann auf Basis des Tatsächlichen, nicht des Angenommenen, zu agieren. Stellte sich der Bär dann als Busch heraus, wäre der Weg frei gewesen, und die Urmenschen hätten vielleicht ein fruchtbares Tal voller essbarer Früchte entdeckt, einen friedlichen Nachbarstamm, mit dem man gemeinsame Sache machen und in dessen Mitglieder man sich vielleicht auch verlieben konnte. Oder einfach nur einen neuen Pfad, der sich in der Zukunft vielleicht einmal als nützlich erweisen würde.

Wenn wir vor einer neuen Situation nicht kapitulieren, sondern uns ihr neugierig nähern und unseren inneren oder äußeren Konflikt lösen, erweitern wir unsere Welt und unsere Möglichkeiten. Kurz: Wir lernen etwas. Wir gewinnen dabei Wissen, Souveränität und Selbstvertrauen. Und wir fühlen uns dabei lebendig. Wer in der Lage ist, etwas (vermeintlich) Bedrohliches in etwas Vertrautes umzuwandeln, mit dem sich umgehen lässt, hat einen riesigen Überlebensvorteil, der auch vom Gehirn belohnt wird! Je häufiger wir uns überwinden und Neues wagen, umso besser werden wir darin, wirkliche Gefahren von eingebildeten zu unterscheiden, und rennen nicht mehr automatisch davor weg. Denn wir wissen dann, dass in den meisten Fällen wunderbare Abenteuer auf uns warten.

Feuern heutzutage unsere Amygdalae, geht es sehr selten um Leben und Tod. Meistens geht es nur um die »Angst«, unsere Komfortzone zu verlassen, und nicht um eine ernst zu nehmende Warnung, die uns vor einem falschen Schritt bewahren will. Um deutlich zu machen, ob wir uns gerade nur vor Papiertigern fürchten, hilft eine einfache Frage:

Was würde die Person tun, die ich sein will?

Auch das ist wieder ein gedankliches Spiel, ein »So tun, als ob«: Ich tue so, als füllte ich meine Idealvorstellung von mir aus. Als ich mich auf der Straße in Vancouver gefragt habe, was bloß los ist mit mir, dass ich so lange zögere, habe ich mich daran erinnert, wie ich mich selbst sehe. Es war sofort klar: Natürlich will der Jan Becker, der ich sein will, es ausprobieren, mit Fremden Fangen zu spielen! Und auf gar keinen Fall will ich jemand sein, der vor einem eingebildeten Regentropfen nach drinnen flieht, seine eigenen Vorschläge verwirft und Bammel vor einer alten Dame hat.

Diese Frage lässt uns übrigens auch in anderen Zusammenhängen klarer sehen, wenn wir vor einer Entscheidung stehen. Denn ein Zögern liegt ja nicht jedes Mal an unserer Abneigung, die Komfortzone zu verlassen. Manchmal denken wir auch nur, wir sollten etwas tun, weil es gerade angesagt ist oder weil uns jemand dazu überredet hat – und nicht, weil wir selbst es wollen. Eine solche Fernsteuerung bemerken wir manchmal im ersten Augenblick gar nicht. Vor allem, wenn es um größere Entscheidungen mit weitreichenden Konsequenzen geht (also nicht nur um Fangenspielen auf der Straße), ist es wichtig, auf die innere Stimme zu hören und nur das zu tun, was man wirklich will, und das sein zu lassen, was uns nicht entspricht. Wir werden uns später noch näher mit unseren Leidenschaften und Herzenswünschen beschäftigen und werden schauen, wie man ihnen auf die Spur kommt und wie man sie dann auch wirklich in die Tat umsetzt.

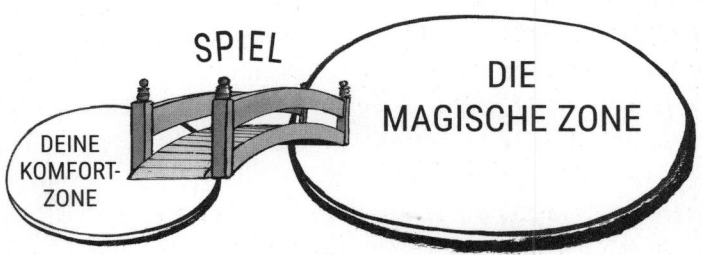

SPIEL

DIE
MAGISCHE ZONE

DEINE
KOMFORT-
ZONE

Doch zunächst lässt sich festhalten: Wenn unserem Zögern bloß übertriebene Ängstlichkeit oder Bequemlichkeit angesichts etwas Unbekanntem zugrunde liegt, können wir mit dieser Frage an uns die Neugier hervorlocken. Denn dann lautet die Antwort: »Die Person, die ich sein will, würde das hier auf jeden Fall ausprobieren!« In so einem Fall steht den Abenteuern nichts mehr im Weg.

MACH DIE LUST AUF NEUES ZU DEINER NEUEN ROUTINE

Auch der Glücksforscher Meik Wiking hat in seinen Untersuchungen festgestellt, dass langfristig im Gedächtnis gespeicherten glücklichen Momenten oft etwas zugrunde liegt, wozu wir uns zunächst überwinden mussten. Er schlägt darum einen »Zehn-Jahre-Test« vor: Immer, wenn man die Wahl hat zwischen mehreren Handlungsoptionen, fragt man sich, an welche davon man sich wohl am ehesten in zehn Jahren noch erinnern wird.

Wir sollten uns immer wieder bewusst machen: Neue Erfahrungen stimmen nicht nur jetzt froh, sondern schaffen langfristig wunderbare Erinnerungen, an denen wir uns zum Beispiel im Alter oder in Krisenzeiten wärmen können. Und wenn wir nicht gerade unser Leben riskieren, gibt es meist wenig, was dagegenspricht.

Denn sonst wird aus unserer Komfortzone ein Gefängnis – und aus dem niedrigen Gartenzaun, der unsere bekannte Wirklichkeit einfriedet, eine unüberwindliche Stacheldrahtabsperrung. Sobald ich aber neugierig werde und mich traue, einmal über den Zaun hinüberzulugen, erkenne ich plötzlich, dass hinter dem Zaun noch etwas anderes ist. Bereits diese Erkenntnis macht meine Welt größer. Und dann entdecke ich auf einmal in meinem Zaun ein Tor zu einer neuen Wirklichkeit – ich muss nur hindurchgehen, und mich erwarten neue Wunder.

Und genau dieses Gartentor, das unsere Komfortzone von neuen, magischen Welten trennt, werden wir in Kürze öffnen. Damit du das auch wirklich ohne Furcht tust, möchte ich dir ein kleines Ritual ans Herz legen, das an die Frage »Was würde die Person tun, die ich sein will?« anschließt. Ich mache das Ritual häufig mit den Teilnehmern meiner Seminare – ganz am Anfang, bevor wir loslegen. Es löst innere Widerstände auf, öffnet uns innerlich, macht Mut, bringt Souveränität und Klarheit, motiviert und reduziert Stress sofort. Es ist dabei unglaublich einfach, denn es besteht nur aus einer Formel. In den Seminaren sprechen wir diese Formel alle gemeinsam laut aus. Sie wirkt natürlich genauso gut, wenn du sie alleine sprichst.

DU BIST SO FREI

Dieses Ritual gibt dir die Zügel über dein Leben in die Hand. Mit seiner Hilfe weißt du sicher, dass niemand anders Macht über dich hat als du selbst und du nichts tust, was dir insgeheim widerstrebt. Gleichzeitig bringt es Lust, vermittelt innere Stärke und gibt dir den Mut, aus alten Gewohnheiten auszubrechen, Neues zu entdecken und deine Welt größer zu machen.

Schreibe die Formel zunächst wieder auf ein Blatt Papier. Fokussiere danach deinen Blick auf einen Punkt vor dir, während du tief in den Bauch ein- und wieder ausatmest. Sobald sich deine Gedanken beruhigt haben, lies die Formel langsam laut. Mache nach jedem Satz eine Pause und lasse das Gesagte in dir nachhallen. Sprich die Formel drei Mal. Sie lautet:

Ich bin frei.
Ich muss nichts.
Ich kann, wenn ich will.

Anschließend kannst du das Blatt an einen Ort heften, an dem du es häufig siehst, zum Beispiel an deinen Computer oder an den Badezimmerspiegel. Du kannst den Zettel auch fotografieren und das Bild als Startbildschirm deines Handys verwenden. Wenn du möchtest, schreibe die Formel noch einmal auf ein kleineres Stück Papier und stecke dies in dein Portemonnaie oder deine Hand- oder Hosentasche, damit du immer wieder draufschauen kannst. Du kannst das Ritual bei Bedarf immer wiederholen – zum Beispiel, wenn du vor einer Entscheidung stehst oder dich gestresst fühlst.

Nicht nur das Einnehmen neuer Perspektiven, auch das tatsächliche Verlassen der Komfortzone und das Betreten neuer magischer Welten wird ganz einfach, wenn man sich klarmacht, dass die Brücke des Spielens sicher hinüberführt.

Kürzlich erzählte mir eine Freundin, eine Bekannte von ihr habe sich nach einer schlimmen persönlichen Krise selbst therapiert, indem sie für über ein Jahr jeden Monat etwas tat, was sie nie zuvor gemacht hatte. Sie hat sich dabei nicht die Auflage gemacht, irgendetwas durchziehen zu müssen, sondern es ging ums spielerische Ausprobieren. Ganz wie in der Übung vorhin hat sie sich gesagt: »Ich bin frei, ich muss nichts, aber ich kann, wenn ich will.«

So hat sie begonnen, Cello zu lernen, hat mit dem Kajakfahren angefangen, herausbekommen, wie man Sauerteigbrot backt, sie ist in unbekannte Stadtbezirke gewandert und hat mit Karate angefangen – um nur einige von ihren vielen gemeisterten Herausforderungen zu nennen. Seitdem isst sie nicht nur oft besonders leckeres und preiswertes Brot, sie hat auch viele neue Freunde gewonnen, hat gemerkt, dass das Cellospiel ihren Stress reduziert, ist sportlicher und gesünder geworden. Und auch, wenn sie Karate wieder aufgegeben hat, ihr manche Stadtteile nicht gefallen haben und sie zwischendurch auch noch Brot beim Bäcker kauft, hat sie sich besser kennengelernt. Sie hat festgestellt, dass sie viel mehr kann, als sie dachte, hat Selbstbewusstsein und Selbstvertrauen aufgebaut und ist insgesamt ein glücklicherer Mensch geworden.

Der Psychologe Carl Naughton, der ein Buch über die Kraft der Neugier geschrieben hat, empfiehlt etwas Ähnliches, um unseren Mut und auch unseren Willen zur Veränderung zu trainieren. Er schlägt vor, Ausflugsziele aufzulisten, die man normalerweise niemals in Betracht zöge – und hinzufahren. Oder sich aus dem Angebot der örtlichen Volkshochschule Kurse herauszusuchen, die einen im ersten Moment gar nicht ansprechen – und genau die auszuprobieren. Die Idee finde ich toll! Vorausgesetzt, man bekommt es hin, das Ganze mit spielerischer Leichtigkeit anzugehen und nicht plötzlich als lästige Pflicht zu sehen. Das heißt, ich muss mir die Freiheit erlauben können, den, sagen wir, Ikebana-Kurs auch Ikebana-Kurs sein zu lassen, wenn er mich grenzenlos anödet – denn ein Spiel beinhaltet immer auch die Möglichkeit, dass ich es bei Nichtgefallen abbreche.

Du musst aber nicht unbedingt etwas tun, was du völlig abwegig findest – auch wenn hier das Überraschungspotenzial sicher am größten ist. Vielleicht gibt es Dinge, die du schon längst einmal ausprobieren wolltest, aber nie angegangen bist. Dann mach eine Liste mit all diesen Dingen und such dir das aus, was du am spannendsten findest. Kannst du dich nicht entscheiden, schreib jede Option auf einen Papierschnipsel und ziehe einen davon. Danach tu sofort den ersten Schritt: Suche dir zum Beispiel im Internet einen Kurs heraus und melde dich an.

Besonders viel Spaß macht allerdings folgendes Spiel. Es ist ideal für zu Ängstlichkeit neigende Anfänger in Sachen Eroberung neuer Welten, denn dabei musst du dich der Herausforderung nicht allein stellen, sondern wirst an die Hand genommen.

ICH TUE WAS, WAS DU GERN TUST

Frage einen Freund oder eine Freundin (oder Bekannten oder Kollegen), welchem Hobby er oder sie nachgeht – und was ihm oder ihr daran solchen Spaß macht. Dann erkundige dich, ob du einmal mitmachen kannst. Dein Freund wird sich ganz sicher sehr freuen, dass du Interesse an seiner Freizeitbeschäftigung zeigst! Die einzige Bedingung ist, dass es etwas sein soll, das du noch nie oder zumindest sehr lange nicht mehr gemacht hast. Das kann wirklich alles sein: eine Ballettstunde (da können auch Männer mitmachen!), Pilze sammeln, Segeln, Skateboard fahren, Schwimmen in einem natürlichen Gewässer, Scrabble spielen, ein Streifzug mit der Kamera, das gemeinsame Backen von Buchteln, Vogelbeobachtung oder ein neuer Sport. Im Gegenzug bietest du ihm oder ihr an, dass ihr gemeinsam eines deiner Hobbys ausprobiert.

Auf diese Weise werdet ihr gegenseitig zum Wundermacher im Leben des anderen.

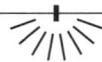

Solche Testläufe müssen auf den ersten Blick nicht unbedingt riesige Veränderungen in dein Leben bringen. Der wichtigste Effekt ist, dass sie dich mutiger machen. Und auch kleine, subtile Neuheiten können deine Welt nachhaltig verzaubern und bereichern.

Nehmen wir an, du warst noch nie in der Sauna, und dein Kumpel ist absoluter Freund des Schwitzens. Früher hast du immer gesagt »Nö, für mich ist das nichts!«, wenn er gefragt hat, ob du mitkommst. Aber jetzt lässt du dich bewusst darauf ein. Das muss dich nicht unbedingt auch zum Sauna-Fan machen. Trotzdem entdeckst du vielleicht neue Möglichkeiten, die du gar nicht erwartet hast. Vielleicht schnupperst du dort beim

Aufguss ein ätherisches Öl, das du total entspannend findest. Darum besorgst du es dir und stellst es in einer Duftlampe zu Hause auf den Tisch. Das macht dich und deine Freundin plötzlich viel stressresistenter. Oder zum Saunakomplex gehört auch ein Schwimmbad, und du merkst auf einmal, wie gut es dir tut, nach der Arbeit ein paar Runden schwimmen zu gehen.

Vielleicht entdeckst du aber auch tatsächlich eine neue Leidenschaft. In jedem Fall hast du etwas erlebt, und du kannst stolz auf dich sein, dass du es gewagt hast.

Ich empfehle dir, diese Übung regelmäßig zu wiederholen – warum nicht jeden Monat, wie die Frau, von der ich dir vorhin erzählt habe?

Das Wichtigste dabei ist: Je öfter wir am eigenen Leib erfahren, wie beglückend es ist und wie viele neue Möglichkeiten sich plötzlich eröffnen, wenn wir Neues angehen, umso mehr wird dieses mutige Anpacken von Neuem selbst zu einer etablierten Routine. Damit tricksen wir eine wichtige Strategie unseres Gehirns, uns von neuen Erfahrungen abzuhalten, aus.

So verpassen wir zum einen keine guten Gelegenheiten mehr, weil wir sonst oft zögern, bis es zu spät ist. Zum anderen fällt es uns umso leichter, auch große Veränderungen in unserem Leben anzugehen. Vor allem stärken neue Erfahrungen unseren Glauben daran, dass unsere Wirklichkeit nicht ein für alle Mal fix ist – sondern dass sie wandelbar ist. Nicht nur im Kleinen, sondern in jedem Bereich.

Was sonst noch wichtig ist, wenn wir unser Leben nach unseren Wünschen verzaubern wollen, dazu kommen wir jetzt.

Probiere etwas, was du noch nie gemacht hast, drei Mal aus.
Das erste Mal, um die Angst davor zu überwinden.
Das zweite Mal, um zu lernen, wie es geht.
Und ein drittes Mal, um herauszufinden, ob du es magst oder nicht.
Virgil Garnett Thomson

6

ACHTUNG, KIDNAPPING! WIE DU DEINE GEDANKEN VOR DIEBEN SCHÜTZT, DEIN WERKZEUG ZUR WUNSCHERFÜLLUNG SCHLEIFST UND DICH IN DIE MAGISCHE SPHÄRE EINWÄHLST

> *Magie ist die Kunst und Wissenschaft,*
> *auftretende Veränderungen mit der eigenen*
> *Willensrichtung in Einklang zu bringen.*
>
> Aleister Crowley

Michael Endes Buch *Die unendliche Geschichte* ist seit meiner Kindheit eines meiner Lieblingsbücher. Falls du es nicht gelesen hast, möchte ich dir kurz erzählen, worum es geht: Das Land Phantásien ist vom Untergang bedroht. Die Basis von Phantásiens Existenz ist die Vorstellungskraft. Nur, wenn sich jemand Phantásiens Landschaften, seine Bewohner und die Geschichten, die sie erleben, in seiner Fantasie ausmalt, kann es bestehen. Geschieht das nicht, wird es vom immer mehr um sich greifenden Nichts gefressen. Dieses Nichts schiebt sich bereits immer weiter vorwärts. Weite Teile des Landes sind ihm schon zum Opfer gefallen. Es gibt nur einen Ausweg: Jemand – ein Menschenkind – muss sich schleunigst für die dem Nichts zum Opfer gefallenen Gebiete etwas Neues ausdenken, um damit den Untergang aufzuhalten und das Land zu retten. Dieser Jemand wird schließlich der Junge Bastian. Bastian sitzt auf dem Dachboden seiner Schule und liest die Geschichte Phantásiens in einem Buch. Auf einmal wird er in die Geschehnisse hineingezogen. Er erhält ein magisches Amulett mit der Inschrift: »Tu, was du willst!« Und genau das ist nun seine – gar nicht so leichte – Aufgabe ...

Ich habe diesen Roman früher geliebt und mag ihn immer noch sehr. Ich freue mich schon darauf, ihn meinen Kindern vorzulesen, wenn sie alt genug sind. Einerseits natürlich, weil es eine wundervolle Fabel und gute Unterhaltung ist. Aber vor allem finde ich die Geschichte wahrhaft magisch. Man kann darin die Grundlagen der Magie besichtigen und daraus lernen, welche Bedeutung sie für unser aller Leben hat. Damit meine ich nicht nur, dass auch hier thematisiert wird, wie Gelesenes eine neue Wirklichkeit hervorzaubern kann, wenn wir uns ganz darauf einlassen.

Dass Bastian tatsächlich in die Geschichte gerät, ist »nur« der Auftakt zum Thema, das sich bestimmend durch das Buch zieht. Und das ist: wie man mit seiner Vorstellungskraft und dem festen Glauben daran, dass die eigenen Ideen verwirklicht werden können, Realität schafft – aus dem Nichts (das hier sogar Nichts heißt).

Und wie wichtig es ist, dass man das bewusst tut.

Du hast wahrscheinlich sofort erkannt: Es ist wieder das Dream-Team »Idee – Imagination – Glaube«, das hier am Werk ist. Du hast ja inzwischen an diversen Beispielen gesehen, wie die Beziehung dieser drei Kräfte zueinander in der Wirklichkeitskonstruktion funktioniert.

Auch wenn *Die unendliche Geschichte* ein fiktiver Roman ist und ich davon gesprochen habe, wie das aufmerksame, fokussierte Lesen in Büchern zu einer ganz eigenen Realität wird, solltest du nicht den Fehler machen, anzunehmen, dass diese Wirklichkeitskonstruktion etwas ist, das nur in Büchern stattfindet. Sie ist auch nicht nur etwas für Erfinder, für Sportler, die Wettbewerbe gewinnen wollen, oder für Menschen, die ein Unternehmen aufbauen möchten. Genauso wenig ist es nur eine Methode, um hier und da mal ein magisches Ritual zu vollbringen.

Es ist viel umfassender: Unsere gesamte Realität entsteht auf Basis dieses harmonischen Dreiklangs. Das, was wir uns ausdenken, worauf wir dann unsere Aufmerksamkeit richten und an dessen Verwirklichung wir glauben, das hat die starke Tendenz, auch zu unserer Wirklichkeit zu werden.

Das ist ein Gesetz, auf dem auch – aber nicht nur – die Magie aufbaut.

GIB DEINEN GEDANKEN KEIN FAST FOOD – UND ÜBERLASSE DIE GESTALTUNG DEINES LEBENS NICHT REGISSEUR ZUFALL

Was aber passiert, wenn wir uns der Kraft unserer Gedanken nie bewusst werden? Oder wenn wir nach unserer Kindheit vergessen haben, dass wir die Schöpfer unserer Welt sind – und aufhören, die Geschichte unseres Lebens zu gestalten? Wenn wir unsere Fantasie, unsere Vorstellungskraft, nicht bewusst benutzen, um unserer Realität die Form zu geben, die wir uns für sie wünschen?

Die Antwort auf diese Fragen lautet: Dann sind wir in ähnlicher Gefahr wie die Bewohner von Phantásien, das vom Nichts aufgefressen wird.

Zwar wird kein solches Nichts seine Finger nach uns ausstrecken und uns vernichten. Aber etwas anderes wird nach uns greifen, und was dann geschieht, ist viel subtiler. Wenn wir uns nicht selbst ausdenken, was passieren soll, lassen wir die Tür zu unserem Unterbewusstsein offen – und kümmern uns nicht drum, wer hereinkommt. Ideen, Vorstellungen und Gedanken können von außen einströmen. Keine ausgewählten, sondern die, die zufällig gerade da sind. Ohne dass wir es mitkriegen, wird unsere Realität unkontrolliert von diesen Einflüssen bestimmt, deren Ursprung außerhalb von uns liegt. Sie verstopfen sozusagen unsere gedanklichen Kapazitäten. Und dann ist für das, was wir wirklich wollen, kein Platz und auch keine Energie mehr übrig.

Ein Beispiel: Du kommst nach Hause und schaltest sofort automatisch den Fernseher ein, statt innezuhalten und zu überlegen, wie du den Abend verbringen willst. Dann ist die Gefahr groß, dass du auf dem Sofa hängen bleibst und dich den ganzen Abend berieseln lässt. Das, was du dort siehst, hinterlässt Spuren. Dazu musst du nicht Horrorfilme schauen oder irgendetwas anderes Aufwühlendes. Alles, was dir begegnet, vom Werbespot über die Vorabend-Soap bis zur *Tagesschau*, wirkt auf dich ein. Oft ohne dass du es sofort merkst. Es besetzt deine Gedanken und Gefühle.

Auch, wenn du in jeder freien Minute in sozialen Netzwerken unterwegs bist, werden deine Gedanken von dem mitgerissen, was du dort siehst, hörst und liest. Versteh mich nicht miss: Ich habe weder etwas gegen das gute alte Fernsehen noch gegen soziale Medien oder moderne Kommunikationssysteme wie Chat-Netzwerke. Entscheidend ist aber, *wie* man sie nutzt. Nicht nur die Dosis, auch das bei der Nutzung fehlende Bewusstsein erzeugt hier das sprichwörtliche Gift.

Sich berieseln zu lassen unterscheidet sich eklatant von einer Situation, in der du bewusst ein Buch, einen Film oder eine Sendung aussuchst und konzentriert liest beziehungsweise schaust. Es ist ebenfalls sehr verschieden von der bewussten Entscheidung, jetzt einmal zehn Minuten lang zu gucken, was deine Freunde gepostet haben. Um danach etwas anderes zu tun, was du dir wieder bewusst aussuchst. Statt selbstbestimmt in eine Welt einzutauchen und dann auch wieder aufzutauchen, wird dein Bewusstsein beim ziellosen Scrollen mal zu diesem Thread, mal zu jener Nachricht, mal zu diesem Meme gezerrt und zersplittert so in Fragmente vieler verschiedener Wirklichkeiten.

Zwar sind viele dieser zufälligen Einflüsse – zum Glück – zu flüchtig und du bist zu wenig fokussiert darauf, als dass eine längerfristige Wirkung davon ausgehen könnte. Erst, wenn du etwas wiederholt hörst oder siehst oder wenn du dich auf etwas konzentrierst, werden die neuronalen Verknüpfungen in deinem Gehirn stabil. Wenn du also beispielsweise immer wieder die gleichen schlechten Zukunftsprognosen hörst, kann dich das auch dauerhaft deprimieren. Mit der meisten Berieselung vertust du aber vor allem deine Zeit und machst deinen Geist ruhelos. Du erfasst nichts in der Tiefe, sondern betäubst dich – und hältst dich selbst davon ab, schöpferisch zu denken. Das ist der Grund, warum man sich nach einem Abend vor dem Fernseher oder Tablet oft ausgelaugt und unbefriedigt fühlt und das Gefühl verlorener Zeit hat.

In Zeiten von Krisen, die wir ja leider alle zur Genüge kennengelernt haben, kommt noch hinzu, dass wir dazu tendieren, am Tropf der Nachrichten zu hängen: Wir haben das Gefühl, wir müssen auf dem Laufenden bleiben, und unsere Unruhe treibt uns halbstündlich in Liveblogs zu den aktuellen Geschehnissen und auf sämtliche verfügbaren News-Seiten, die, wie wir hoffen, die allerneuesten Entwicklungen berichten können. Und dann kauen wir diese Entwicklungen wiederum ohne greifbares Ergebnis in virtuellen Diskussionen durch. Sie alle haben gemeinsam, dass sie nach einer halben Stunde schon wieder nicht mehr aktuell und im Vergessen versunken sind. So haben wir das Gefühl, wenigstens etwas zu tun, obwohl wir durch dieses stressgesteuerte Herumvagabundieren nichts ändern.

All das ist ein bisschen wie geistiges Fast Food: Es ist schnell und einfach verfügbar, aber in zu großen Mengen hochgradig ungesund. Ich habe mich in letzter Zeit viel mit dem großen

Philosophen Aristoteles beschäftigt. Auch wenn der natürlich unsere modernen Medien und Kommunikationswege noch nicht kannte, war für ihn alles, was der reinen Zerstreuung und Erholung diente – die *anápausis* – deutlich weniger wert als bewusste Vertiefung in ein Thema. Nur mit Letzterer wird das Leben erfüllend. Wir kommen später noch einmal darauf zurück.

Wer einen Großteil seiner Zeit mit reiner Zerstreuung verbringt, der ist sehr weit davon entfernt, der Magier seines Lebens zu sein. Denn ein Magier ist höchst bewusst. Das heißt natürlich nicht, dass nicht auch er Ablenkungen erliegen kann, aber ähnlich wie ein buddhistischer Mönch bemüht er sich immer wieder, sich zu zentrieren und damit in Kontakt mit dem Unkonkreten – dem alles verbindenden Bewusstsein – zu treten. Denn nur in dieser Sphäre kann Magie – also zielgerichtes Erschaffen – wirken. Der erste Schritt hierzu ist immer, das Gedankenkarussell anzuhalten. Um das zu erreichen, gibt es viele sehr einfache Methoden. Du hast etwa bereits das bewusste gedankliche Verfolgen des Atems und das Fixieren eines Punktes mit den Augen kennengelernt. Wir werden uns in Kürze noch weitere Möglichkeiten anschauen – in der Magie ist man hier sehr kreativ.

Nach dem Beruhigen der Gedanken entscheidet der Magier bewusst, worauf er seine Aufmerksamkeit richtet. Er bestimmt zunächst, was Realität werden soll (Idee), dann, in welcher Form es Realität werden soll (Imagination) – und schließlich, *dass* es Realität wird (Glaube). Und das nicht vielleicht oder möglicherweise, sondern auf jeden Fall. Im Grunde ist jede bewusst gefällte Entscheidung und jedes bewusst kontrollierte Denken magisch. Magische Rituale und Methoden sind nur hervorragende Hilfsmittel, um diese Fokussierung zu erreichen, die dann wieder über sich hinauswirkt. Das bewusste Lenken der Gedanken und damit das intentionale Beeinflussen der Wirklichkeit ist das Geheimnis der Magie.

FERNSEHEN, SOZIALE NETZWERKE UND ANDERE GEDANKENKIDNAPPER

Auch wenn sie flüchtig sind, kreieren auch Gedanken, die wie Flipperkugeln hin und her jagen und sich mal hier und mal dort abstoßen, Wirklichkeit. Allerdings sollte man sich nicht wundern, wenn diese Realität genauso chaotisch und stressig und wenig tief gehend ausfällt wie die Gedanken. Damit das nicht geschieht, ist es ein wichtiger erster Schritt in Richtung gedanklicher Souveränität, die Unruhestifter um uns herum im Zaum zu halten. In Situationen, in denen du gewohnheitsmäßig den Fernseher anstellst oder zum Handy greifst, um durch soziale Medien zu zappen, solltest du darum einen bewussten Stopp setzen. Nur dann kannst du reflektieren:

Will ich das gerade wirklich (und wenn nicht, was will ich stattdessen)?

Zunächst solltest du dir darüber klar werden, dass diese Handlungen fast immer automatisch ablaufen und wiederum von anderen Handlungen getriggert, also ausgelöst, werden – zum Beispiel kann das Öffnen der Wohnungstür beim Nachhausekommen ein Signal für den Gang zum Fernseher sein oder das Erreichen der Bushaltestelle ein Signal für den Griff zum Handy und das Anklicken einer Social-Media-App. Aus diesem Grund helfen dir zu Beginn kleine Erinnerungsstützen, um eine Änderung zu bewirken. Ein paar Vorschläge, die ich selbst getestet habe, um diesen Zirkel zu unterbrechen:

- *Ein Post-it auf dem TV*: Du kannst auf deinen Fernseher einen Klebezettel mit einem Fragezeichen kleben. Das sorgt vor dem Einschalten für einen ganz kurzen Moment des Innehaltens. Auch wenn der maximal ein paar Sekunden dauert, ermöglicht der Zettel dir die Erkenntnis: Moment, ich bin gerade dabei, etwas automatisch zu tun, was mir vielleicht nicht guttut. Dann kannst du ganz bewusst entscheiden, ob du gerade wirklich fernsehen möchtest – oder ob du etwas anderes tun willst. Bei uns zu Hause prangt ein Fragezeichen übrigens unter anderem am Schrank mit den Chips und Süßigkeiten – da funktioniert es genauso gut.

- *Ein Gummiband ums Handy:* Analog zum Post-it kannst du dir ein Gummiband ums Handy wickeln, das du erst abstreifen musst, um das Telefon benutzen zu können. Das sollte bereits für einen kurzen Abstandsmoment der Bewusstwerdung reichen. In diesem Augenblick erlangst du die Kontrolle zurück.

- *Alarm in der Gefahrenzone:* Wenn du weißt, dass es bestimmte Zeiten gibt, in denen du dazu tendierst, mit dem Handy zu daddeln – etwa in deinem nachmittäglichen Formtief, unter dem viele Menschen irgendwann zwischen 14 und 16 Uhr leiden –, kannst du für irgendwann in dieser Zeit einen Alarm setzen. Ertönt das Signal, entscheidest du ab sofort wieder mit voller Aufmerksamkeit, was du tun willst.

- *Timer:* Viele Apps verfügen über eine Funktion, bei der du eine bestimmte Zeitspanne einstellst, die du täglich maximal mit dieser App verbringen willst. Sobald das Limit erreicht ist, bekommst du eine Erinnerung. Ich empfehle dir, insgesamt möglichst nicht länger als zwanzig Minuten täglich in den verschiedenen Netzwerken zu verbringen. Das bringt nicht nur Ruhe in deine Gedanken, sondern setzt auch jede Menge Zeit frei, die du bewusst nutzen kannst – zum Beispiel, um dein Leben magisch zu verwandeln.

- *Keine Push-Nachrichten:* Hilfreich ist auch das Abschalten aller Push-Nachrichten auf dem Handy, Tablet und Computer, die dich immer wieder in die Abgründe des digitalen Zappens ziehen wollen.

- *Zettel, Stift und ein Glas Wasser:* Tendierst du dazu, dich bei der Arbeit am Schreibtisch durch Surfen im Netz oder ständiges Nachsehen in deinem E-Mail-Postfach abzulenken? Das passiert oft automatisch bei Müdigkeit (Trigger) oder wenn man in dem, was man gerade tut, nicht weiterkommt (Trigger). In diesem Fall können ein simpler Zettel und ein Glas Wasser helfen. Auf dem Zettel machst du immer dann einen Strich, wenn du plötzlich merkst, dass du dabei bist, abzuschweifen, oder bereits seit Minuten ungeplant herumsurfst. Dann trinkst du langsam einen Schluck Wasser und entscheidest dabei bewusst, ob du weitersurfen willst oder ob eine aktive Pause mit einem Spaziergang nicht vielleicht besser geeignet wäre, um deine Energie zurückzubringen. Die Striche auf dem Zettel vermitteln dir mit der Zeit ein Erfolgserlebnis, denn du wirst bald bemerken, dass du immer seltener einen machen musst. Du schulst damit nicht nur deine Aufmerksamkeit, sondern bekommst nebenbei auch mehr geschafft.

HIER GEHT'S LANG: (IM) JETZT NÄHERST DU DICH DER MAGISCHEN ZONE

Da gerade die Rede von einem Spaziergang war: Auch ein Blick ins Grüne entspannt nachgewiesenermaßen, weil das Grün der Natur den Parasympathikus aktiviert, den Ruhenerv des Gehirns. Das macht es leichter, die Gedanken zu bändigen. Übrigens auch bei Stress – einem weiteren großen Gedankenaufwühler. Das haben wir ja schon im vorigen Kapitel gesehen: Bei Stress werden die Amygdalae aktiv und lösen die Ausschüttung verschiedener Hormone und Botenstoffe wie Adrenalin, Noradrenalin und Cortisol aus. In der daraus folgenden Fight-or-flight-Reaktion wird die Aufmerksamkeit wie durch einen Tunnel vorwiegend auf Negatives gerichtet, um auf mögliche Gefahren schnell reagieren zu können. Von Gedankensouveränität kann keine Rede mehr sein. Zur Stressreduktion helfen nachweislich sogar bereits grüne Zimmerpflanzen oder sogar eine grüne Wandfarbe oder ein Bild in Grüntönen.

Aber hinauszugehen ist natürlich noch effektiver. Bewegung

beruhigt ebenfalls wirbelnde Gedanken – nicht umsonst spricht man davon, dass Bewegung und frische Luft »den Kopf frei« machen. Außerdem lässt sich ein Spaziergang mit einer einfachen Gehmeditation verbinden. Ich schicke die Teilnehmer meiner Seminare oft in den Park oder Wald und gebe ihnen dabei zwei Aufgaben mit. Beide Aufgaben schulen die Aufmerksamkeit, lenken sie auf das Hier und Jetzt und geben den Teilnehmern damit die Zügel über die Gedanken wieder in die Hand.

Probiere es aus, der Effekt ist erstaunlich. Zieh dir bequeme Kleidung an und begib dich dann in die Natur. Es muss keine Wildnis sein, ein Park tut es auch. Wenn keiner in der Nähe ist, kannst du auch in einem ruhigen Wohnviertel spazieren gehen. Und schalte vorher unbedingt dein Telefon auf »leise«.

Lies zunächst ein- oder zweimal durch, was zu tun ist, dann mach dich auf den Weg. Die erste Aufgabe ist die unten stehende Gehmeditation. Nimm dir dafür beim ersten Mal möglichst mindestens zehn Minuten Zeit, nach oben sind keine Grenzen gesetzt.

EINGANG IN DIE WELT

Gehe los in entspanntem, aber nicht zu langsamem Tempo.

Lenke deine Aufmerksamkeit während des Gehens auf deinen Atem.

Atme ruhig und entspannt tief ein und aus.

Ein und aus.

Wenn du ganz im Rhythmus deines Atems bist,

stell dir am höchsten Punkt deines Kopfes einen Trichter aus Licht vor.

Er ist deine Verbindung zum ewigen, allumfassenden Bewusstsein.

Über dieses Bewusstsein bist du verbunden mit allem, was ist.

Spüre, wie positive Energie durch diesen Trichter in dich hineinfließt

und sich mit deinem einströmenden Atem verbindet.

Dein energetisierter Atem fließt auf der Vorderseite deines Körpers nach unten.

Erfüllt deinen Brustkorb.

Deine Arme.

Deinen Bauch.

Deine Beine.

Deine Füße bis in deine Zehen.

Wenn du nun ausatmest, steigt die positive Energie auf der Rückseite deines Körpers nach oben.

Über deine Fersen in die Rückseiten der Beine.

Den Po.

Den Rücken hinauf.

Bis die positive Energie deinen Kopf ausfüllt und sich dort wieder mit der Energie des Universums verbindet.

Du bist eins mit allem.

Betrachte in diesem Zustand deine Umgebung.

Nimm alles an, wie es ist.

Fühle deine Verbundenheit.

Suche nun einen kleinen Gegenstand.

Lasse dich von deiner Intuition leiten.

Einen Zweig, ein Blatt, eine Nuss, einen Stein, eine Muschel oder etwas anderes.

Heb ihn auf und nimm ihn mit.

Setze deine Gehmeditation fort, bis du wieder daheim ankommst.

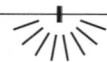

Gerade, wenn du noch nie meditiert hast, kann es zu Beginn gut sein, dass du gedanklich immer wieder abschweifst. Das ist normal und kein Problem. Sobald du das merkst, lenke deine Aufmerksamkeit einfach zurück auf den Atem und das Gefühl der Verbundenheit. Du wirst auf diese Weise schnell eine leichte Trance erreichen, ohne dass dir das unbedingt auffallen muss. Vertrau einfach darauf! Das Schlimmste, was du tun kannst, ist, dich dauernd zu fragen, ob du schon in Trance bist – dann bist du es garantiert nicht. Setze dich nicht unter Druck, Meditieren klappt selten sofort perfekt, wirkt aber trotzdem. Später kannst du diese Gehmeditation bei jedem kurzen oder langen Spaziergang oder selbst bei einem Besorgungsgang machen (natürlich musst du dann nicht jedes Mal ein Objekt aufheben und mitnehmen). Die Meditation funktioniert auf genau die gleiche Weise auch im Sitzen – die rhythmische Bewegung des Gehens und der Aufenthalt draußen in der Natur mit den Naturgeräuschen wie Vogelzwitschern und Blätterrauschen unterstützen allerdings die Konzentration und machen es so am Anfang sehr viel leichter.

Selbst zwei, drei Minuten Meditation haben einen Effekt und trainieren deine Zentrierungsfähigkeit. Mit der Zeit wird das immer besser funktionieren. Selbst eine ganz kurze Meditation hat außerdem schon einen tief greifenden Effekt auf deinen Körper. Stresshormone werden gebremst, die Produktion des Zufriedenheitshormons Serotonin steigt. Wenn du manchmal nur wenig Zeit hast und sich eine längere Meditation nicht in deinen Tagesablauf integrieren lässt, lege ich dir ans Herz, jeden Tag wenigstens ein paar Minuten zu üben – zum Beispiel jeden Morgen ein, zwei Minuten nach dem Aufwachen und abends noch mal zwei Minuten vor dem Einschlafen. Oder einfach zwischendurch, wenn du mal Zeit hast. Das kannst du dann nach und nach ausdehnen. Deine magische Praxis wird davon enorm profitieren, aber nicht nur die: Auch deine Fähigkeit zur Konzentration wird sich steigern, und du wirst häufiger »Flow«-Erlebnisse haben, also Glückszustände, die dann eintreten, wenn du mit einer Tätigkeit völlig verschmilzt, auch und gerade wenn sie anspruchsvoll ist – zum Beispiel, wenn du einen Aufsatz schreibst oder etwas berechnest. Du wirst klarer sehen, mehr in kürzerer Zeit schaffen, erfolgreicher sein, Herausforderungen souveräner meistern. Gleichzeitig wird sich der Stress immer mehr aus deinem Leben verabschieden – und damit sinkt das Risiko, eine ganze Reihe von Krankheiten zu bekommen. Du wirst besser schlafen und dich ganz einfach besser fühlen.[9]

Bevor du dich nun fragst, ob du möglicherweise versehentlich in einen Achtsamkeitsratgeber geraten bist – und nicht mehr ein Buch übers Wundermachen in Händen hältst –, möchte ich dir sagen: Du hast beides, denn jedes praktische Buch über Magie ist auch ein Buch über Achtsamkeit. Ich hatte ja schon im Zusammenhang mit dem Ritual »Dreimaldrei zur Wunscherfüllung« in Kapitel zwei angesprochen, dass Yogi die Erfüllung ihrer Wünsche durch Meditation unterstützen. Meditation ist nämlich eine effektive, erprobte und gefahrlose Technik, um Ruhe in den Geist zu bringen und die Aufmerksamkeit bewusst, also willentlich, zu lenken – und damit magisch wirksam. Wie wir gleich sehen werden, ist Meditation hier aber nur eine von vielen Möglichkeiten.

Für welche Methode du dich letztlich entscheidest, ist egal. Wichtig ist allerdings, *dass* du dir eine oder mehrere Techniken für deinen persönlichen magischen Werkzeugkasten zulegst. Denn du willst ja nicht irgendeine völlig unkontrollierte Verwandlung deiner Wirklichkeit, sondern sie soll genau so ablaufen, wie du es willst.

Doch kommen wir nun erst mal zur zweiten Aufgabe. Dazu brauchst du dein Notizbuch und einen Stift, mit dem du gut zeichnen kannst – zum Beispiel einen gespitzten Bleistift oder auch Buntstifte, wenn du nicht gerne schwarz-weiß zeichnest.

DER AUFMERKSAMKEITSSCHÄRFER

Nun setze dich mit deinem Fundstück aus der Natur, dem Notizbuch und deinem Zeichenstift (oder auch den Zeichenstift*en*) an einen Tisch. Fang damit an, das Objekt genau zu betrachten. Du darfst es auch befühlen, um Feinheiten wie kleine Rillen oder andere Unebenheiten genauer zu erkennen. Lege es dann bitte zur Seite, sodass es sich nicht mehr in deinem Blickfeld befindet. Nun versuche, aus dem Gedächtnis zu zeichnen, was du wahrgenommen hast. Keine Angst – Perfektion ist nicht vonnöten. Es geht hierbei darum, dich auf das Fundstück zu fokussieren, genau hinzuschauen und jedes Detail wahrzunehmen, nicht um zeichnerisches Können. Wenn du nicht mehr weiterkommst – aber erst dann –, kannst du den Gegenstand wieder zur Hand nehmen und ihn noch einmal anschauen, bevor du ihn wieder weglegst. Wie das dann hinterher auf dem Papier aussieht, ist nicht so wichtig. Der Sinn dieser Übung ist es, die Konzentration und das Visualisieren, also das willentliche Hervorrufen eines mentalen Bildes, zu üben. Du wirst bei dieser Übung auch ein weiteres Mal merken, dass die äußere Welt, die du eben noch als umfassend erlebt hast, vor deiner inneren Konzentration auf den Gegenstand zurücktritt – ähnlich wie beim Lesen.

Du kannst diese Übung selbstverständlich auch losgelöst von einem Spaziergang machen und etwas abzeichnen, das sich zum Beispiel in deiner Wohnung befindet.

MUT ZUR LÜCKE: DAS GEHEIMNIS DER GNOSIS

So wie Säge und Hobel die Werkzeuge eines Tischlers sind, die er beherrschen muss, bevor er einen Tisch zimmert, sind unser Geist und unser Denken die wichtigsten Werkzeuge eines Magiers (oder auch eines Hypnotiseurs). Alle Methoden, die den Geist in Präzision schulen und/oder die Beruhigung der Gedanken entweder zum Ziel oder als Nebeneffekt haben, können dir darum dabei helfen, zum Zauberer deines Lebens zu werden.

Zu den Instrumenten, die den Geist sowohl schärfen als auch beruhigen, gehört zum Beispiel autogenes Training, genauso wie jede Art der Kampfkunst – von Aikido bis Taekwondo. Außerdem Praktiken wie Yoga, Qigong, Selbsthypnose und natürlich jede Form der Meditation wie unsere Spaziergangsmeditation von vorhin. Um die Gedanken zu stoppen, können aber auch ganz individuelle Methoden zum Einsatz kommen. Tanzen, hundert Meter sprinten, fünf Minuten Hampelmann hüpfen, das Ausmalen eines Mandalas oder lautes Singen zum Beispiel. Oder auch Sex. Damit meine ich nicht irgendwelche mystischen Praktiken, sondern ganz normalen Sex – der Orgasmus ist nämlich ein ausgezeichneter Gedankenstopper. Vor allem Masturbation gehört darum von jeher zu einem beliebten magischen Hilfsmittel.

Kurz gefasst: Sämtliche Dinge, von denen du weißt, dass sie dir den Kopf frei machen, kannst du hier zum Einsatz bringen. In zeitgenössischen Strömungen der Magie wie der ergebnisorientierten *Chaos Magick*, die sich explizit von den okkulten Praktiken mit viel geheimnisvollem Drumherum vergangener Tage löst – darum auch die rebellische Schreibweise *magick* mit »ck« statt nur mit »c« –, ist das gang und gäbe. So ähnlich wie in der Medizin der Grundsatz »Wer heilt, hat recht« gilt, gilt hier: Erlaubt ist, was funktioniert.

MEINE GEDANKENSTOPPER

Bitte nimm dir dein Notizbuch zur Hand und überlege, welche Methoden zum Gedankenstopp du kennst und schon ausprobiert hast. Deine persönlichen Verfahren müssen nicht in meinen Beispielen auftauchen. Überlege einfach, welche Tätigkeiten oder Übungen dich deiner Erfahrung nach besonders gut zentrieren. Wenn das Kartoffelschälen ist, ist das genauso legitim, wie wenn du die wechselseitige Nasenatmung aus dem Yoga machst oder Wäsche zusammenlegst. Du wirst später noch lernen, wie du selbst ein persönliches magisches Ritual entwirfst, und es spricht absolut nichts dagegen, Tätigkeiten, die du sowieso erledigen musst, für Magie zu nutzen. Schreibe alles auf, was dir einfällt, und auch, was du gerne noch ausprobieren möchtest. Diese Liste kannst du jederzeit vervollständigen, sie ist eine wertvolle Erinnerungsstütze.

Für alle Fälle möchte ich dir noch zwei Methoden zeigen, die auch als Gedankenstopp funktionieren, wenn du gerade keine Möglichkeit oder Lust zum Tanzen, auf Sex oder Yoga hast.

DIE KATZE UND DIE GEDANKENMAUS

Diese Methode ist einfach nur eine Frage. Frage dich: »Was wird mein nächster Gedanke sein?« Lege dich auf die Lauer wie eine Katze am Mauseloch und warte. Es wird vermutlich eine ganze Weile dauern. Zeigt sich der Gedanke, kannst du die Frage wiederholen.

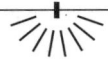

WECHSELSEITIGE NASENATMUNG

Die folgende Atemübung stammt aus dem Yoga und versetzt dich in einen hyperfokussierten und gleichzeitig tief entspannten Trancezustand. Du solltest sie nicht machen, wenn du unter Bluthochdruck oder leicht unter Nasenbluten leidest. Falls dir schwindlig wird, mach eine Pause und beginne erneut. Setze dich aufrecht hin (bei Schlafstörungen kannst du die Übung auch im Liegen machen.)

- Verschließe nun mit dem Ringfinger der rechten Hand das linke Nasenloch.
- Atme tief durch das rechte Nasenloch ein, während du langsam im Geiste bis vier zählst (etwa vier Sekunden).
- Verschließe mit dem Daumen der rechten Hand das rechte Nasenloch und halte den Atem an. Dabei zählst du wieder langsam bis vier.
- Nimm den Finger vom linken Nasenloch und atme langsam durch dieses Nasenloch aus. Zähle dabei langsam bis acht (etwa acht Sekunden) und versuche, deine Lunge vollständig zu entleeren.
- Atme durch dasselbe (linke) Nasenloch ein, während du wieder bis vier zählst.
- Schließe nun erneut das Nasenloch mit dem Ringfinger und halte den Atem an, während du langsam bis vier zählst.
- Öffne das rechte Nasenloch und atme durch dieses Nasenloch etwa acht Sekunden aus.

Wiederhole diesen Turnus mehrere Male. Die Übung ist nicht nur eine ausgezeichnete Möglichkeit, in einen Trancezustand zu gelangen, weil sie Gedanken stoppt und dich fokussiert, sie hilft auch bei Kopfschmerzen, Stress, Angstzuständen und verstopfter Nase (bei Letzterer ist es anfangs etwas mühsam, das gibt sich dann aber schnell).

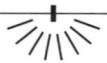

Sobald dein Kopf frei von Gedanken ist, und wenn auch nur für eine einzige Sekunde, hast du eine Lücke im Gedankenstrom erzeugt, die dich mit dem allumfassenden Bewusstsein, dem Potenzial aller Möglichkeiten, verbindet. Du kannst dir das in etwa so vorstellen, als ob du an einem Flussufer stehst. Vor dir fließt normalerweise breit und reißend dein ständiger Gedankenstrom und trennt dich von diesem unglaublichen Potenzial, in dem Wünsche wahr werden können. Wenn du nun aber deine Gedanken effektiv stoppst, steigt plötzlich vor dir eine kleine Brücke aus dem Wasser, und du kannst deinen Wunsch schnell hinüberschicken (wenn du viele Jahre Zen-Meditation geübt hast, ist die Brücke vielleicht so breit und stabil, dass du selbst einen längeren Ausflug auf die andere Seite machen kannst – das ist dann aber eindeutig eine Sache für Fortgeschrittene.)

In dem Moment, in dem die Lücke sich auftut, kannst du dich auf eine Sache – die eine, gewünschte Sache – fokussieren, so wie du dich in der Zeichenübung auf den Gegenstand aus der Natur fokussiert hast. So, dass du für den Moment alles um dich herum vergisst und nur noch das Gewünschte vor deinem inneren Auge steht. Keine Angst, auch hier ist kein perfektes Bild vonnöten. Die wenigsten Menschen können mentale Vorstellungen hervorzaubern, die fotografisch akkurat sind. Eine ungefähre Ahnung genügt völlig. Viel wichtiger ist es, dass du die Gewissheit spürst, dass dein Wunsch schon so gut wie erfüllt ist – die Visualisierung ist nur Mittel zum Zweck, sie soll dieses Gefühl erleichtern, nicht umgekehrt. Und jetzt kommt der – zugegebenermaßen etwas verwirrende – Clou: Der Wunsch ist im Moment der Gewissheit bereits erfüllt! Denke noch mal an den Versuch mit den Audiozitaten bei Dean Radin in Kapitel zwei: Durch die Intention, ein solches Zitat hören zu wollen (statt eines lahmen Klicks), hatten die Probanden die Zukunft verändert, die wiederum auf die Gegenwart zurückwirkte. Diese –

127

eigentlich – unmögliche rückwärtige Kausalität hatte Racin ja rechnerisch belegen können. Dieses Experiment beweist auch, dass ein exaktes mentales Bild nicht so wichtig ist wie die starke Intention, denn die Probanden konnten ja noch gar nicht wissen, welche Audiozitate es gab – nur, *dass* sie eines hören wollten. Und natürlich gibt es viele Wünsche, in denen du kein Bild haben kannst. Weil du zum Beispiel eine zündende Idee für ein Projekt brauchst oder du die für dich perfekte Wohnung suchst oder neue gute Freunde nach einem Umzug. Oder auch im Falle des Wunderbriefs, den ich dir zu Beginn dieses Buches geschenkt habe. Dennoch funktioniert in solchen Fällen die Magie. Zeitgenössische Zauberer verwenden ohnehin oft Stellvertreter für den Wunsch, etwa abstrakte Symbole, auf die sie sich stattdessen konzentrieren – dazu in Kürze mehr. Dadurch liegt der Fokus mehr auf dem Gefühl als auf einem fotografisch exakten Bild.

Aus Perspektive der Hypnose würde man den Zustand, in dem man sich während des Wünschens befindet, als autosuggestive Trance bezeichnen. Moderne Magier nennen ihn Gnosis oder sprechen im Zusammenhang mit einem magischen Akt vom »Aufladen«. In jedem Fall ist damit ein veränderter Bewusstseinszustand gemeint, bei dem man ganz auf einen Wunsch, ein Ziel oder ein Symbol fokussiert ist und alle anderen Gedanken davor zurücktreten. Ursprünglich bedeutet Gnosis »Erkenntnis« oder »Wissen« – denn die Zone des unkonkreten Potenzials, zu der sich in diesem veränderten Seinszustand ein Zugang auftut, ist auch die Zone allen Wissens über die Welt. Von dort ausgehend formt sich jede Erkenntnis, aber eben auch alles, was sich in der materiellen Welt manifestiert.

Auf die ein oder andere Weise sind diese Schritte – also der Gedankenstopp und dadurch die intensive Fokussierung auf ein gewünschtes Ergebnis, die immer einer Trance gleichkommt –

jedes Mal mit im Spiel, wenn wir mit Entschlossenheit, Begeisterung und Gewissheit ein Vorhaben verfolgen. Ohne dass es uns bewusst wird, werden wir in diesen Fällen alle immer wieder zum Magier.

Doch nun möchte ich dir ein verblüffend wirksames, aber äußerst einfaches magisches Ritual vorstellen, das unglaublichen Spaß macht und diese wichtigen Schritte vereint – die Sigillen-Magie. Das Wort »Sigille« geht auf das lateinische *sigillum* zurück, was »Siegel« oder »kleines Bild« bedeutet. In dieser Form der Magie wird ein Symbol mit einem Wunsch mittels Gnosis aufgeladen. In der Antike hat man dazu bestimmte Bilder und sogenannte magische Quadrate verwendet, in der modernen Magie kommt vor allem eine Methode zum Einsatz, die auf den britischen Künstler Austin Osman Spare zurückgeht, der in der ersten Hälfte des 20. Jahrhunderts lebte. Dabei stellt man seine Sigille selbst aus Buchstaben her.

SETZE DEIN ZEICHEN

Erster Schritt: Bestimme, was geschehen soll. Nimm dir dein Journal und deinen Stift zur Hand, lege aber auch etwas Papier bereit – du benötigst beides. Denke dir zunächst aus, was du erreichen oder was du haben möchtest. Fang am besten wieder mit etwas gut Überprüfbarem an. Nehmen wir noch einmal das Beispiel aus Kapitel zwei (an dem ich dir den Unterschied zwischen Kausalbeziehung und Synchronizität erklärt habe): Du wünschst dir einen schönen Blumenstrauß. Formuliere diesen Wunsch als Affirmation – Affirmation bedeutet nichts anderes als »Bekräftigung«. In der Hypnose werden solche Affirmationen als Suggestionen bezeichnet.

Egal, wie du es nennst, du schreibst in Großbuchstaben in dein Journal, was genau eintreten soll.

Achtung! Schreibe dabei bitte *nicht*: »Ich möchte einen Blumenstrauß bekommen« oder »Ich wünsche mir einen Blumenstrauß«. Sonst kann es sein, dass die Erfüllung des Wunsches darin besteht, dass du nicht den Blumenstrauß, sondern den Zustand des Möchtens, Wollens und Wünschens des Blumenstraußes bekräftigst – und auch nur diesen bekommst. Dann bleibst du in diesem momentanen Zustand hängen – ohne Blumenstrauß.

Schreibe stattdessen ganz genau auf, was in dem Moment, in dem sich der Wunsch erfüllt, geschieht. Das macht die Affirmation zum Zauberspruch.

In diesem Fall:

ICH BEKOMME EINEN BLUMENSTRAUSS

Schreibe daneben das aktuelle Datum, damit du später nachvollziehen kannst, wie schnell sich dein Wunsch erfüllt hat.

Zweiter Schritt: Herstellung der Sigille. Nun geht es daran, dein Symbol herzustellen. Streiche dazu alle mehrfach vorkommenden Buchstaben aus deiner Affirmation:

~~ICH BEKOMME EINEN BLUMENSTRAUSS~~

Übrig bleiben die Buchstaben:

CHKOLTRA

Nimm nun Papier zur Hand. Gestalte aus den verbliebenen Großbuchstaben nach eigenem ästhetischen Empfinden ein Symbol. Zum Beispiel so:

Du kannst die Buchstaben aber auch auf jede andere Art zusammenstellen, verschachteln oder ineinanderhängen. Ein solches Symbol ist die Sigille. Sie steht nun für das gewünschte Ereignis »Ich bekomme einen Blumenstrauß«. Schau dir deine Sigille genau an und versuche sie dir einzuprägen.

Dritter Schritt: Aufladen. Lade die Sigille nun mit einer Methode zur Fokussierung deiner Wahl auf. Wie vorhin erwähnt, kann das alles Mögliche sein: Du kannst voll konzentriert eine Yoga- oder Atemübung machen, du kannst trommeln, jonglieren, wild zu deinem Lieblingslied tanzen, in meditative Trance versinken, »Om« summen, oder du kannst masturbieren. Oder, oder, oder. Wichtig ist nur, dass du wirklich ganz darin aufgehst, was du tust, und in einen Flow kommst. Wenn du auf dem Höhepunkt der Methode deiner Wahl angelangt bist – also vollkommen fokussiert bist oder, im Falle der Masturbation, deinen Orgasmus hast –, visualisierst du die Sigille. Auch hier gilt das vorhin Gesagte: Es kommt nicht drauf an, dass du ein fotografisch genaues Bild vor Augen hast, stell sie dir einfach vor, so gut es geht – das reicht.

Vierter Schritt: Loslassen. Verstaue die Zeichnung der Sigille an einem sicheren Ort. Du kannst alternativ auch das Papier mit dem Symbol verbrennen (bitte nur sicher in der Badewanne oder dem Spülbecken). Löse nun deine Aufmerksamkeit von der Sigille und sprich auch mit niemandem über dein Sigillen-Ritual.

Oft wird nun empfohlen, die Sigille, das Ritual und natürlich den Wunsch zu vergessen, um seiner Erfüllung nicht durch zweifelnde Gedanken im Wege zu stehen, die wieder eigene Dynamiken auslösen. Aus meiner Sicht ist das aber ungefähr so effektiv, wie jemandem zu sagen: Denk nicht an den Kölner Dom. Dann denkt man natürlich an was? Genau: an den Kölner Dom.

Folgendes funktioniert nach meiner Erfahrung viel besser: Sobald du merkst, dass deine Gedanken zum Ritual, der Sigille oder der Affirmation abschweifen, sage gedanklich »Stopp« und denke: »Es ist unterwegs.« Mache dann sofort etwas anderes, das deine Aufmerksamkeit fordert: Lies etwa einige Seiten in einem spannenden Roman, mache »Kniechen-Näschen-Öhrchen«, überlege, was du gestern zu Mittag gegessen hast, singe im Geiste »Stayin' Alive«, löse ein Sudoku oder geh das Einmaleins mit zwölf im Kopf durch.

Dieses Stoppen hat den Sinn, dich davon abzuhalten, in Grübeleien zu verfallen wie: Wann und wie werde ich wohl meinen Blumenstrauß bekommen? Denn dann schickst du deinem Unterbewusstsein – das ja die erwünschten Synchronizitäten einleiten soll – wieder die Botschaft, dass du dir das Wollen des Blumenstraußes wünschst und nicht den Blumenstrauß. Und dann bekommst du auch nur das.

Aus demselben Grund ist es wichtig, sowohl über deinen Wunsch als auch über das Sigillen-Ritual Stillschweigen zu bewahren. Wenn du unbedingt möchtest, kannst du darüber reden, *nachdem* sich dein Wunsch erfüllt hat.

Fünfter Schritt: Ergebnis notieren. Sobald das gewünschte Ergebnis eintritt, notiere es unter der Affirmation in deinem magischen Journal mit Datum und Details. Falls du die Sigille noch hast, kannst du sie dazukleben.

VON GUTGLÄUBIGEN SCHAFEN UND STÖRRISCHEN ZIEGENBÖCKEN: DU BEKOMMST, WORAN DU GLAUBST

Ich werde ja nicht müde zu betonen, wie wichtig der Glaube an das Gelingen magischer Akte dafür ist, dass es tatsächlich funktioniert.

Das ist nicht nur so dahingesagt: Die US-amerikanische Psychologin Gertrude Schmeidler stellte zu Beginn der Vierzigerjahre des vorigen Jahrhunderts die These auf, dass Menschen, die nicht an magische Phänomene – also zum Beispiel an Hellseherei, Telepathie oder das Bewegen von Gegenständen per Gedankenkraft, die Telekinese – glauben, unbewusst Erfahrungen blockieren, die die Existenz dieser sogenannten Psi-Phänomene stützen. Dafür erleben Menschen, die davon überzeugt sind, dass es diese Phänomene gibt, sie leicht und immer wieder.

Nun könnte ein Skeptiker vorschnell folgern, dass es sich allein um selektive Wahrnehmung handelt: Das, was man sehen will, passiert den Wahrnehmungsfilter.

Doch Vorsicht, so einfach ist es nicht.

Schmeidler, die damals an der Universität Harvard forschte, unternahm eine Reihe von Experimenten, um ihre These zu untersuchen. Sie rekrutierte einerseits Probanden, die an übersinnliche Fähigkeiten und Magie glaubten. Diese Gruppe nannte sie *sheep*, leicht zu überzeugende »Schäfchen«. Als Kontrollgruppe suchte sie Menschen, denen es absolut widerstrebte, dass es so etwas »Unwissenschaftliches« wie übersinnliche Fähigkeiten tatsächlich geben sollte. Diese Gruppe taufte sie *goats* – die störrischen Ziegenböcke. Wer zu welcher Gruppe gehörte, ermittelte sie mithilfe eines Fragebogens.

Nach dieser Vorbereitung bekamen alle Probanden die gleiche Aufgabe, in der verschiedene Psi-Fähigkeiten getestet wurden. In einem von Schmeidlers Experimenten sollten alle Teilnehmer zum Beispiel die nächste Karte in einem Kartenspielstapel erraten. Dabei erzielten die magiegläubigen »Schafe« bessere Resultate als die zweifelnden »Böcke« – und nicht nur ein bisschen, sie lagen signifikant häufiger richtig, als es gemäß den Gesetzen der statistischen Wahrscheinlichkeit zu erwarten gewesen wäre. Und Letztere müssten ja gelten, gäbe es so etwas wie Hellseherei nicht. Noch erstaunlicher war allerdings, dass die »Ziegenböcke« sehr viel schlechter abschnitten, als es die Wahrscheinlichkeit erlaubte. Und das, obwohl diese Wahrscheinlichkeit ja das Einzige war, woran sie in diesem Zusammenhang glaubten.

Ein ähnliches Bild zeigte sich auch in allen weiteren von Schmeidlers Versuchen. Sie nannte dies den »Sheep-Goat-Effekt«.

Seit Schmeidlers ersten Sheep-Goat-Experimenten wurden von anderen Wissenschaftlern Hunderte weitere nach ähnlichem Muster durchgeführt. Umfassende Metaanalysen aller solcher Arbeiten bis ins Jahr 2015 bestätigten konsistent den Sheep-Goat-Effekt.

Damit ist klar: Wer an Magie glaubt, für den funktioniert sie. Und für den, der es nicht tut, funktioniert sie nicht. Das Schöne dabei ist, dass es wissenschaftliche Erkenntnisse wie diese auch Skeptikern um ein Vielfaches leichter machen, ihre Vorbehalte in den Wind zu schlagen – und Wundern eine Chance zu geben. Und dann hilft natürlich magische Praxis. Mit einfachen Hilfsmitteln wie der Sigille kannst du deine Zuversicht stärken und obendrein deine Gedankenkraft so bündeln, dass du bald einen Effekt auf dein Leben bemerken wirst: Dein Wunsch beginnt die Transformation von der gedanklichen Welt in die Welt der Dinge. Was dich wiederum noch einmal darin bestärkt: Magie wirkt.

Kommen wir nun dazu, wie die Wunder in deinem Leben aussehen sollen.

7

WUNDERBARE GESCHENKE: WIE EIN MAGISCHES AMULETT UND ZEITREISEN IN DEINE KINDHEIT DEINE HERZENSWÜNSCHE ENTHÜLLEN – UND WELCHES ZAUBERWORT DICH VOR ALTEN FLÜCHEN BEWAHRT

Wer unsere Träume stiehlt, gibt uns den Tod.

Konfuzius

Wenn du bis hier gelesen hast, hast du vermutlich schon einige Aha-Erlebnisse gehabt – bei magischen Experimenten und Ritualen, aber auch in puncto neue Denkgewohnheiten. Dabei ist Magie eigentlich ebenfalls »nur« eine neue Art zu denken. Nämlich eine, bei der du deine Gedanken als Werkzeug benutzt, um Wunder nach deinen Vorstellungen zu vollbringen. Aber auch auf den ersten Blick nicht so geheimnisvoll wirkende Denkanstöße – wie »Denk doch mal, es funktioniert« oder »Das probiere ich jetzt mal aus!« – sind magisch, denn sie erschließen dir neue Welten. Und je mehr du erlebst, umso genauer lernst du dich kennen. Du schulst deine Intuition. All deine Erfahrungen sind ein riesiger Pool an unbewusstem Wissen, auf dessen Basis du aus dem Bauch heraus immer besser weißt, was du willst und wie du am glücklichsten lebst. Dann hast du auch keine Schwierigkeit, die Magie als Mittel zu nutzen, um ganz genau die Welt zu erschaffen, die dir vorschwebt.

Doch was schwebt dir vor?

Um die Beantwortung dieser Frage werden wir uns jetzt kümmern. Erinnere dich bitte noch einmal an *Die unendliche Geschichte*. Darin hatte der junge Held Bastian ein Amulett bekommen – und mit ihm die Macht, sich und Phantásien nach seinen Ideen zu gestalten.

DIE AMULETT-FRAGE

Nimm dir zunächst dein Notizbuch oder einen Bogen Papier zur Hand. Stell dir nun vor, auch dir würde ein Amulett überreicht mit der Inschrift

Tu, was du willst!

Damit verbunden erhältst du das Versprechen, dass das, was du dir wünschst, in jedem Fall wahr werden wird.

Die Frage ist nun:

Wie nutzt du dieses Geschenk, um dein Leben nach deinem Willen zu verändern?

Dabei ist es egal, in welcher Situation du dich gerade befindest. Selbst wenn dir durch eine der großen Krisen der letzten Zeit vieles weggebrochen ist, was zuvor selbstverständlich war, oder du dir beim besten Willen nicht denken kannst, wie sich deine aktuelle Situation bessern sollte (wir kommen später noch genauer auf das Thema Krise zu sprechen), darfst du hier aus dem Vollen schöpfen. Du brauchst noch nicht zu wissen, wie und auf welchen Wegen die Kraft, die hinter dem Amulett steht, ihr Versprechen einlösen wird – das ist ihre Sache. Deine Sache ist die des Wünschens. Du brauchst auch nicht innerhalb von wenigen Sekunden eine Antwort zu haben – so, wie wenn eine

Sternschnuppe fällt und man sofort seinen Wunsch parat haben soll. Nimm dir stattdessen für diese wichtige Aufgabe in Ruhe Zeit.

Vielleicht gibt es etwas, was du dir insgeheim erträumst? Etwas, was du gerne verwirklicht sehen würdest, aber wovor du bisher immer zurückgeschreckt bist? Oder etwas, von dem du zwar annimmst, dass es dir zu deinem Glück fehlt, aber gleichzeitig bist du ratlos, wie es in deinem Leben Einzug halten könnte? Vielleicht, weil das, was du dir wünschst, auch erst noch »gebacken« werden muss? Oder weil es dir schwerfällt, eine Vorstellung davon zu entwickeln, wie dieses Etwas zu dir finden sollte? All diese Dinge und Vorhaben gehören auf deine Wunschliste.

Gehe alle Lebensbereiche durch: deinen Beruf, deine Freizeit, deine Partnerschaft, dein soziales Leben, deine Wohnung, dein Erscheinungsbild und so weiter. Das bedeutet natürlich nicht, dass du in jedem Bereich etwas finden musst, aber es hilft, die Übersicht zu bekommen, falls irgendwo der Schuh drückt.

Denke dabei daran, dass die Aufforderung auf dem Amulett »*Tu,* was du willst« lautet. Das bedeutet zum einen, dass auch der Kraft hinter dem Amulett gewisse Grenzen gesetzt sind. Sie kann zum Beispiel leider keine Verstorbenen wieder zum Leben erwecken, sie kann dir keine Vogelschwingen wachsen lassen oder dir mit einem »Pling« deinen Lieblingsschauspieler zum romantischen Abendessen in deine Wohnung zaubern.

Aber bei allem, was für einen Menschen *mach*bar ist, kann sie dich unterstützen. Darum besteht »Tu, was du willst« nicht im Abwarten, bis dir etwas in den Schoß fällt, sondern es geht um Aktion, die (erinnere dich: garantiert!) zur Erfüllung deiner Wünsche führt. Du musst die genauen Schritte dieser Aktion noch nicht kennen, aber du solltest darauf vorbereitet sein, sie zu *tun,* falls und sobald sie notwendig sind. Du musst bereit sein, zum Tor zu einer neuen Realität zu gehen, die Klinke herunterzudrücken, es zu öffnen und hindurchzugehen.

Aber auch wenn es um Aktivität geht, bedeutet das nicht, dass dir das Amulett nur Wünsche gewährt, die sich ausschließlich ums Machen drehen – wie etwa zehn Kilo abzunehmen, das Matterhorn zu besteigen oder fließend Französisch zu lernen. Du kannst dir auch materielle Dinge wünschen. Sagen wir, eine Fünfzimmerwohnung in deinem Lieblingsviertel, damit deine Kinder alle ihr eigenes Zimmer bekommen. Du kannst deinem Leben in wirklich jedem Bereich und in jedem Alter eine neue Richtung geben, einen zusätzlichen Aspekt hinzufügen oder es ganz einfach hier und da verbessern.

Schreibe die Ergebnisse deiner Überlegungen in dein Journal. Sie sind ein wertvoller Schatz, denn mit ihrer Hilfe kannst du sofort sehen, wenn du vom Kurs deines Herzens abkommst.

Die Amulett-Frage ist einerseits eine psychologische Übung, um dir über deine Wünsche ans Leben klar zu werden. Denn schließlich kannst du nur bewusst etwas in dein Leben zaubern, wenn du weißt, was dieses Etwas sein soll. Sobald du deine Wünsche konkretisiert hast, können sie zum Glück auch ganz ohne Amulett Realität werden, und mit dem Aufschreiben hast du bereits einen großen Schritt in Richtung ihrer Verwirklichung getan. Wir werden noch sehen, wie du sie am besten in dein Leben bringst.

Ich schaue mir meine Liste immer mal wieder an, zum Beispiel, um die Punkte der Reihe nach in magischen Ritualen auf den Weg der Verwirklichung zu bringen – oder auch, um meine Ziele zu überprüfen. Manchmal wirkt etwas, was einem noch vor Monaten wichtig erschien, plötzlich irrelevant.

MACH DICH AUF DIE SUCHE NACH DEM GLÜCK DER KINDHEIT – ES ZEIGT DIR, WO AUCH HEUTE NOCH ERFÜLLUNG ZU FINDEN IST

Vielleicht hat dich die Aufforderung »Tu, was du willst« in der Übung vorhin etwas ratlos gemacht. Wenn das daran liegt, dass du bereits wunschlos glücklich bist, ist das natürlich wunderbar. Dann kannst du dir zum Beispiel überlegen, wie du im Leben anderer Menschen Wunder möglich machst und sie beim Erreichen ihrer Ziele unterstützt (in Kapitel 13 wirst du noch mehr Anregungen finden, wie du in meine Fußstapfen als Wundermacher treten kannst). Das wird dein Leben auf neue Weise bereichern und verzaubern.

Möglicherweise weißt du aber gar nicht (mehr) so genau, was dich glücklich machen könnte. Du weißt zwar, dass du nicht hundertprozentig deinen Traum lebst, aber wie der aussehen sollte? Keine Ahnung! Dann möchte ich dich bitten, dich auf die Suche zu machen – und zwar in deiner Vergangenheit. Wenn es um echte Lebensträume geht, werden die meisten von uns in der Kindheit fündig. Das, was wir damals am liebsten getan haben und worin wir stundenlang versinken konnten, gibt uns meistens einen Hinweis darauf, was uns auch noch im Erwachsenenalter erfüllen kann, denn unsere Persönlichkeit und damit unsere Vorlieben sind nach Ansicht von Forschern etwa zur Hälfte angeboren. Die andere Hälfte wird von unserer Umwelt und unseren Erfahrungen bestimmt. So erhält diese Grundstruktur nach und nach einen Feinschliff – im Idealfall stehen beide Hälften im Einklang und ergänzen sich.

Ich selbst habe zum Beispiel bereits mit sieben Jahren angefangen, Zirkusvorstellungen im Vorgarten eines Freundes zu organisieren – für meine kleine Clique. Den Eintrittspreis setzte ich auf zehn Pfennige fest. Ich hatte mir ausgerechnet, dass ich mir bereits zwei Kugeln Eis kaufen konnte, wenn ich nur fünf Freunde überzeugte, zuzuschauen. Bei diesen Aufführungen war ich alles in einer Person. Ich war der Ansager, ich war der Clown, ich war der Artist, ich war der Jongleur – und natürlich war ich der Zauberer. Diese artistische Welt steckte schon damals in mir. Die Magie bestand aber nicht in den Zaubertricks, die ich mir aneignete, sondern auch damals schon darin, dass ich andere zum Staunen gebracht habe: meine Freunde, die mich mit großen Augen anschauten, und natürlich auch meine Eltern und sonstigen Verwandten, die ebenfalls in den Genuss meiner Kunst kamen. Auch wenn ich es noch nicht so formulieren konnte, habe ich damals intuitiv gespürt, dass es um etwas Essenzielles ging.

Eine Freundin von mir hatte dagegen einen Detektivclub. Sie liebte es, Detektivin zu spielen, Dinge herauszufinden und verborgene Geheimnisse aufzudecken. Gleichzeitig schrieb sie schon als Kind seitenlange Geschichten. Sie wurde Journalistin und vereint heute beide Leidenschaften darin – das Herausfinden und das Schreiben.

Also, was hast du gerne getan?

Beschränke dich nicht, alles zählt.

Vielleicht war es dein Höchstes, dich um Tiere zu kümmern. Vielleicht hast du gern gemalt oder mit Knete modelliert. Vielleicht musstest du immer in Bewegung sein, auf Bäume klettern, mit dem Rad Rennen fahren oder herumtoben. Vielleicht hast du gerne Höhlen gebaut oder mit Lego gespielt. Vielleicht hast du mit Genuss gegessen und früh angefangen zu kochen oder zu backen. Vielleicht warst du super darin, Streit zwischen deinen Freunden zu schlichten, und warst jedes Mal stolz, wenn es dir gelungen ist. Vielleicht hast du immer neue Aktivitäten für dich und deine Freunde auf die Beine gestellt, und dieses Organisieren hat dir noch mehr Spaß gemacht als das Ergebnis. Vielleicht hast du gerne gelesen oder fotografiert oder gebastelt. Geschichten erfunden, gesungen, getanzt, musiziert, deine Spielsachen auseinander- und wieder zusammengebaut. Strategiespiele gemacht, auf Dosen herumgetrommelt oder Blumen gepflanzt. Oder, oder, oder.

Was du damals geliebt hast, kann dir einen Hinweis darauf geben, was in deinem Leben fehlt. Das bedeutet nun weder, dass du genau das tun musst, was du als Kind gemacht hast, noch, dass du unbedingt deinen Beruf wechseln musst, wenn er nicht zu deinen kindlichen Vorlieben passt. Du kannst auch erst mal spielerisch deine alten Leidenschaften zurück in dein Leben holen – und später entscheiden, ob du daraus vielleicht einen neuen oder zweiten Job machst. Gut möglich, dass sich die Dinge, einmal angestoßen, von selbst dorthin entwickeln. Denn wenn du dich auf etwas fokussierst, wirst du nicht nur besser in dem, was du tust, und lernst neue Leute kennen, die auf dich aufmerksam werden können – du setzt auch Synchronizitäten in Gang.

Hast du gerne etwas konstruiert, brauchst du dir nicht unbedingt wieder Legosteine zu besorgen, aber vielleicht entspannt es dich, Möbel selbst zu bauen? Hat dir Singen Spaß gemacht, musst du nicht gleich eine professionelle Karriere anstreben – aber Gesangsunterricht oder ein Chor wären vielleicht eine Idee. Eine Leidenschaft kann man immer auf verschiedene Weisen ins Leben integrieren. Auch als Hobby, als Nebenjob, als ehrenamtliche Tätigkeit oder – je nach Vorliebe – manchmal auch, indem du mit deinen Nichten und Neffen spielst oder den Hund deiner Nachbarin ausführst. Wie genau du deine Wünsche umsetzt, muss dir nicht von jetzt auf gleich klar sein – das ist fast immer ein Prozess. Wie du ihn lostrittst und deine wiederentdeckten Vorlieben in dein Leben einbaust, darauf werden wir in den nächsten Kapiteln noch zu sprechen kommen. Ich werde dir unter anderem an meinem eigenen Beispiel zeigen, dass man sogar mit etwas, was nach Ansicht der meisten Menschen »eigentlich« nur zum Hobby taugt, eine richtige Karriere machen kann – obwohl man sich das anfangs selbst nicht vorstellen konnte.

DEINE SEHNSÜCHTE SIND IN DIR VERBORGEN – DU MUSST NUR NACH IHNEN FRAGEN

Falls deine alten Leidenschaften so gründlich verschüttet sind, dass du mit bewusster Erinnerung nicht an sie herankommst, kannst du auch dein Unterbewusstsein zu deinen vergessenen Wünschen befragen. Nichts und niemand kennt dich besser. Dazu gibt es verschiedene Möglichkeiten.

UM ANTWORT WIRD GEBETEN
Im Moment des Einschlafens öffnet sich dein Unterbewusstsein weit – darum sinkt alles, womit du dich kurz vorher befasst, tief hinein. Das kannst du nutzen, um etwas zu lernen – oder auch, um eine Frage zu stellen. Nachdem du dich hingelegt und das Licht gelöscht hast, schließe die Augen und atme bewusst dreimal durch die Nase ein und durch den Mund wieder aus. Achte darauf, dass du tief in den Bauch einatmest, sodass er sich deutlich nach außen wölbt. Dann denke oder spreche:

Ich empfange die Liebe des Universums,
lasse sie durch meinen Körper fließen
und stelle die folgende Frage:
Welche Leidenschaft soll den Weg in mein Leben finden?

Sei aufmerksam, welche Antwort sich im Traum, beim Aufwachen oder im Laufe des nächsten Tages zeigt. Wenn es dir schwerfällt, dich an die Zeilen zu erinnern, kannst du sie auch vor dem Löschen des Lichts auf ein Stück Papier schreiben und sie unter dein Kissen legen, die Wirkung ist die gleiche.

Alternativ kannst du auch ein Orakel befragen. Bedenke dabei, dass ein Orakel selten in klaren, eindeutigen Worten spricht, sondern meist in Rätseln und Bildern. Nur du kannst verstehen, was es dir sagen will, denn die Lösung für alle deine Fragen liegt in dir selbst. Ich werde später noch auf verschiedene Orakeltechniken zu sprechen kommen, aber erst einmal habe ich eine besonders einfache Methode für dich.

AUF SPURENSUCHE

Atme zunächst wieder einige Male tief in den Bauch und wieder aus. Folge dabei gedanklich dem Fluss deines Atems. Sobald du innerlich ganz ruhig bist, stellst du deine Frage. Also in diesem Fall: »Was fehlt in meinem Leben?« (Du kannst aber auch jede andere offene Frage stellen – also jede Frage, die *nicht* mit einem »Ja« oder »Nein« zu beantworten ist.) Spüre im Voraus die Dankbarkeit für die Antwort, die du erhalten wirst.

Dann begibst du dich auf einen etwa halbstündigen Spaziergang. Dabei wirst du mindestens ein Zeichen sehen, das dir einen Hinweis auf die Beantwortung deiner Frage gibt. Lasse deinen Atem während des Gehens entspannt fließen. Du brauchst dich bei diesem Spaziergang nicht so auf deine Atmung zu konzentrieren wie in der Gehmeditation aus Kapitel 6 – das würde deine Aufmerksamkeit zu sehr nach innen lenken. Strebe aber eine ruhige, meditative Stimmung an, indem du all die Dinge, Menschen und Tiere, die dir begegnen, anschaust, ohne sie zu beurteilen. Nimm alles an, wie es ist, und gib keine inneren Kommentare ab, auch keine positiven – also nicht mal »So eine schöne Blume«. Solche inneren Bemerkungen schieben sich zwischen dich und das alles verbindende Bewusstsein und stehen damit auch der Antwort auf deine Frage im Weg. Sobald du also bemerkst, dass in deinem Kopf ein Kommentar entsteht, lass ihn los und schicke dem Ding oder dem Wesen, das du gerade beurteilen wolltest, bewusst mit dem Herzen Akzeptanz.

Wo du spazieren gehst, spielt keine Rolle. Du kannst in deinem Stadtviertel umherstreifen, einen Schaufensterbummel machen oder in den nächsten Wald oder Park gehen. Auch wie das Orakel antwortet, kann unterschiedlich sein: Vielleicht siehst du ein Schild, das deine Frage beantwortet. Einen Aufkleber. Ein Symbol. Vielleicht hörst du ein Lachen. Begegnest jemandem, der das tut, wonach du dich sehnst. Siehst ein spielendes Eichhörnchen. Einen alten Baum mit ausladender Krone und weit verteilten Wurzeln. Ein Bild in den Wolken.

Was für dich bedeutungsvoll ist, wirst du intuitiv spüren – und dann kannst du diese Symbole in dich hineinfallen und die Antwort in dir wachsen lassen.

Ein Lachen könnte zum Beispiel bedeuten, dass du zu pflichtbewusst bist und zu selten tust, was dir Spaß macht. Ein Aufkleber mit der Aufschrift »Reset the world« spricht dich vielleicht an, weil du einen Neuanfang herbeisehnst. Der ausladende Baum sagt dir möglicherweise, dass du mehr Zeit mit deinen Wurzeln – deiner Familie und alten Freunden – verbringen möchtest. Das hüpfende Eichhörnchen weist dich eventuell darauf hin, dass du wieder mehr spielen willst. Und siehst du in der Wolke den Anfangsbuchstaben des Namens deiner besten Freundin, die du seit Ewigkeiten nicht besucht hast, könnte sie dich darauf hinweisen, dass du das unbedingt wieder tun solltest. Das sind aber, wie gesagt, nur Vorschläge. Dir können solche Dinge etwas völlig anderes mitteilen.

Auch das ist übrigens ein Meditationstraining. Eines, das dich vor viel Stress bewahren kann. Denn genauso, wie du entscheiden kannst, die Menschen und Dinge, die dir begegnen, nicht zu beurteilen, kannst du zum Beispiel auch entscheiden, dass du Provokationen, die andere an dich richten, einfach nicht annehmen willst, weil du keine Lust hast, dir den Tag mit Ärger zu verderben.

DIE NEGATIVE MAGIE DER FLÜCHE DEINES LEBENS – UND WIE DU SIE AUSSCHALTEST

Die gedankliche Auseinandersetzung mit dem, was uns als Kind begeistert hat, kann auch ungemütlich sein: dann nämlich, wenn du dabei feststellst, dass du dich von deinen Leidenschaften gründlich entfernt hast. Und das, obwohl du immer das Gefühl hattest, das Richtige oder eben das in der Situation Mögliche zu tun.

Das kann seine Ursache darin haben, dass du die Ansichten anderer in deiner Umgebung unhinterfragt übernommen hast, wenn es um wichtige Lebensentscheidungen ging. Beispielsweise fremde Ansichten dazu, was »man« macht, was grundsätzlich möglich oder schicklich ist, oder auch, was du so für ein Mensch bist und wo deine ganz persönlichen Talente liegen. Auch dabei handelt es sich um eine Art von »Gedankenkidnapping«. Das ist allerdings noch weitaus tiefgehender als der Einfluss von Fernsehen oder Social Media. Die Destruktivität Letzterer besteht vor allem darin, deine Zeit zu fressen und dich mit ihren Tausenden Inhalten davon abzuhalten, dir darüber klar zu werden, was du wirklich willst. Doch beim erstgenannten Gedankenkidnapping ist das Perfide: Wenn du Einstellungen anderer Menschen übernimmst, denen du vertraust und die du magst, hast du schnell den Eindruck, dass es deine eigenen sind. Das beeinflusst ganz stark, was du willst – oder besser gesagt: zu wollen glaubst. Es hat auch Einfluss darauf, was du dir zutraust und was nicht und was du überhaupt – für dich und dein Leben – für möglich hältst. Und es hat riesigen

Einfluss darauf, wie du dich in bestimmten Dingen entscheidest.

Bei der Berufswahl wird das häufig besonders deutlich.

Weil du mit acht Jahren das Einmaleins nicht aus dem Effeff beherrscht hast, hat dein damaliger Lehrer gescherzt, dass du wohl niemals einen Beruf ergreifen wirst, bei dem man rechnen können muss. Die Bemerkung hat sich leider in deiner Selbstsicht eingraviert. Daraufhin hattest du deine gesamte Schulzeit über Angst vor Mathearbeiten und schreckst zehn Jahre später vor dem Meeresbiologiestudium zurück. Das ist zwar dein Traum, aber als du erfährst, dass man dafür Scheine in Statistik und Mathe machen muss, verwirfst du es wieder. So was Schweres, glaubst du, kannst du ja nicht.

Oder umgekehrt: In deiner Verwandtschaft wird immer wieder stolz betont, du würdest ja sicher »irgendwas mit Technik« machen mit deinen Begabungen. Also steuerst du ganz selbstverständlich einen solchen Beruf an und glaubst dabei auch noch, dass er deine eigene Wahl ist. Und das, obwohl du viel lieber Musiker geworden wärst. Davon hast du wiederum immer gehört, das sei »kein richtiger Beruf« und damit könne man »kein Geld verdienen« oder »nur, wenn man ganz viel Glück hat«. Weil dir das wie eine Lotterie vorkommt, ziehst du es nicht mal in Erwägung.

Solche Prophezeiungen müssen überhaupt nicht böse gemeint sein. Trotzdem können sie ähnlich wirken wie ein Fluch – und damit eine unheilvolle Kraft auf dich ausüben. Denn sie greifen direkt in das magische System von Idee, Imagination und Glaube ein. Vor allem, wenn wir solche Sätze als Kind hören, werden sie zum unhinterfragten Paradigma, weil unsere Psyche darauf eingestellt ist, von Vertrauenspersonen zu lernen. Wir hinterfragen nicht, wir nehmen auf.

Das Gute ist: Es ist nie zu spät, das Ruder herumzureißen. Du darfst dich zu jedem Zeitpunkt deines Lebens fragen: Gibt es etwas, was mich glücklich oder immerhin glücklicher macht? Selbst wenn du schon dein halbes Berufsleben in einem Job verbringst, den mehr oder weniger deine Eltern für dich ausgesucht haben, hast du die Lizenz zum Wechsel. Auch wenn du dir erst mit achtzig Jahren klar darüber wirst, dass es dir zum Glück fehlt, Modellflugzeuge zu entwerfen und zu konstruieren – vergeude keine Zeit, fang an, dein Leben jetzt noch zu verzaubern. Und wenn du dich nicht traust? Oder du keine Ahnung hast, wie es gehen könnte? Dann erinnere dich an Kapitel sechs und fang an zu spielen. Nämlich das »Denk doch mal, es geht!«-Spiel. Dann wird sich der Weg schon vor dir ausrollen – versprochen! (Wie das konkret gehen kann, obwohl man anfangs noch überhaupt keine Ahnung hat, wie sich ein Traum verwirklichen könnte, dazu werde ich dir später noch einige überraschende Geschichten erzählen.)

TU AUCH NICHT, WAS DU NICHT WILLST

Auch ich hätte mich beinahe davon abbringen lassen, einen Beruf zu ergreifen, bei dem ich das tun konnte, was ich liebe. Ganz einfach, weil es den passenden Beruf für mich noch nicht gab, nicht mal annäherungsweise – genauso wenig wie es das praktische, individuelle Fortbewegungsmittel gab, von dem Karl von Drais träumte, bis er später selbst das erste Fahrrad konstruierte.

Als ich in der achten Klasse war, bekamen wir in der Schule ein dickes Buch vom Arbeitsamt – so hieß die Agentur für Arbeit damals noch. In diesem Buch waren alle klassischen Berufe aufgelistet. Was nicht drinstand, so schwang unausgesprochen mit, das konnte man auch nicht machen. Unsere Aufgabe sollte es nun sein, herauszusuchen, was zu uns passt. Meine Klassenkameraden um mich herum fingen eifrig an zu blättern, und die meisten hatten bald einen oder mehrere Berufe ins Auge gefasst. Meine Suche war weniger erfolgreich. Zwar wusste ich noch nicht so genau, was ich will, aber ich wusste immerhin schon mal, was ich auf keinen Fall will. Nachdem ich mich von A bis Z geblättert hatte, war klar: Mein Beruf, also das, womit ich mich in meinem Leben beschäftigen würde, stand da leider definitiv nicht drin. Das hat mich sehr deprimiert. Auch bei der Berufsberatung, zu der ich eine Weile später geschickt wurde, kam nichts Gescheites raus. Etwas hilflos schlug mir der nette Mitarbeiter ein paar Tätigkeiten vor. Die meisten waren Bürojobs, in denen man als Sachbearbeiter oder administrativer Mitarbeiter sein Dasein fristete. Von Kreativität keine Spur. Ich schüttelte nur entsetzt den Kopf, in mir zog sich alles zusammen. Versteh mich nicht miss: Ich habe nichts gegen Büros, aber als ausschließlicher Arbeitsplatz für mich wäre das so, als sperrte man einen Vogel in einen winzigen Käfig, in dem er nicht mal die Flügel ausbreiten kann. Auch wenn ich noch nicht sehr alt war, hatte ich in meinem Leben bereits so viel Einsicht gewonnen.

Diese Erfahrungen waren sehr frustrierend und haben in mir eine trotzige Antihaltung provoziert. Ich habe innerlich deutlich NEIN gesagt, das will ich nicht! Inzwischen weiß ich: Dieses Nein hat das Leben, das ich heute führe und das zu hundert Prozent zu mir passt und mich erfüllt, überhaupt erst möglich gemacht.

NEIN IST EIN ZAUBERWORT

Falls du auch einen deutlichen Widerwillen spürst oder zumindest ein gewisses wiederkehrendes Unbehagen, solltest du das unbedingt ernst nehmen. Ob das nun eine anstehende Entscheidung betrifft oder etwas, was du bereits tust, vielleicht schon seit vielen Jahren, ist ganz gleich. Sogar, wenn du eigentlich weißt, was du willst, können andere Einflüsse – wie eben andere Ansichten davon, was du tun oder lassen solltest – die Verwirklichung deiner Wünsche und Träume empfindlich stören oder ganz blockieren. Das geschieht nicht, wenn du klar ein Stopp-Signal setzt, das dich selbst, aber auch andere daran erinnert, was gar nicht geht. Ein »Nein, *das* will ich nicht!« schärft einerseits deinen Fokus für das, was du willst, und bremst dadurch andererseits Synchronizitäten, die in eine Richtung gehen, die dir nicht gefällt. Darum möchte ich dich jetzt bitten, einmal zu überlegen, welche NEINs für dich wichtig sind. Also:

Was willst du auf keinen Fall – oder nicht mehr – in deinem Leben haben?

Schreibe die Antworten in dein Notizbuch, und wenn dich Zweifel überkommen, ob du etwas tun oder nicht tun willst, schau einfach nach, ob du die Sache mit deinen No-Gos vereinbaren kannst.

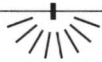

DHARMA ODER EUDAIMONIA: FINDE DEINE BESTIMMUNG

Ein wichtiger Aspekt bei allem, was wir tun – vor allem bei unserer Arbeit –, ist Sinn. Nur wer seine Tätigkeit als sinnvoll empfindet, empfindet sie auch als erfüllend und ist motiviert, ihr nachzugehen. Etwas zu tun, was dir Spaß macht, ist schon aus diesem Grund für dich persönlich sinnvoll. Aber wir sind soziale Wesen, und jede Sinnhaftigkeit wird noch verstärkt, wenn wir etwas tun, was auch andere Menschen, andere Lebewesen oder die Gesellschaft als Ganzes weiterbringt. Schon Aristoteles hat eine gelungene Lebensführung in der *Eudaimonia* gesehen. Das ist die Schnittmenge zwischen dem, was du besonders gut kannst, und dem, was die Gesellschaft gerade benötigt: deine eigentliche Bestimmung. *Eudaímōn* bedeutet ursprünglich »in Verbindung mit einem guten Geist«, eben dem *daímōn* – nicht zu verwechseln mit einem Dämon, dem in unserem heutigen Sprachgebrauch ja immer eine negative Bedeutung anhaftet.

Im Buddhismus gibt es den sehr ähnlichen Begriff des Dharma, das unter anderem als Lebenszweck übersetzt werden kann – der ursprüngliche Grund, weshalb das Göttliche im Einzelnen menschliche Gestalt angenommen hat. Egal, wie man es bezeichnet, nach der Schnittmenge von deinen Talenten und dem gesellschaftlichen Bedarf zu fahnden kann dir eine wertvolle Orientierung geben, wenn du auf der Suche nach einer neuen, befriedigenderen Ausrichtung deines Lebens bist.

Auch dieses Buch ist ein Ergebnis dieser Fragestellung. Als ich mir Gedanken darüber gemacht habe, welchen Themen ich mich in Zukunft widmen will und wie es mit meiner beruflichen Laufbahn weitergehen soll, habe ich mein Journal auf einer Doppelseite aufgeschlagen. Die rechte Seite habe ich überschrieben mit:

Was sind meine Talente?

Auf der anderen Seite habe ich notiert:

Was sind die Notwendigkeiten der Gesellschaft, in der ich gerade lebe?

Dabei kam ich zum Ergebnis, dass es eines meiner größten Talente ist, Menschen zum Staunen zu bringen. Und ich glaube aus tiefstem Herzen, dass die Welt gerade Wunder braucht. Heute mehr denn je. Darum ist es meine Bestimmung, zu zeigen, dass wir an einem magischen Ort und in einer magischen Zeit leben und dass jeder für sich und wir alle gemeinsam eine

wunderbare Welt erschaffen können. Ich bin der Wunderma-
cher, der philosophische Zauberer, dessen Aufgabe es ist, die
Menschen durch magische Momente zu inspirieren und den
Glauben wiederzufinden, dass alles möglich ist. Darum habe ich
mir »Für eine Welt voller Wunder« als Leitsatz gewählt.
Wie lautet deiner?

Freude an der Arbeit lässt das Werk trefflich geraten.

Aristoteles

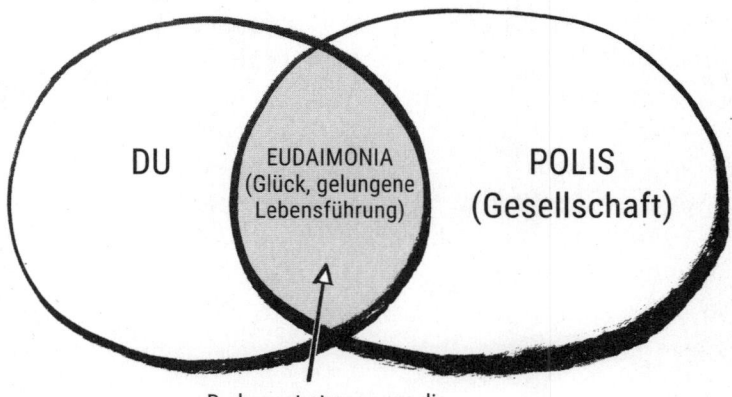

8

DIE FASZINIERENDE KRAFT DER RICHTIGEN WORTE: WIE WUNDER WAHR WERDEN, WENN DU DIE RICHTIGE GESCHICHTE ERZÄHLST

Für mich soll's rote Rosen regnen,
Mir sollten sämtliche Wunder begegnen.
Die Welt sollte sich umgestalten
Und ihre Sorgen für sich behalten.

Hildegard Knef

Im Englischen heißt ein Zauberspruch *spell*. Nimmt man die Herkunft des Wortes unter die Lupe, zeigt sich etwas Überraschendes! Im Altenglischen bezeichnete *spell* unter anderem eine Geschichte, aber auch etwas, das stellvertretend für etwas anderes steht. Diese zweite Bedeutung geht wahrscheinlich auf das Altenglische *gespelia* zurück, das »Substitut«, also »Ersatz« bedeutet. Und dieses Wort hat seine Wurzeln wahrscheinlich im althochdeutschen Wort *spilon* – spielen. Und da sind wir wieder: Ein Zauberspruch steht erstens für ein tatsächliches Ereignis. Zweitens erzählt er eine bestimmte Geschichte, und drittens »spielt« er, dass etwas eintritt – und genau dadurch wird das Gespielte wahr.

Wenn wir die Geschichte unseres Lebens nach unseren Wünschen schreiben wollen, sind Zaubersprüche ein fantastisches

Hilfsmittel. Durch sie verdichten wir unsere Wünsche zu ihrer Essenz. Dann ist es nur noch ein kleiner Schritt zu ihrer Verwirklichung.

Ich selbst trage einen ganz klassischen Zauberspruch als Tätowierung auf meiner Brust, nämlich *Abrakadabra*. Dieses Wort ist sozusagen der Urvater aller Zaubersprüche – aber alleine wirkt er nicht, sondern er muss mit einem konkreten Auftrag oder Wunsch kombiniert werden. Auch wenn sich *Abrakadabra* für unsere westlichen Ohren wie ein Fantasiegebilde anhört, hat es eine sehr bestimmte Bedeutung. Es stammt aller Wahrscheinlichkeit nach aus dem Aramäischen, also der Sprache, die man in der Zeit um Christi Geburt in Palästina sprach. In dieser Sprache kann *Abrakadabra* sowohl bedeuten:

Ich erschaffe, während ich spreche.

als auch:

Ich werde erschaffen, während ich spreche.

WORTE ORDNEN UND KREIEREN DEINE WELT

Beides ist wahr: Indem ich etwas ausspreche oder denke, erschaffe ich meine Welt – und mich selbst.

Das geschieht auf mehreren Ebenen.

Die erste Ebene: Die Geschichte, die ich mir über die Welt und über mich erzähle (bewusst in einem Zauberspruch oder auch unbewusst in meinen alltäglichen Erwartungen dazu, wie meine persönliche Wirklichkeit funktioniert), lenkt meine Wahrnehmung. Sie lässt mich das sehen, was mit den Bildern, die meine Worte transportieren, korrespondiert.

Man sagt, ein irischer Bauer kennt in seiner Heimat der saftigen Wiesen *fourty shades of green*, vierzig verschiedene Grüntöne. Gefunden habe ich zwar nicht vierzig, aber immerhin neun gälische Begriffe für Grün. Diese Begriffe sind die Voraussetzung dafür, dass ich diese neun Abstufungen auch wahrnehmen und auseinanderhalten kann, denn sie filtern die auf mich einströmenden Eindrücke. Kenne ich nur »Hellgrün« und »Dunkelgrün«, sehe ich auch nur diese beiden. Hier haben wir wieder das psychologische Phänomen der selektiven Wahrnehmung: Ich sehe, was ich kenne und worauf ich darum meine Aufmerksamkeit lenke.

Die zweite Ebene: Die Geschichte, die ich mir über die Welt erzähle, ordnet diese nach Vorgabe meiner Worte – oder besser gesagt: nach den Bildern, die diese Worte transportieren – subtil neu. Das geschieht zum einen über meine Handlungen, die ich bewusst im Einklang mit meiner Geschichte ausführe. Aber vor allem koordiniert mein Unterbewusstsein auch alle weniger bewussten Handlungen im Sinne meiner Geschichte – und zwar so, dass diese möglichst wahr wird. Es lässt uns automatisch all das unternehmen, was dazu notwendig ist. Dabei folgt es streng unserer Vorstellung – auch schon ganz jenseits von Zaubersprüchen. Wenn ich mich als erfolgreichen Businessmenschen betrachte, scheucht mein Unterbewusstsein mich vermutlich morgens beizeiten aus dem Bett und an meinen Computer, um mich um mein Geschäft zu kümmern, ohne dass ich mir das noch extra vornehmen muss. Fühle ich mich als Bohemien, der von Tag zu Tag lebt und mit wenig Geld auskommt, erlaubt es mir, auszuschlafen und mich dann erst mal bei einer Tasse Kaffee ein wenig meiner Lektüre von Oscar Wilde zu widmen.

Nicht nur allgemeine Vorstellungen davon, wie wir so sind, versteht unser Unterbewusstsein als Befehl. Auch wenn das Unterbewusstsein für uns ein konkretes Ziel verinnerlicht hat, lenkt es unser Tun. In meinem Fall könnte so ein Ziel zum Beispiel sein, ein neues Seminar aufzubauen. Dann untersucht mein Unterbewusstsein alles, was mir begegnet, automatisch wie ein Scanner daraufhin, ob sich das für das Seminar verwerten lässt. So bastelt es aus etwas Gelesenem vielleicht eine Übung, die mir in einem »Geistesblitz« einfällt. Es macht mich auf den »Zu vermieten«-Zettel im Schaufenster einer Galerie aufmerksam, die ein idealer Seminarraum wäre. Und es bringt mich dazu, mich beim Vermieter der Räumlichkeiten auch zu melden. So stellen wir unsere Wirklichkeit selbst her. Auch all dies ist psychologisch begründbar.

Die dritte Ebene: Hier kommt wieder die Magie ins Spiel: Die Worte, die ich mir über die Welt erzähle, und die Vorstellungen, die ich mir von ihr mache, sind nicht nur unserem Unterbewusstsein selbst Befehl. Das Unterbewusstsein gibt sie außerdem an das allem zugrunde liegende Bewusstsein weiter. Dieses soll auch sein Scherflein zu ihrer Verwirklichung beitragen. Und das tut es, indem es Geschehnisse, die nicht in unserem eigenen Handlungsspielraum liegen, in Übereinstimmung mit unseren Worten koordiniert.

Das geschieht vor allem immer dann, wenn wir die Gewissheit entwickeln, dass das, was wir wollen, auch eintritt. Die stark fokussierten Intentionen, die wir – zum Beispiel – in einen Zauberspruch hineinlegen, haben selbst die Kraft, Wirklichkeit zu unseren Gunsten zu verändern. Dass das nicht nur ein Märchen ist, sondern tatsächlich funktioniert, siehst du am Phänomen der Synchronizitäten.

Unser Denken ist also ein durch und durch schöpferisches Instrument – und das gilt auch für die Worte, die es lenken. Wenn wir zum Magier unseres Lebens werden, lernen wir, dieses Werkzeug zu beherrschen. Dazu gehört, wie wir schon gesehen haben, einerseits die Fähigkeit, die Gedanken zu kontrollieren und das Geplapper in unserem Kopf bei Bedarf zur Ruhe zu bringen. Das ist immer der erste Schritt. Danach können wir die Gedanken nach eigenem Gusto formen und damit auch unsere Wirklichkeit. Je besser ich mein Vorhaben oder meine Idee dabei auf den Punkt bringen kann – eben zum Beispiel kondensiert in einem kurzen Satz, dem Zauberspruch (oder auch: der Affirmation oder Suggestion) –, umso deutlicher und schneller werde ich den Effekt in der sogenannten »wirklichen Welt« sehen und Wunder erleben. Zaubern zwingt uns zur Klarheit und zur Hingabe an unsere Ziele und zieht genau daraus seine Kraft. Im nächsten Kapitel werde ich dir zeigen, wie du deine Wünsche zu einem Zauberspruch machst. Und ich werde dir eine jahrtausendealte magische Methode erklären, wie du sie zielgenau in die magische Sphäre einschleusen kannst. Das bedeutet aber nicht, dass Zaubersprüche nicht auch ohne magisches Ritual magisch wirken. Es ist wie beim Kochen: Wenn du die richtigen Zutaten hast, kannst du dir damit immer etwas Leckeres kochen. Dazu brauchst du nicht unbedingt ein Rezept. Aber gerade, wenn du mit dem Kochen noch nicht so viel Erfahrung hast, hilft dir ein Rezept dabei, dass das Gericht auch wirklich gelingt. Ein magisches Ritual ist sozusagen ein Kochrezept der Magie, das alles, worauf es ankommt, im richtigen Verhältnis zusammenstellt. Ein Ritual kann helfen, Gedanken zu beruhigen, damit diese nicht im entscheidenden Augenblick dazwischenfunken. Damit hilft es auch, sich vollständig zu fokussieren und dadurch in magische Stimmung – die Gnosis oder Trance – zu kommen. Und es hilft, Zweifel zu beseitigen und die Gewissheit zu stärken, dass »ich erschaffe, während ich spreche«. Je häufiger du mit Rezept kochst – oder nach Ritual zauberst –, umso besser wird dein Gespür dafür, worauf es ankommt. Und irgendwann brauchst du keines mehr: Dann brauchst du nur noch deine Gedankenkraft, um gezielt zu zaubern.

DREI WUNDER - IM SPRECHEN ERSCHAFFEN

Doch zunächst möchte ich deinen Glauben daran stärken, dass Zaubersprüche wirklich funktionieren, und dir Lust darauf machen, deine persönlichen Zaubersprüche zu finden und anzuwenden. Der Glaube, das haben wir ja schon gesehen, ist ganz entscheidend – erinnere dich an den Sheep-Goat-Effekt. Dazu will ich dir drei – im wahrsten Sinne – *wunder*volle Geschichten erzählen, die veranschaulichen, wie kreativ und oft überraschend Zaubersprüche auf die Realität einwirken. In einem Fall über viele Jahre hinweg, im zweiten mittelfristig über einige Monate und im dritten ganz spontan in einer Notsituation. Du siehst an den Geschichten auch, dass Zaubersprüche oft in ganz alltäglichem Gewand daherkommen. Die meisten Menschen merken es nicht einmal, wenn sie einen Zauberspruch aussprechen, und die magischen Synchronizitäten, die auf ihn folgen, halten sie für glückliche Zufälle.

Zu guter Letzt illustrieren die Geschichten die wichtigen Zutaten der Magie und zeigen dir, dass sie auch ohne »Rezept« möglich ist – sie steht jederzeit zu deiner Verfügung.

Alle Geschichten sind wahr, dafür verbürge ich mich.

EINE TRAUMFABRIK IM WALD

Es war einmal ein kleines Mädchen, das hieß Hanna. Das Mädchen lebte in einer großen Stadt, verbrachte aber seine Sommerferien immer in einem kleinen Dorf im Wald, wo seine Großeltern eine kleine Möbelfabrik besaßen. Hanna liebte es, durch die Halle mit den ratternden Maschinen zu streifen. Genauso liebte sie es, ihrer Großmutter dabei zuzuschauen, wie sie in ihrer Freizeit an einem alten Webstuhl selbst angebaute Leinen zu wunderschönen Tischläufern und Tüchern webte.

Eines Sommers, das Mädchen war zu einem fünfzehnjährigen Teenager herangewachsen und wieder zu Besuch im Walddorf (nicht mehr nur wegen der Großeltern, sondern auch, weil es sich dort im Jahr zuvor in einen Jungen namens Jacob verliebt hatte), suchte es einen Ferienjob. Auf gut Glück rief Hanna in einer Leinenmanufaktur im Nachbardorf an. Und dort hatte man etwas für sie. Während Hanna nun Touristen durch die Produktion führte, schloss sie diese kleine Fabrik ins Herz, in der sie ihre Liebe zu ratternden Maschinen und herrlichen Stoffen vereint fand. Und eines Abends sagte sie zu ihrem Freund: »Eines Tages kaufen wir die Leinenfabrik!« Sie hatte keine Ahnung, wie das vor sich gehen sollte, aber sie spürte eine große Gewissheit und Andacht, während sie diese Worte aussprach.

Das Mädchen wurde erwachsen, heiratete den Jungen und zog mit ihm in die Stadt. Beide ergriffen Berufe, die nichts mit Leinen oder Handwerk zu tun hatten. Doch für den Sommer kauften sich die beiden ein einfaches Ferienhäuschen ohne fließendes Wasser, ganz in der Nähe der alten Fabrik. Nach einiger Zeit bekamen sie ihr erstes Baby. Die Frage stand im Raum, ob die Stadt für ein Kind nicht der falsche Ort war – es blieb bei dem Gedanken. Doch dann kam Hannas und Jacobs dritter Hochzeitstag. Das Paar wollte sich etwas Besonderes gönnen und buchte ein Wochenende in einem Sternehotel an einem schönen See. Als sie dort mit ihrem Baby beim Abendessen saßen, traute Hanna ihren Augen kaum: Ein älteres Paar hatte den Speisesaal betreten. Sie erkannte Rolf, den Besitzer der von hier aus gut hundertfünfzig Kilometer entfernten Leinenmanufaktur, der offenkundig mit seiner Frau ebenfalls ein Wochenende am See verbrachte. Zufall? Hanna, inzwischen 29 Jahre alt, entschied: Nein, das ist ein Zeichen! Nach dem Essen fasste sie sich ein Herz, ging hinüber und stellte sich als die frühere Ferienjobberin vor. Man tauschte Höflichkeiten aus, unterhielt sich über den See und die Landschaft, bis Hanna es nicht mehr aushielt. Es platzte aus ihr heraus: »Verkaufen Sie? Ich nehm die Fabrik!« Nun war der Unternehmer perplex: Eben hatte er mit seiner Frau darüber gesprochen, dass es an der Zeit sei, einen Nachfolger zu finden, der die Fabrik übernahm, die in letzter Zeit nicht mehr gut lief. Doch er war skeptisch. War es gut, wenn sich so junge Leute blauäugig ein solches Projekt aufbürdeten? »Das ist kein Kinderspiel!«, gab er zu bedenken. Doch Hanna blieb am Ball. Es dauerte ein halbes Jahr, bis sie ihn überzeugt hatte, zu verkaufen – doch dann gab es das nächste Hindernis: Genügend Kapital hatte sie nicht, und keine Bank wollte ihr Geld leihen. Als Rolf das erfuhr, sagte er: »Dann kriegt ihr das Geld eben von mir!« Und so zog die kleine Familie in den Wald, in ihr Ferienhaus ohne fließendes Wasser und Strom. Der Zauberspruch hatte sich bewahrheitet.

Heute ist die Leinenfabrik wieder ein florierendes Unternehmen, das seine Produkte in die ganze Welt verschickt. Hanna und Jacob haben die Kollektion vorsichtig modernisiert, indem sie die traditionellen Stoffmuster mit zeitlosem Design ergänzt haben, und sie haben sich mit klugen Marketingmaßnahmen im Handel neu etabliert. Das Ferienhaus bauten die beiden daneben in Eigenregie aus, Stück für Stück. Inzwischen hat es fließendes Wasser, ein Badezimmer und einige Räume mehr. Das ist auch nötig, denn die Familie ist mittlerweile fünfköpfig.

MERKE: EIN ZAUBERSPRUCH ENTFALTET UNMERKLICH TIEF UNTER DER OBERFLÄCHE SEINE WIRKUNG

So märchenhaft all das klingt: Es hat sich genauso zugetragen, Hanna und Jacob leben in Schweden und sind Bekannte einer Freundin. Letztere hat eine Reportage über sie geschrieben und war völlig fasziniert von der Geschichte.[10] Hannas feierlicher

Schwur »Eines Tages kaufen wir die Fabrik!« war nichts anderes als ein hervorragender Zauberspruch: Getragen von der Emotion eines Herzenswunsches und glasklar formuliert. Außerdem aktionsbetont in seiner Aussage und dabei mit völliger Gewissheit geäußert. Mit diesen Zutaten braucht es gar kein magisches Ritual mehr.

Auch wenn Hanna viele Jahre lang – von außen betrachtet – nichts unternommen hat, um ihren Wunsch Realität werden zu lassen, hat sie ihn nie vergessen und immer mit sich herumgetragen. Sie hätte ja auch gar nichts tun können, denn die Fabrik lief gut und stand nicht zum Verkauf. Trotzdem hat sie jeden Sommer den Fabrikverkauf besucht, hat sich an ihren Traum erinnert und ihn so genährt. Hinzu kam, dass auch Jacob den Wunsch mittrug. Ohne in jeder wachen Minute bewusst daran zu denken, hatten die beiden im Unterbewusstsein eine starke Kraft geschaffen, die ununterbrochen den Zauber wirkte.

Erinnerst du dich an die Illustration in Kapitel zwei? Das Unterbewusstsein eines jeden steht in direktem Kontakt mit dem alles durchdringenden Bewusstsein. Also stand Hannas und Jacobs Unterbewusstsein auch mit dem des Fabrikbesitzers in Verbindung – und mit allen und allem anderen ebenfalls. So konnten im Verborgenen die Fäden gezogen werden, um beizeiten die richtigen Schritte einzuleiten. Das »zufällige« und unter traditionell-rationalen Gesichtspunkten völlig unerklärliche Zusammentreffen von Hanna und dem Fabrikbesitzer im Hotel am See war kein Zufall, sondern ein wunderbares Beispiel einer Synchronizität. Darüber hinaus war Hanna absolut bereit, die Gelegenheit, die sich ihr dadurch bot, beim Schopf zu packen und so selbst die weiteren Schritte zu tun, um ihren lang gehegten Traum endlich wahr zu machen.

Du siehst hier, dass Zaubersprüche nicht immer unmittelbar ein sicht- und greifbares Resultat zeigen. Und dass man für eine Erfüllung nicht wissen muss, wie diese vor sich gehen soll. Das heißt aber nicht, dass Zaubersprüche nicht wirken. Ein Zauberspruch behält über viele Jahre seine Wirkung – auch dann noch, wenn zwischendurch alles in eine andere Richtung zu weisen scheint.

Auch der Ausspruch, den ich mit sieben Jahren getan habe – »Ich möchte nie aufhören zu spielen« –, wirkt sich bis heute auf mein Leben aus. Damit komme ich zum nächsten Beispiel. Genau genommen sind es sogar drei Beispiele in einem.

NEUE HERAUSFORDERUNGEN, 100 000 EURO UND EINE BEGEGNUNG AUF DEM SCHLOSS
In meiner Karriere hatte ich mit 34 Jahren einen Punkt erreicht, an dem ich das Gefühl hatte, dass es so nicht weitergeht. Ich hatte zu dem Zeitpunkt seit über zehn Jahren im Varieté eine Show mit Mentalmagie gemacht, etwas, was mir anfangs den allergrößten Spaß gemacht hatte. In der Varietéwelt war ich inzwischen so was wie ein Star, und ich hätte damit sicher bis an mein Lebensende weitermachen können. Aber eines Abends stand ich auf der Bühne und ertappte mich dabei, während meiner Nummer zu überlegen, ob ich abends lieber Spaghetti oder eine Pizza essen wollte. Ich bekam einen Riesenschreck! Schlagartig wurde mir bewusst: Das geht so nicht weiter! Die Riesengaudi war zur Routine geworden. Und ich dachte sehnsüchtig: Ich möchte wieder etwas Neues tun, von dem ich nicht genau weiß, wie es ausgeht.

Nun war mir ausgerechnet vor wenigen Tagen ein Bescheid über eine Steuernachzahlung ins Haus geflattert – zusammen mit der Forderung nach erheblichen Vorauszahlungen. Geld, das ich gerade nicht hatte. Ich überlegte: Was müsste passieren, damit ich trotzdem ohne Druck etwas Neues ausprobieren könnte? Die Antwort lag auf der Hand: Ich müsste irgendwoher genügend Geld bekommen. Nun hatte ich vor Kurzem die Sigillen-Magie kennengelernt (siehe Ende von Kapitel 6) und dachte: Das probiere ich jetzt mal aus, kann ja nicht schaden. Der (Zauber-)Spruch, den ich niederschrieb war: ICH ER-HALTE EINHUNDERTTAUSEND EURO. Nicht, weil ich unbedingt so viel brauchte, aber ich fand, ein bisschen Startkapital für den Neuanfang könnte nicht schaden. Nach dem Sigillen-Ritual passierte einige Wochen nichts. Inzwischen hatte ich es tatsächlich schon wieder vergessen. Dann schob mir meine Frau morgens beim Frühstück die Zeitung rüber:»Guck mal!« Ich las, dass es eine Castingshow geben solle, die *The next Uri Geller*, in der der beste Mentalmagier Deutschlands gesucht wurde. Genau mein Gebiet. Die Prämie für den Sieger: 100 000 Euro. Um es kurz zu machen: Ich bewarb mich, wurde angenommen, durchlief alle Runden und – gewann. Mein erstes Problem war gelöst. Doch nicht nur das: Durch die Sendung war ich bekannter geworden. Einige Tage nach dem Finale rief mich eine PR-Agentin an und schlug vor, dass ich doch ein Buch schreiben solle übers Gedankenlesen. Da hatte ich auf einmal das Neue, das ich noch nie gemacht hatte und von dem ich nicht wusste, was dabei rauskommt. Nicht nur mein Sigillen-Zauber, auch der Wunsch, den ich vor ein paar Monaten in meinem emotionalen Schockmoment auf der Bühne losgeschickt hatte – *Ich möchte etwas Neues tun, von dem ich nicht genau weiß, wie es ausgeht* –, hatte magische Kräfte bewiesen.

Für meine Bücher las und recherchierte ich nun noch mehr als zuvor, besonders über magische Traditionen in aller Welt. Und während der Beschäftigung mit jahrtausendealtem Wissen tauchte eine faszinierende Figur immer wieder auf – und das war der Schamane. Ich las, dass der Schamanismus ursprünglich aus Sibirien und der Mongolei stammte. Plötzlich war ich ganz aufgeregt, denn ich dachte: Ich will da hin! Ja, ich reise in die Mongolei und schaue mir an, wie echte Schamanen arbeiten! Beseelt von der Idee machte ich mich sofort auf die Suche nach einem Schamanen, den ich in der Mongolei besuchen und der mir etwas beibringen könnte. Ein Klacks, dachte ich. Doch ich wurde eines Besseren belehrt. Ich habe gesucht. Und gesucht. Und gesucht. In Internetgruppen, in Foren, über Freunde und Bekannte. Über alle Kanäle, die mir einfielen – ohne Erfolg. Alle meine Anfragen blieben entweder unbeantwortet, oder ich erhielt ein knappes »Nein, das ist nicht möglich!« Nach einem halben Jahr hatte ich noch immer keinen Schamanen gefunden, der auch nur bereit gewesen wäre, mit mir zu sprechen. Sollte ich das Ganze abblasen? Aber da regte sich in mir Widerwillen, und ich dachte: Das wäre ja noch schöner, ich fahre da jetzt hin und gucke, was ich an Ort und Stelle erreichen kann. So buchte ich die Reise trotzdem.

Zwei Wochen bevor es losgehen sollte, war ich auf die Hochzeit eines guten Freundes eingeladen. Das Fest sollte auf einem Schloss bei Göttingen stattfinden. Ich war um einiges früher da und saß mit meinem Freund, dem Bräutigam, mitsamt seiner zukünftigen Frau im Hof des Schlosses. Als er mich fragte, was ich gerade so mache, brach mein Frust aus mir heraus: »Ach, Mensch, ja. Ich will in der Mongolei einen Schamanen treffen, aber ich finde einfach keinen – denn die haben natürlich keine Homepage. Ich weiß echt nicht, was ich machen soll. Ich fliege da zwar jetzt hin, aber ich kriege keinen Kontakt.« Ich seufzte, und mein Freund sagte: »Könntest du nicht ...« Was er sagen wollte, erfuhr ich nie, denn er brach ab und starrte mit großen Augen irgendwohin hinter meinen Rücken. Ich drehte mich um, um seinem Blick folgen zu können. Durch die große Toreinfahrt des Schlosses trat gerade ein unauffällig gekleideter Mann. Ihm folgte – in kompletter Montur mit Federhaube, traditionellem Gewand mit langen Stoffbahnen und umgehängter trapezförmiger Pferdekopfgeige – ein mongolischer Schamane. Ich war völlig geschockt.

Das gibt's doch nicht!, war alles, was ich im ersten Moment denken konnte. Wir waren mitten in einem abgelegenen und nicht gerade bekannten Schloss im Wald. Und ausgerechnet hier taucht ein mongolischer Schamane auf? Aber zum Nachdenken war keine Zeit. Natürlich war das *die* Gelegenheit, und so zwang ich mich, meine Verwunderung hintanzustellen. Ich ging zu den beiden Männern hinüber, erklärte, dass ich mich viel mit Schamanismus beschäftigt hätte, und lud beide zu einem Kaffee ein. Sie willigten sofort ein, und im Gespräch erfuhr ich, dass der Begleiter des Schamanen Professor für Medizin an der Universität Heidelberg war. Diesem war es, im Gegensatz zu mir, geglückt, einen – ebenden nun neben uns sitzenden – Schamanen zu finden und ihn obendrein zu überzeugen, vor den Medizinstudenten mit ihm zusammen einen Vortrag über Schamanismus zu halten. Es stellte sich heraus, dass der Schamane sogar gebrochen Deutsch sprach, weil er vor langer Zeit mal in der DDR studiert hatte. Der Vortrag war bereits über die Bühne gegangen, und er sollte am nächsten Tag nach Hause fliegen. Doch vorher wollte ihm der Professor noch ein bisschen was von Deutschland zeigen, unter anderem das Schloss. Darum waren sie also hier. Mit klopfendem Herzen brachte ich mein Anliegen vor. Der Schamane versprach sofort, mir einen Kontakt herzustellen, und wir tauschten E-Mail-Adressen und Telefonnummern aus.

Ich konnte mein Glück kaum fassen.

Nun ergriff der Bräutigam neben mir das Wort und sagte im Scherz: »Sagen Sie, können Sie als Schamane vielleicht auch schönes Wetter zaubern?« Er deutete auf die heranziehende Wolkenfront. Die Hochzeitsfeier sollte sich übers gesamte Wochenende hinziehen – und es waren Regen und Sturm angesagt. Zwar hatte das Brautpaar ein Zelt besorgt, aber trotzdem waren sie ein bisschen enttäuscht. Zu unserer Überraschung sagte der Schamane: »Kein Problem, da kann ich was machen!«

Dann erhob er sich und begann, seine Pferdegeige zu spielen und ihr Obertöne zu entlocken. Natürlich füllte sich der Platz schnell – alle, die irgendwo auf dem Schloss waren, kamen hinzu. Nach der Musik hielt der Schamane ein Ritual ab und segnete das Brautpaar. Zum Schluss sagte er: »Nun macht euch mal keine Sorgen, das Zelt braucht ihr nicht – ihr werdet wunderschönes Wetter haben.« Damit verabschiedeten die beiden Männer sich. Wir schauten nur zweifelnd nach oben in die Wolken, denn es hatte sich mittlerweile zugezogen ...

Tatsächlich hat aber auch dieser Zauber gewirkt. Es ist kein Tropfen Regen gefallen, die Wolken haben sich bald verzogen, und die Sonne kam heraus. Die Hochzeit wurde wunderschön und hatte nicht nur für die Brautleute, sondern auch für mich einen ganz besonderen Zauber.

MERKE: DIE ERFÜLLUNG VON ZAUBERSPRÜCHEN WIRD VON ENTSCHLOSSENER AKTION BEFLÜGELT

Diese Begegnung war für mich lebensprägend. Es war einer dieser absolut magischen Momente, in denen sich ein neuer Weg auftut. Auch wenn ich ja jemand bin, der allem »Unerklärlichen« offen gegenübersteht, verstärkte sich mein Glaube an Magie und alles, was damit zusammenhängt, noch einmal um ein Vielfaches. Den 100 000-Euro-Gewinn hätte ich mir auch noch anders erklären können, aber jetzt spürte ich mit Gewissheit: Da draußen ist das Universum oder eine höhere Kraft. Und wenn ich es zulasse, werde ich von dort aus unterstützt. Um es im Sinne Gertrude Schmeidlers zu sagen: Falls in mir auch nur noch ein kleiner Funken einer skeptischen *goat* gesteckt hatte, war ich ab sofort ein hundertprozentiges *sheep*, ein gläubiges Schaf.

Der Zauberspruch in diesem Fall war das mit positiven Emotionen aufgeladene: *Ich reise in die Mongolei und schaue mir an, wie echte Schamanen arbeiten!* Auch hier war dank meiner Gewissheit und Entschlossenheit kein weiteres Ritual nötig. Hier sieht man außerdem deutlich, dass man einen in einen Zauberspruch gegossenen Wunsch nicht unbedingt vergessen muss, damit er wirkt: Von Vergessen – wie in der Sigillen-Magie – konnte ja keine Rede sein, mein bewusstes Handeln war ja ganz auf die Verwirklichung des Plans ausgerichtet. Dabei habe ich nie die Gewissheit verloren, dass die Reise stattfinden wird, und ich bin auch immer davon ausgegangen, das Problem des fehlenden Kontakts lösen zu können, wenn ich auch nicht wusste, wie. Durch mein zielgerichtetes Agieren habe ich meinem Unterbewusstsein – und damit auch allen damit verknüpften Kräften und Mächten – das deutliche Signal gegeben, es ernst zu meinen. Während ich an der Oberfläche aktiv war, Reiseführer gelesen und Infos über die Mongolei zusammengetragen habe, hat mein Unterbewusstsein im Verborgenen agiert und über seinen Kontakt zum alles verbindenden Bewusstsein Synchronizitäten in Gang gesetzt. Auf diese Weise wurden dann »Zufälle« koordiniert, wie der, dass die Wahl des Medizinprofessors bei der Sightseeingtour für seinen Gast just auf das Schloss fiel und nicht auf eine andere Sehenswürdigkeit.

Die Lehre, die jeder daraus ziehen kann, lautet: Alles, was wir mit Leidenschaft und Entschlossenheit angehen, wird vom großen Ganzen hilfreich unterstützt! Darin liegt auch die Kernaussage des alten Spruches: Hilf dir selbst, dann hilft dir Gott! Das Sprichwort, das es in dieser oder ähnlicher Form in sehr vielen Sprachen der Welt gibt, beweist, dass man diesen Zusammenhang überall auf der Welt intuitiv erkannt hat.

In der Mongolei erfuhr ich dann übrigens, warum es so außerordentlich schwierig gewesen war, von Deutschland aus einen Schamanen zu kontaktieren. Als ich den ersten Heiler besuchte, sagte der sofort: »Ich will nicht, dass du meinen Namen nennst, denn ich will nicht, dass mehr Touristen herkommen.« So war es auch beim zweiten und dritten. Die Schamanen sind nach ihrer bewegten Geschichte, die von Verfolgung durch Buddhisten und Unterdrückung im Sozialismus geprägt war, misstrauisch geworden. Sie wollen in Ruhe den Schamanismus wieder zu ihrer eigenen religiösen Weltanschauung machen und dabei vermeiden, dass sich ein Heil-Tourismus entwickelt wie in Indien, der den Schamanismus nur verwässert. Trotzdem waren alle bereit, mir zu zeigen, wie sie arbeiten, und ich lernte sehr viel über heilende Massagen und Körperberührungen und Gespräche mit den Ahnen.

Ob vielleicht Ahnen als Schutzengel in der letzten Beispielgeschichte hinter den Geschehnissen stecken oder ob es sich hier um einen eindrucksvollen Fall von Telekinese handelt – also dem Bewegen von Objekten durch Gedankenkraft –, weiß ich nicht. Fest steht, dass hier ein spontaner Zauberspruch Wunder gewirkt hat.

BIS VOR DIE TÜR

Eine Freundin fuhr mit ihrem Auto nachts auf der Autobahn auf dem Weg von Hamburg nach Köln, wo sie lebte. Sie freute sich darauf, nach der langen Fahrt nach Hause zu kommen, und hatte noch gut fünfzig Kilometer vor sich, als der Wagen plötzlich in voller Fahrt ausging und nur noch rollte. Nach ein, zwei Schrecksekunden sprang er von selbst wieder an. Sie fuhr ein paar Minuten, dann wiederholte sich das Spiel. Zum Glück war um diese späte Uhrzeit kaum Verkehr, trotzdem hielt sie sich auf der rechten Spur, immer bereit, auf den Standstreifen zu wechseln und anzuhalten. *Ich fahre direkt zur Werkstatt*, sagte sie sich, *wenn ich erst zu Hause parke, springt der Wagen garantiert nicht wieder an. Los, Kleiner, das hältst du durch – nur bis zur Werkstatt!*, feuerte sie das Auto an und stellte sich vor, ihrem Wagen Energie zu schicken. Sie war froh, dass sie keiner hören konnte, weil sich ihre Freunde schon hin und wieder über ihr emotionales Verhältnis zu ihrem fahrbaren Untersatz lustig gemacht hatten. Die Aussetzer des Wagens setzten sich fort und wurden immer länger, aber da sie durch den Fahrtschwung immer weiterrollte, ging es trotzdem voran. Schließlich hatte sie die Ausfahrt erreicht. In der Stadt musste sie drei Ampeln passieren. Das war kritisch, denn jedes Anhalten trug das Risiko in sich, dass der Wagen nicht mehr weiterfuhr. Doch sie passierte alle drei bei wundersamer grüner Welle. Endlich setzte sie den Blinker, um in die Straße einzubiegen, in der die Werkstatt lag. Ein paar Meter hinter der Ecke ging der Motor ganz aus und war nicht mehr wiederzubeleben. Zum Glück war die Straße leicht abschüssig, und sie rollte. Erst noch recht schnell, dann immer langsamer. Als sie die Werkstatt erblickte, wo schon ihr Mann auf sie wartete, den sie von unterwegs angerufen hatte, bewegte sich der Wagen nur noch im Schneckentempo. Doch er rollte bis exakt vors Tor, ohne dass sie die Bremse auch nur antippte. Sie warf den Autoschlüssel mit einer Notiz und einer Entschuldigung, dass sie so unverschämt die Einfahrt blockierte, in den Briefkasten – und machte sich auf den Weg nach Hause.

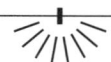

MERKE: MAGIE LÄSST SICH TATSÄCHLICH ERFAHREN

Der Zauberspruch war in diesem Fall natürlich das Anfeuern des Autos: *Los, Kleiner, das hältst du durch bis zur Werkstatt!* Die Aufforderung wurde bis ins Detail wahr, denn der Wagen fuhr nicht einen Zentimeter weiter als gefordert. Auch hier gab es kein Ritual, aber eine starke Emotion – und danach eine andauernde Fokussierung auf das erwünschte Ergebnis. Hinzu kommt, dass wir beim Autofahren gerade bei längeren Fahrten fast immer automatisch in eine leichte Trance fallen – die Konzentration auf das vor uns herfließende Asphaltband und das monotone Fahrgeräusch helfen dabei. Darum haben wir auch oft, wenn wir lange unterwegs gewesen sind, ein »Huch, schon da?«-Gefühl, so, als würden wir gerade aufwachen – und wir fragen uns, wo die ganzen Kilometer geblieben sind.

Der Zustand, der durch ein magisches Ritual bewusst hervorgerufen wird, die Gnosis, hat sich hier also von selbst hergestellt, und darum war der Zauberspruch auch unmittelbar wirksam.

Wenn du das nächste Mal allein mit dem Auto unterwegs bist und keine Lust hast, Musik oder ein Hörbuch zu hören, kannst du diesen Umstand nutzen und einen Wunsch in Gedanken halten. Auch Ausdauersport, der auf rhythmischer Bewegung basiert, wie Laufen, Skilanglauf oder Fahrradfahren, rufen oft auf ähnliche Weise Trance hervor.

Oder du machst es wie in der folgenden Übung, die besonders gut funktioniert, wenn wir uns in irgendeiner Form in einer Vorwärtsbewegung befinden.

DER GROSSE MAGNET
Stell dir vor, du bist ein Magnet. Dir fliegt das zu, was du haben möchtest. Du kannst dir vorstellen, wie von überallher Liebe zu dir unterwegs ist. Wie sich unentwegt Geld auf den Weg in deine Richtung macht. Wenn du willst, dass sich ein alter Freund endlich wieder bei dir meldet, denke an ihn und stelle dir vor, wie du seine Gedanken anziehst.

Falls du gerade nicht im Auto unterwegs bist, kannst du dich alternativ natürlich auch wieder für einige Minuten auf das Ein-

und Ausströmen deines Atems konzentrieren oder einen Punkt vor dir fixieren, dich damit in eine leichte Trance versetzen und dann die Magnetvisualisierung ausführen.

Doch kommen wir nun zu deinen persönlichen Zaubersprüchen – und womit *du* sie beflügeln kannst.

9

PERSONALISIERTE MAGIE: FINDE HERAUS, WAS DICH BEFLÜGELT, KREIERE DEINEN ZAUBERSPRUCH – UND ERLEBE DIE JAHRTAUSENDEALTE VERBINDENDE KRAFT DES VIELLEICHT ÄLTESTEN RITUALS DER WELT

Wer etwas will, findet Wege.
Wer etwas nicht will, findet Gründe.
Herkunft unbekannt

Liest oder schaust du gerne Krimis? Darin fragt der leitende Ermittler immer nach dem Motiv, das hinter einer Tat steckt. Denn das Wissen, warum jemand etwas getan hat, kann direkt zum Täter führen. Dabei sind die Motive im Krimi oft starke Emotionen wie Neid, Eifersucht, Hass, Rache, Gier, Machthunger, Angst. Manchmal auch Liebe für jemanden, der die Tat aus wiederum ganz eigenen Gründen einfordert oder der durch das Ergebnis der Tat geschützt werden soll.

Ich gehe jetzt einmal stark davon aus, dass du *nicht* vorhast, kriminell zu werden. Aber die Lehre, die man aus Kriminalfällen – erdachten und tatsächlichen – ziehen kann, ist: Es sind in den meisten Fällen Emotionen, die Menschen dazu bringen, aktiv zu werden und Grenzen zu überschreiten. Darum ist die Frage nach dem Motiv auch dann interessant, wenn es um unsere persönlichen und ganz und gar ehrbaren Herzenswünsche und Vorhaben geht. Denn auch bei deren Verwirklichung überschreiten wir bisherige Grenzen. Wenn auch nicht die des Gesetzes und auch, wenn das »Motiv« in diesem Fall Motivation heißt.

Es handelt sich in beiden Fällen um die Frage nach dem »Warum«.

WERDE ZUM DETEKTIV IN EIGENER SACHE UND FINDE DEIN MOTIV

Ich möchte dich nun bitten, dir noch einmal die Liste mit deinen Wünschen, Träumen und Vorhaben anzuschauen, die du in der Amulett-Übung in Kapitel sieben erstellt hast. Bevor wir unsere Wünsche in Zaubersprüche umwandeln, sollten wir zum Detektiv in eigener Sache werden und unsere Motivation unter die Lupe nehmen. Erstens möchtest du ja nichts »beim Universum bestellen«, das dir bei näherer Betrachtung eigentlich völlig schnuppe ist. Zweitens braucht es, damit größere oder langfristige Vorhaben oder Wünsche wahr werden, eine sogenannte intrinsische Motivation, die mit Emotionen verknüpft ist. Intrinsisch bedeutet »innerlich«, es handelt sich also um einen Beweggrund, der in uns selbst liegt. Nur dann gelingt es zuverlässig, den Wunsch in einem magischen Ritual ins Unterbewusstsein zu schleusen, von wo aus er weiter seine maximale Zauberkraft entfalten kann. Anders gesagt sind die mit der intrinsischen Motivation verknüpften Emotionen der Raketentreibstoff, der deine Wünsche in die magische Sphäre schießt. Diesen Treibstoff gab es auch in allen drei Beispielgeschichten aus dem vorigen Kapitel reichlich.

In meinen Seminaren mache ich immer eine spannende Übung, die genau diese intrinsische Motivation zum Vorschein bringt. Außerdem präzisiert sie diese im Detail und wandelt sie schließlich in ein Symbol um. Das ist nützlich, denn es hilft dabei, innere Widerstände zu überwinden, die selbst bei Herzenswünschen manchmal im Weg stehen können. Noch verbreiteter sind solche Blockaden allerdings bei typischen Neujahrsvorsätzen. Zum Beispiel bei Vorhaben, wie sich mehr zu bewegen, abzunehmen, sich endlich mehr Zeit für sich selbst einzuräumen oder mit dem Rauchen aufzuhören. Alles, was mit neu zu etablierenden Gewohnheiten zu tun hat, die erst einmal die routinierte Ordnung in unserem Gehirn durcheinanderbringen und im ersten Moment zu einem Mehrverbrauch an Energie führen. Dagegen hat unser Gehirn starke Einwände, das haben wir ja schon in Kapitel fünf gesehen. Darum setzt es alles daran, uns in die Bahnen unserer alten Routinen zu locken.

In diesen Fällen reicht unsere intrinsische Motivation oft noch nicht ganz aus, um den entscheidenden ersten Schritt zu tun. Erschwerend kommt hinzu, dass wir dann dazu tendieren, den Fokus auf Hindernisse zu legen. Ein klassisches Beispiel: Du hast dir vorgenommen, etwas für deine Fitness zu tun. Deine Freundin weiß das und sagt zu dir: »Hey, dann komm doch endlich mal mit ins Gym. Die haben die besten Geräte, und du bist danach so richtig schön ausgepowert!« Und du antwortest: »Ich will aber nicht ausgepowert sein! Und was interessieren mich Geräte?« Hier hilft es, wenn du dich auf die Suche nach einer Emotion machst, die du mit deinem Vorhaben verknüpfst und die deine intrinsische Motivation befeuern kann. Diese Emotion könnte sein, dass du dich wieder energiegeladen und leistungsfähig fühlen willst. Wenn du nun aktiv deinen Fokus darauf legst, entwickelt dein Vorhaben eine ganz andere Zugkraft. Die mit deinem Wunsch einhergehende Vorstellung ist plötzlich unwiderstehlich geworden.

Bevor wir nun zur versprochenen Übung kommen, mit der du diese positive Motivation hervorkitzeln kannst, habe ich noch ein paar praktische Anmerkungen:

- Zieh dich für die Übung mit deinem Notizbuch an einen ruhigen Ort zurück und nimm dir ausreichend Zeit. Für die gesamte Übung brauchst du mindestens eine halbe Stunde. Alternativ kannst du die Übung auch aufteilen und immer so viele Fragen beantworten, wie du schaffst. Wichtig ist, dass du das ohne Eile tust.
- Beginne erst einmal mit einem einzigen Wunsch oder Vorhaben von deiner Liste.
- Zur Übung gehört im vorletzten Punkt auch eine Meditation.

Hier die Möglichkeiten, mit einem Meditationsskript zu arbeiten

Du kannst das Skript zunächst ein- oder zweimal lesen und dir einprägen, worum es geht. Es ist nicht wichtig, den genauen Wortlaut im Kopf zu behalten, es kommt nur darauf an, dass du eine Vorstellung davon entwickelst, was zu tun ist. Danach kannst du die Augen schließen und dir alles aus der Erinnerung vorstellen.

Du kannst auch, bevor du mit der Übung beginnst, das Skript langsam vorlesen und es dabei aufnehmen, zum Beispiel mit deinem Handy. Das kann auch eine andere Person übernehmen, falls du nicht so gern deine eigene Stimme hörst (das ist allerdings Gewöhnungssache). Wichtig ist, dass der Sprecher dem Skript in Gedanken folgt, damit er genügend Pausen macht. Anschließend kannst du die Meditation mit Kopfhörern anhören.

Du kannst dir das Skript von deinem Partner oder einem Freund »live« vorlesen lassen.

Die einfachste Variante: Du kannst den Text Stück für Stück lesen. Lies einen Abschnitt, dann schließe die Augen und befolge das Gelesene. Anschließend öffnest du die Augen wieder und liest den nächsten Abschnitt, schließt wieder die Augen – und so weiter. Hierbei ist besonders wichtig, dass du ungestört bist. Wie du bereits weißt, ist auch fokussiertes Lesen immer von einer leichten Trance begleitet, die bereits ausreicht, um eine Wirkung zu erzielen.

Doch nun lass uns loslegen.

WIESO, WESHALB, WARUM

1. Warum möchtest du, dass dein Wunsch erfüllt wird?/Warum möchtest du das, was du dir vorgenommen hast, tun?

Möchtest du in ein Haus im Grünen ziehen, könnte deine Antwort lauten: Damit wir mehr Platz haben und in besserer Luft wohnen. Willst du zehn Kilo leichter sein, lautet die Antwort möglicherweise: Weil mein Arzt gesagt hat, ich muss abnehmen. Oder: Weil ich wieder in meine alte Jeans passen will. Oder etwas ganz anderes. Schreibe die Antwort in dein Journal.

2. Bitte beurteile auf einer Skala von 0 bis 10, wie hoch deine Bereitschaft ist, dein Vorhaben anzugehen/die Erfüllung deines Wunsches in deinem Leben manifestiert zu sehen. 0 bedeutet »Ich bin überhaupt nicht bereit!« und 10 bedeutet »Ich bin absolut bereit!«.

Schreibe die Zahl auf. Sie versieht äußere und innere Widerstände, die der Erfüllung deines Wunsches bzw. der Umsetzung deines Vorhabens im Weg stehen können, mit einem Wert. Dass du nicht den höchsten Wert wählst, kann viele Gründe haben, die nicht unbedingt etwas darüber aussagen, wie wichtig dir etwas ist. Der unmittelbaren Haus-im Grünen-Wunscherfüllung könnte zum Beispiel im Weg stehen, dass du in deiner Mietwohnung eine Kündigungsfrist hast. Es können aber auch sehr subtile Widerstände vorhanden sein – dass man zum Beispiel Angst vor der Verantwortung eines Hausbesitzes hat, weil man sich dann ja zum Beispiel auch um den Garten und Reparaturen kümmern muss. Im Falle des Gewichtsverlustes könnte es sein, dass man seine Speckrollen auch als einen Schutzpanzer empfindet oder keine Lust hat, sein Verhalten zu ändern, also mehr Sport zu treiben oder von seinen Essgewohnheiten abzurücken.

3. Warum hast du keine geringere Zahl gewählt?

Du hast jetzt vermutlich erwartet, dass ich frage, warum du keine höhere Zahl genannt hast, stimmt's? Die umgekehrte Fragestellung ist aber für dich viel interessanter, denn sie ist die andere Seite der Medaille: Sie bringt dich dazu, deine Motivation zu formulieren, und vor allem, zu erkennen, dass du trotz aller Widerstände wirklich willst! Schreibe die Antwort auf. Zum Beispiel: Weil ich schon ewig von einem Haus im Grünen träume. Im Falle des Abnehmens: Weil ich mich ja schon total gerne wieder fitter fühlen will.

4. Nun stelle dir vor, das, was du dir wünschst oder vorgenommen hast, ist auf wundersame Weise bereits eingetreten. Wie hat sich deine Zukunft positiv verändert?

Schreibe auf, wie deine wundervolle Zukunft aussieht. Wenn du zum Beispiel im Haus im Grünen wohnst, hast du vielleicht endlich Platz für ein Atelier zum Malen, die Kinder können im Garten spielen. Du kannst alte Möbel, die du eingelagert hast, endlich aufstellen. Du hast Platz, um auch Gäste über Nacht zu beherbergen. Und so weiter. Im Falle des Abnehmens: Wenn du wieder in deine Jeans passt, musst du keine neue kaufen. Du gefällst dir wieder besser im Spiegel. Du fühlst dich leicht und beschwingt und schön. Beim Tanzen schwabbelt nichts mehr. Du bekommst Komplimente. Und so weiter. Doch es geht noch weiter:

5. Was ist dir an dieser Zukunftsvision ganz besonders wichtig?
Hier geht es darum, aus allen Gründen den wichtigsten herauszufiltern. Vielleicht ist dir beim Haus im Grünen am wichtigsten, mehr Freiraum zu haben, weil deine Kinder raus in den Garten können, ohne dass du sie ständig beaufsichtigen musst. Und daran, wieder in die Jeans zu passen, findest du besonders toll, dass du dich wieder sexy und jung fühlst.

6. Was ist dir wiederum so wichtig daran?
Die Präzisierung geht weiter. Vielleicht lautet deine Antwort hier: Wenn die Kinder sich in Haus und Garten alleine beschäftigen können, kann ich endlich wieder mein altes Hobby, das Malen, wiederbeleben. Oder: Wenn ich mich schön fühle, habe ich mehr Lust auf Sex.

7. Was ist dir wiederum daran wichtig?
Vielleicht: Weil ich mich danach sehne, mich kreativ zu verwirklichen. Oder: Weil unsere Beziehung in der Hinsicht etwas eingeschlafen ist und ich etwas dagegen tun möchte.

8. Was ist dir wiederum daran wichtig?
Jetzt kommst du langsam zum emotionalen Kern deiner Motivation. Hier könnte zum Beispiel herauskommen, dass du endlich wieder einmal ganz bei dir selbst sein willst, ohne Fremdbestimmung. Und beim Jeansprojekt: Du möchtest deine Partnerschaft wieder so aufregend wie am Anfang machen.

9. Was ist ein Symbol für diesen Kern deiner Motivation?
Spüre in dich hinein, welches Bild vor deinem inneren Auge erscheint, wenn du an deine Kernmotivation und dein Gefühl dabei denkst. Vielleicht eine schöne Blume. Eine Person. Eine Farbe. Ein Geräusch. Egal was, alles ist erlaubt.

10. Meditation: Werde zu deinem Symbol.

Suche dir einen Platz, wo du mindestens eine Viertelstunde ungestört bist.

Setze dich bequem und gerade hin.
Deine Hände liegen auf den Oberschenkeln.
(Mach die Augen zu.)
Lächle.
Konzentriere dich auf deinen Atem.
Atme tief in den Bauch ein.
Und wieder aus.
Ein.
Und aus.

Nun richte deine Aufmerksamkeit nach innen.
Stelle dir jetzt dein Symbol vor.
Mache es klein.
Immer kleiner.
Und kleiner.
Bis es nur noch so klein ist wie ein Samenkorn.
Dein Symbol ist nun ein Samenkorn,
das deine gesamte Motivation in sich trägt.

Lasse diesen Samen tief in deine Seele fallen.
Jeder Atemzug nährt nun den Samen deines Symbols.
Es wächst in dir.
Wird größer.
Und größer.
Und größer.
Bis du ganz von dem Symbol erfüllt bist.

Nun schau mit den Augen des Symbols.
Sieh, was das Symbol sieht.

Nun höre mit den Ohren des Symbols.
Höre, was das Symbol hört.

Nun spüre die Gefühle des Symbols.
Fühle, was das Symbol fühlt.

Lasse jetzt das Symbol wieder kleiner werden.
Es wird kleiner.
Und kleiner.
Und kleiner.
Bis es wieder so klein ist wie ein Samenkorn.
Du weißt nun, dass du das Samenkorn in dir trägst.
Du weißt, du kannst es jederzeit wieder wachsen lassen,
wenn du Motivation brauchst.
Nun konzentriere dich wieder auf deinen Atem.
Atme tief in den Bauch ein.
Und wieder aus.
Ein.
Und aus.
Richte langsam deine Aufmerksamkeit wieder nach außen.
Spüre, wie du von frischer Kraft durchströmt wirst.
(Und schlage die Augen auf.)

Immer wenn du in Zukunft Motivation brauchst, kannst du den Samen, in dem sie enthalten ist, sofort in dir wachsen lassen, bis du vollständig von deiner ganz persönlichen Motivation erfüllt bist.

11. Was ist dein nächster Schritt, um dein Vorhaben oder die Erfüllung deines Wunsches in dein Leben zu bringen?

Schreibe spontan auf, was du als Nächstes tun kannst, um dein Vorhaben oder deinen Wunsch in dein Leben zu bringen. Der erste Schritt zur Wunscherfüllung ist der wichtigste, denn wenn wir einmal in Bewegung sind, wächst die Wahrscheinlichkeit enorm, dass wir den Weg zum Ziel auch weitergehen.

Diese Übung ist bereits für sich genommen sehr wirksam – und logischerweise sehr motivierend.

In der Fragerunde (Punkt eins bis acht) wird sofort entlarvt, wenn wir etwas nur »wollen«, weil wir Ansichten und Erwartungen unserer Umgebung übernommen haben. Sie gibt uns damit die Gelegenheit, untergeschobene Kuckuckseier aus unserer Liste zu streichen, an die wir nur unsere Energie verschwendet hätten. Sie enthüllt auch, wenn wir etwas aus einem Impuls heraus auf unserer Wunschliste aufgeführt haben, was uns im Grunde unseres Herzens eigentlich relativ egal ist. Zum Beispiel hast du vielleicht »Ach, so ein Bulli wäre auch nicht übel« gedacht, weil dein Nachbar just in dem Moment mit seinem Bulli an deinem Fenster vorbeigefahren ist, als du deine Wünsche aufgeschrieben hast. Wenn du die ersten acht Fragen beantwortest, merkst du dann schnell, dass in dir nichts ist, was diesen Wunsch wirklich unterfüttert.

Kurz: Diese Übung trennt die Spreu vom Weizen. Sie filtert unsere wirklich brennenden Wünsche heraus. Sie trainiert uns auch darin, diese Wünsche zu visualisieren und damit bereits in der Zukunft zu verankern (Punkt vier). Und sie fördert die zugrunde liegenden Emotionen zutage, die uns beflügeln und dazu führen, dass unser Unterbewusstsein ohne Wenn und Aber unseren Wunsch oder unser Vorhaben akzeptiert. Mit diesen Schritten einher geht bereits eine magische Wirkkraft, die du aber durch ein Ritual noch verstärken kannst.

Dadurch, dass wir unsere Kernmotivation in ein Symbol gießen, wird diese gemeinsam mit den damit einhergehenden Gefühlen jederzeit abrufbar – nicht nur in einem magischen

Ritual, sondern auch in jeder Alltagssituation, in der du ein bisschen Aufmunterung benötigst. Kommen wir nun zum nächsten magischen Instrument, dem Zauberspruch.

SO MACHST DU AUS DEINEN WÜNSCHEN ZAUBERFORMELN

Du musst nicht unbedingt deine großen Herzenswünsche hernehmen, die folgende »Bauanleitung« funktioniert genauso gut mit jedem anderen, kleineren Wunsch. Also zum Beispiel, wenn dir ein guter Einfall zur Lösung eines akuten Problems fehlt oder du das ideale Geschenk für die anspruchsvolle Tante finden willst oder wenn du ganz einfach einen wunderbaren Tag erleben willst.

Egal, was dein Begehr ist, achte grundsätzlich immer auf folgende Punkte:

BAUANLEITUNG FÜR ZAUBERSPRÜCHE

1. Bringe den Aktions-Aspekt deines Wunsches zum Ausdruck, indem du ein *Verb in der Gegenwartsform* benutzt: *Ich* **bekomme** *einen Blumenstrauß* oder *Ich* **ziehe** *in eine Fünfzimmerwohnung mit Balkon und Badewanne in der Südstadt.* Dadurch entsteht ein Gefühl von Gewissheit – und ein Gefühl von Bewegung aufs Ziel zu. Im Falle des Blumenstraußes siehst du vor deinem inneren Auge nicht nur ein schönes Bouquet, sondern zudem, wie man es dir in die Hand drückt. Im anderen Beispiel entsteht planvolle Geschäftigkeit: das Packen der Umzugskartons, das Aussuchen von Möbeln, deine Kinder, die bestimmen, wo ihre Sachen hinkommen … All das macht dieses Vorhaben direkt viel konkreter und greifbarer.

2. Vermeide es, zu sagen, dass du dir etwas wünschst, du etwas erbittest, willst, dass du etwas gerne hättest, schön

oder gut fändest. Dadurch wird in dir ein indifferentes Gefühl von »Kann passieren, kann auch nicht passieren, schaun mer mal« hervorgerufen. Damit setzt dein Unterbewusstsein nur dieses Gefühl um – und nicht das, was du haben willst. Sage also **nicht**: *Eine Fünfzimmerwohnung mit Balkon und Badewanne in der Südstadt wäre schön.* Ebenso wenig: *Ich hätte gern/Ich wünsche mir/Ich bitte um eine Fünfzimmerwohnung mit Balkon und Badewanne in der Südstadt.* Merke dir: Du bittest nicht, du bist dir sicher, dass du bekommst.

3. Formuliere niemals etwas, was du nicht willst. Also *nicht*: *Bloß keine Miniwohnung in der Nordstadt.* Welche Vision erscheint in deinem Kopf, die dein Unterbewusstsein als deinen Wunsch missverstehen könnte? Richtig: eine Miniwohnung in der Nordstadt. Finde stattdessen das positive Gegenstück – eben genau das, was du haben willst. Das führt zu:

4. Benutze Sprache, die Bilder vor deinem inneren Auge erscheinen lässt. *Ich ziehe in eine Fünfzimmerwohnung mit Balkon und Badewanne in der Südstadt.* Unser Unterbewusstsein arbeitet mit Bildern und Gefühlen – Worte sind ein Weg, diese Bilder und Gefühle hervorzurufen. Während dir das Verb – siehe oben – ein Gefühl von Aktion gibt, erzeugen vor allem Substantive (etwa: *Fünfzimmerwohnung, Balkon, Badewanne*) starke Bilder. Auch Attribute – wie etwa *grün* oder *schnell* – erzeugen natürlich Bilder, funktionieren aber nur im Zusammenhang. Du solltest sie nur benutzen, wenn sie eine Eigenschaft beschreiben, die dir wirklich wichtig ist. Sagen wir, du willst unbedingt eine *grüne Badewanne* haben und wärst tief enttäuscht, wenn deine Wohnung keine hätte, dann muss das natürlich erwähnt werden. In allen anderen Fällen: Werde nicht zu kleinteilig, das macht deinen Zauberspruch unnötig lang. Der springende Punkt ist: Wenn du einen Satz wie den oben genannten liest, siehst du sofort eine geräumige Wohnung mit Badewanne und Balkon vor deinem geistigen Auge. Bei einem Satz wie *Ich möchte mich wohnraumtechnisch deutlich verbessern,* siehst du was? Genau: nichts!

Sobald du deine Wünsche in diese konkrete Form gebracht hast, taugen sie zum Zauberspruch (was du mit noch nicht so konkreten Wünschen machen kannst, dazu kommen wir im nächsten Kapitel). Du kannst so einen Zauberspruch auch weiterhin Affirmation nennen, und im Zusammenhang mit Hypnose spricht man meistens von Suggestion. Während es aber in hypnotischen Übungen meistens vor allem darum geht, das Verhalten zu ändern oder neue Gewohnheiten zu etablieren und Ängste oder Schmerzen loszuwerden, kannst du mithilfe von Magie darüber hinaus zum Beispiel auch Dinge herbeizaubern oder (wieder)finden.

Sobald du sicher bist, dass du das, was du aufgeschrieben hast, tatsächlich haben möchtest (und es natürlich auch niemand anderem Schaden zufügt), kannst du jeden Wunsch in Zauberspruchform auf ein Blatt Papier übertragen. Stecke den Papierbogen in einen Briefumschlag – ohne ihn zuzukleben, denn du möchtest ja darauf zurückkommen können – und verwahre ihn an einem sicheren Ort.

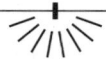

FOLGE DEM VERSCHLUNGENEN PFAD INS ZENTRUM DER ERKENNTNIS

Doch kommen wir nun zu dem versprochenen Ritual, mit dem du deine Zaubersprüche gezielt in die magische Sphäre befördern kannst. Dazu benötigst du ein Hilfsmittel, dem seit Jahrtausenden explizit transformative, magische Kräfte zugeschrieben werden: das Labyrinth.

Interessanterweise hat das Labyrinth auch immer schon ein spielerisches Element – ähnlich wie die Hüpfekästchen. Es lädt einfach dazu ein, seinen Windungen zu folgen. Wenn du einmal Kinder beobachtet hast, die zum Beispiel in einem Park ein begehbares Labyrinth entdeckt haben, weißt du, was ich meine. So wie die Hüpfekästchen aus mehr oder weniger übereinander angeordneten Rechtecken aufgebaut sind, folgen auch Labyrinthe einem bestimmten Bauplan. In den meisten Fällen sind sie völlig oder nahezu kreisrund. Dabei bestehen sie aus einem geschlungenen Pfad, der in die Mitte des Kreises führt – nur selten sind Labyrinthe auch eckig, oval oder in die Länge gezogen, aber wenn, dann folgen sie demselben Prinzip: Im Gegensatz zu einem Irrgarten, dessen Wege auch immer wieder in Sackgassen enden, führen Labyrinthe nicht in die Irre. Sie führen immer zum Zentrum und anschließend wieder aus dem Labyrinth heraus. Der Eingang ist stets auch der Ausgang – man gelangt also wieder an denselben Punkt. Allerdings ist man dann nicht mehr dieselbe Person wie zuvor. Man hat einen Zauber gewirkt oder ist auch um eine perspektiverweiternde Erfahrung oder Erkenntnis reicher, die es einem ermöglicht, mit neuen Augen auf das Bekannte zu blicken.

Das Wort »Labyrinth« stammt wahrscheinlich aus der vorgriechischen Sprache Lydiens. Lydien war eine Landschaft an der Mittelmeerküste südlich des Bosporus, auf einem Gebiet, das heute zur Türkei gehört. Von dieser Sprache ist nicht viel erhalten, aber der in »Labyrinth« steckende Begriff *labris* bezeichnet, das weiß man durch die Überlieferung des antiken griechischen Schriftstellers Plutarch, eine Doppelaxt. Eine solche Axt mit zwei symmetrisch links und rechts am Schaft angeordneten Klingen war ein verbreitetes Symbol. Es gibt aber Vermutungen, dass die ursprüngliche Bedeutung des Wortes *labris* »Schmetterling« war und die Axt nur wegen ihrer optischen Ähnlichkeit mit einem solchen so genannt worden ist. Das Bild eines

Schmetterlings könnte im Zusammenhang mit einem Labyrinth auch auf eine transformierende Erfahrung hinweisen – so, wie der Schmetterling ja auch zunächst eine Raupe ist und erst nach der Verpuppung zu einem wunderschönen Flügelwesen wird. Wie bei den Hüpfekästchen ist auch beim Labyrinth der genaue Ursprung unbekannt – aber man hat in Spanien und Italien schon prähistorische, in den Stein gekratzte Labyrinthe gefunden und in Island und Russland Exemplare entdeckt, deren Windungen aus Steinen gelegt waren. Die ältesten davon sollen bereits 4000 Jahre vor Christi Geburt entstanden sein – was natürlich nicht bedeutet, dass es sie nicht schon zuvor gegeben hat. Auch im Territorium nordamerikanischer indigener Völker hat man in Fels geritzte Labyrinthe entdeckt, ebenso wie in der peruanischen Wüste. Außerdem sind Labyrinthe in vielen Kathedralen Europas zu finden. Das bekannteste ist wohl das in der hochgotischen Kathedrale Notre-Dame de Chartres, etwa achtzig Kilometer südwestlich von Paris. In seiner Mitte prangt eine sechsblättrige Rosette, das antike Symbol für den Osten. Dieses Symbol wird in der religiösen Kunst mit Gott in Verbindung gebracht. Mönche haben oft Labyrinthe zur Buße genutzt, indem sie auf Knien hindurchgerutscht sind – eine nicht ganz so spielerisch-leichte Verwendung.

Das Spielerische findet man dafür in der keltischen Tradition. Dort sind Labyrinthe weniger mit schmerzhafter Selbstkasteiung verbunden als mit Erkenntnisgewinn und Magie. Auch hier steht die Mitte des Labyrinths für die Verbindung mit einer höheren Macht. Die alten Frauen und Männer des *Cunning Folk* (schlaue Leute) in Großbritannien oder der *kloka gummor och gubbar* (weise alte Frauen und Männer) in Skandinavien nutzten in dieser Tradition kleine runde Labyrinthe, die in Schiefer oder Stein geritzt waren, als magisches Instrument. Mit ihrer Hilfe konnten Fragen beantwortet oder Wünsche erfüllt werden, oder es konnte ganz einfach gezaubert werden.

Die weisen Alten fuhren vom Eingang des Labyrinths immer wieder mit dem Zeigefinger ins Zentrum und wieder hinaus, während sie eine einfache Melodie summten. Diese einförmige Bewegung vollführten sie so lange, bis sie eine Trance erreicht hatten – und nutzten diese dann, um Antwort auf eine Frage zu bekommen oder einen Zauber zu wirken. Auch du kannst diese sehr einfache und effektive Methode leicht ausprobieren. Dafür brauchst du keinen Meißel, keinen Stein und keine Schieferplatte. Papier und Stift reichen völlig aus.

DAS MAGISCHE LABYRINTH

Du beginnst das Ritual damit, ein Labyrinth zu zeichnen. Das ist nicht schwer, und bereits diese Tätigkeit kannst du nutzen, um dich innerlich zu sammeln – das unterstützt die Wirkung.

Gleich im Folgenden findest du eine Anleitung zum Zeichnen eines Labyrinths. Ein Hinweis dazu vorab: Denke beim Zeichnen daran, dass du die Wege des Labyrinths mit dem Finger entlangfahren wirst. Darum ist es von Vorteil, die Windungen nicht zu schmal zu zeichnen. Im Idealfall ist der Pfad etwa fingerbreit. Das erreichst du, indem du bereits das Kreuz in der Mitte nicht zu klein zeichnest: Veranschlage etwa vier Zentimeter für beide Achsen und halte beim Zeichnen der vier Eckpunkte einen Ab-

1. 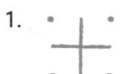   2. 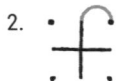   5.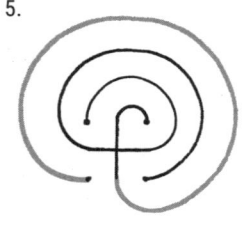

3.    4.

stand von etwa einem Zentimeter ein. Wenn du die Ausgangs-figur in die Mitte eines mindestens DIN-A5 großen Papiers zeichnest, hast du auch genug Platz.

Die Magie des Labyrinths nutzt du traditionell in vier Schritten.

1. *Remember* – Erinnere dich

Bevor du dich in das Labyrinth hineinbegibst – auch wenn es »nur« ein Labyrinth auf Papier ist –, solltest du dich innerlich vorbereiten. Beginne damit, dich an all das zu erinnern, wofür du in deinem Leben dankbar bist. Fühle diese Dankbarkeit bewusst, indem du durch dein Herz atmest und deine Dankbar-keit mit dem Strom des Atems durch dich hindurchfließen lässt. Stell dir einfach vor, wie dein mit Dankbarkeit angefüllter Atem durch dein Herz in den Bauch und wieder herausfließt und wie sich dein Herz dabei auch für zukünftige Dankbarkeit – für alles Schöne, was du noch empfangen wirst – weit öffnet.

Danach erinnere dich an das, womit dir das Labyrinth helfen soll. Entweder denkst du an deinen vorbereiteten Zauberspruch. Oder du formulierst eine konkrete Frage. Natürlich darfst du für andere Menschen etwas zaubern – solange es ein guter Wunsch ist und den anderen nicht bevormundet. Das ist schon im eige-nen Interesse wichtig, denn jeder Wunsch, den du für andere tust, wirkt auch immer auf dich zurück.

Schreibe Frage, Vorhaben oder Wunsch unter das Labyrinth auf das Papier.

2. *Release* – Lass los

Das Eintreten ins Labyrinth und der Weg zur Mitte symbolisie-ren die zunehmende kontemplative Versenkung in die Frage oder den Wunsch, während der Fluss der Gedanken sich immer mehr beruhigt. Gleichzeitig bewirkt der Weg ins Zentrum ein allmähliches Loslassen – *release* – von Frage, Vorhaben oder Wunsch: Du verschickst ihn.

Doch zunächst verwendest du die Windungen des Labyrinths, um dich in eine leichte Trance zu versetzen, genau wie die Weisen des *Cunning Folk* es getan haben. Trance bedeutet auch hier nicht, dass du mental abwesend bist, sondern du bist stattdessen vollkommen im Hier und Jetzt und blendest nur Ablenkungen aus. Du könntest auch sagen, du versetzt dich selbst in Hypnose. Setze dazu den Zeigefinger auf den Eingang des Labyrinths und fahre den Weg einmal langsam in die Mitte und wieder zurück zum Eingang, um dich mit dem Hin und Her der Windungen vertraut zu machen. Dann werde schneller und fahre immer wieder in die Mitte des Labyrinths und zurück. Es macht nichts, wenn du dabei manchmal ein bisschen verrutschst, versuche einfach, im Bewegungsflow zu bleiben. Es ist nicht zwingend notwendig, aber wenn du es wie die weisen Frauen und Männer machen möchtest, kannst du dabei eine einfache Melodie oder einen Ton summen. Das kann die Fokussierung unterstützen. Auch wenn sie wahrscheinlich nicht originalgetreu ist – was die Leute vom *Cunning Folk* wirklich summten, ist nicht überliefert –, eignet sich dazu sehr gut die Silbe »Om« oder »Aum«, die in fernöstlichen Religionen die Anwesenheit des Absoluten symbolisiert. Vor allem aber aktiviert ihr Summen den Ruhenerv des Gehirns, den Vagus, nachweislich, und unterstützt jede meditative Trance.

Sobald du dich zentriert fühlst, stoppe kurz. Jetzt ist es an der Zeit, das Labyrinth bewusst zu betreten und deine Frage, dein Vorhaben oder deinen Wunsch auf den Weg zu bringen.

Lies deinen Zauberspruch oder die Frage laut oder in Gedanken. Imaginiere seine Erfüllung. Fahre dann betont l a n g s a m mit dem Finger in das Gewinde des Labyrinths. Denke dabei an dein Anliegen und spüre, wie es sich mit jeder weiteren Windung etwas mehr von dir löst und emporstrebt. Konzentriere dich wieder auf das Gefühl der Gewissheit, dass dein Wunsch schon erfüllt ist. Wenn du in der Mitte angekommen bist, halte inne und lasse dein Anliegen vollends los: Der *release* ist vollbracht.

3. *Receive* – Empfange

Während du mit dem Finger in der Mitte des Labyrinths verweilst, öffnest du deine andere Hand mit der Handfläche nach oben. Spüre deine Verbindung zum universellen Raum. Wenn du möchtest, kannst du die Augen schließen. Konzentriere dich auf die Leere, die das Loslassen deines Wunsches hinterlassen hat. Durch sie findet nun oder in naher Zukunft die Antwort auf deine Frage zu dir – oder die Erfüllung deines Wunsches oder Vorhabens gelangt in die Welt der Dinge. Du solltest bald das deutliche Gefühl verspüren, empfangen zu haben. Dieses Empfangen muss sich, wenn du etwas gefragt hast, nicht in einer fertig formulierten Antwort äußern – auch wenn das möglich ist. Oft ist es aber eher ein Gefühl der beginnenden Klarheit.

4. *Return* – Kehre zurück

Sobald du dich bereit fühlst, begib dich, genauso langsam, wie du gekommen bist, auf den Weg zum Ausgang und kehre damit symbolisch in deine Alltagswirklichkeit zurück. Tu das in der Gewissheit, dass dein Anliegen in guten Händen ist und du von nun an auf dem Weg zu deinem Ziel sicher geleitet wirst. Die Erfüllung deines Wunsches wird sich in der Wirklichkeit zeigen.

Die gleichen vier Schritte kannst du durchlaufen, wenn du ein begehbares Labyrinth betrittst, zum Beispiel in einer Kirche oder in einem Park. Vielleicht hast du ja auch einen Garten und die Möglichkeit, selbst ein Labyrinth aus Steinen oder anderem Material anzulegen. Oder vielleicht baust du im nächsten Ur-

laub statt einer Sandburg einmal eines. In solchen großen Laby-
rinthen ersetzt das fokussierte Gehen ins Zentrum das Hin-und
her-Fahren mit dem Finger.

Falls du handwerklich geschickt bist und gerne mit Ton oder
vielleicht auch mit Pappmaschee bastelst, kannst du dir auch
ein kleines Labyrinth herstellen, bei dem du die Pfade als Rillen
herausarbeitest – das hat den Vorteil, dass du die Augen schließen kannst, während du mit dem Finger vor- und zurück fährst.
So ist es noch einfacher, Ablenkungen auszuschalten. Solche
Labyrinthe zum Mitnehmen gibt es auch von verschiedenen
Anbietern zu kaufen.

DEIN ZAUBERSPRUCH DES TAGES
Zaubersprüche funktionieren natürlich nicht nur bei langfristi-
gen Wünschen oder Vorhaben. Ich überlege mir jeden Abend
vor dem Einschlafen: Wie soll der morgige Tag aussehen? Oft
sage ich mir einfach »Ich bewege mich voller Spaß auf meine
Ziele zu«, denn die längerfristigen Ziele habe ich normalerweise schon festgelegt. Wenn etwas Konkretes anliegt, integ-
riere ich dieses in den Spruch: »Ich finde mein Lieblingshoodie
wieder«, »Ich bin beim Zahnarzt völlig gelassen« oder »Ich
finde genau die richtige Inspiration für meine Show«. Den Satz
schreibe ich in mein Journal. Dann schließe ich die Augen,
lächle und konzentriere mich auf das Gefühl, das ich haben
werde, wenn der Wunsch sich erfüllt. Warum ich dabei lächle,
ist einfach erklärt: Lächeln ist die unmittelbarste Entspan-
nungsmethode der Welt. Wenn du bewusst lächelst – selbst,
wenn du gerade gar nicht so positiv gestimmt bist –, schüttet
dein Gehirn sofort Hormone aus, die dich entspannen, deine
Laune verbessern und dich optimistischer stimmen. Das Lächeln ist, zusammen mit dem Aufschreiben des Zauberspruchs,

ein magisches Mini-Ritual. Es ist ein bisschen so, als würdest du im Radio einen Sender einstellen, der nur deine Lieblingsmusik sendet. Diese Frequenz bestimmst du nun vorab als Grundfrequenz für den kommenden Tag und gibst sie deinem Wunsch auf seinem Weg ins Unterbewusstsein mit, bevor du abends einschläfst. Am nächsten Morgen wirfst du dann als Erstes einen Blick auf den Zauberspruch in deinem Journal, versetzt dich wieder in die entsprechende Stimmung und lächelst – und dann brauchst du nur noch zuzusehen, wie sich alles erfüllt.

DEIN PERSÖNLICHES ZAUBERRITUAL

Wir haben ja inzwischen gesehen, aus welchen Zutaten ein magischer Akt besteht. Wenn du einmal die Schritte kennst, kannst du dir die Zutaten auch nach deinem Geschmack – ganz im Sinne der *Chaos Magick* – individuell zusammenstellen. Folge dabei immer folgenden Schritten:

1. Bestimme, was eintreten soll, das heißt: Bereite einen Zauberspruch vor.

2. Wähle eine Methode aus, mit der du dich in Gnosis versetzen willst (also zum Beispiel Tanzen, wechselseitige Nasenatmung, Sex, Mauseloch-Gedankenstopp etc., siehe Kapitel sechs).

3. Entscheide, dass du mittels des Ausführens dieser Methode deinen Wunsch in die magische Sphäre befördern *wirst*.

4. Führe die gewählte Methode aus und denke auf ihrem Höhepunkt – also wenn du dich maximal fokussiert, entspannt oder in Trance fühlst – intensiv an deinen Zauberspruch.

5. Wann immer du nach dem magischen Akt beginnst, darüber

nachzugrübeln, ob oder wie dein Wunsch wohl erfüllt wird oder den Weg zu dir findet, denke: »Das Bestellte ist unterwegs!«, und mache sofort etwas, was deine Aufmerksamkeit fordert. Auch das kannst du vorab festlegen, zum Beispiel das Einmaleins mit zwölf aufsagen, einen Roman lesen und so weiter.

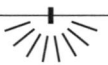

10

WERDE ZUM PFAD(ER)FINDER DEINES LEBENS: WENN ES DEINEN WEG INS GLÜCK NOCH NICHT GIBT, ZAUBERE IHN DIR EINFACH!

> *Welch eine himmlische Empfindung ist es,*
> *seinem Herzen zu folgen.*
> Johann Wolfgang von Goethe

Ich mache manchmal ein Spiel mit den Menschen, die in meine Seminare kommen. Dazu nehme ich eine 50-Cent-Münze und lege sie meinem Gegenüber in die Hand. Dann frage ich:
»Wo ist die 50-Cent-Münze?«
Mein Gegenüber sagt:
»In meiner Hand.«
»Woher weißt du das?«
»Ich sehe sie und spüre sie.«
Ich bestätige:
»Weil du sie siehst und spürst, kannst du dir also zu hundert Prozent sicher sein, dass die Münze in deiner Hand ist.«
Nun nehme ich die Münze wieder an mich, stecke sie zwischen meine Finger, halte sie in die Höhe und frage:
»Wo ist die Münze jetzt?«
»Zwischen deinen Fingern.«

»Kannst du dir zu hundert Prozent sicher sein, dass die Münze zwischen meinen Fingern ist?«

»Klar, ich sehe sie ja.«

Nun nehme ich die Münze und führe meine Hände kurz hinter meinen Rücken. Dann halte ich sie beide mit der geschlossenen Faust nach vorne und frage:

»Wo ist jetzt die Münze?«

Natürlich sind sich die Leute in diesem Moment nicht mehr sicher und antworten oft in etwa:

»Hm … zu fünfzig Prozent links, zu fünfzig Prozent rechts.«

In diesem Moment sind wir bei Schrödingers Kiste mit der Katze, die gleichzeitig tot und lebendig ist. Denn nimmt man die Antwort wörtlich, würde das ja bedeuten, dass die Münze zur Hälfte in der einen Hand ist und zur Hälfte in der anderen Hand. Eher unwahrscheinlich.

Schließlich stelle ich die Frage:

»Was muss passieren, damit du wieder zu hundert Prozent sicher sein kannst, wo die Münze ist? Welche Möglichkeiten hättest du da?«

Dann lautet die Antwort immer:

»Ich müsste die Hand aufmachen und reingucken.«

GUCK MAL! UNBEKANNTES TERRAIN IST DAZU DA, ENTDECKT ZU WERDEN

In diesem kleinen Spiel steckt eine sehr einfache, aber ebenso tiefe Botschaft. Sie lautet: Wir können viele Dinge erst beurteilen, wenn wir persönlich nachschauen. Erst, wenn wir eigene Erfahrungen machen, wissen wir, ob es wirklich so ist, wie wir es uns vorstellen.

Das gilt tatsächlich für jedes Vorhaben.

Vergleichen wir das Leben einmal mit einer großen Reise. Nehmen wir an, du weißt ganz genau, dass du unbedingt ein bestimmtes Reiseziel kennenlernen möchtest, sagen wir: Brasilien. Du willst nach Brasilien, weil du tolle Fotos von endlosen

Stränden gesehen hast, vom Zuckerhut und Caipirinhas. Du stellst es dir großartig vor, dich am Strand in Rio de Janeiros Stadtteil Ipanema in die Fluten zu stürzen. Trotzdem kannst du nicht ganz sicher sein, ob das Ganze so gut ist, wie du es dir momentan ausmalst. Erst wenn du nach Brasilien reist und tatsächlich tust, was du dir vorgenommen hast, weißt du, ob es wirklich so toll ist, wie du denkst. Man kann »Brasilien« durch jedes beliebige Vorhaben ersetzen: Medizin studieren, Tango lernen, einen Roman schreiben, Lokführer werden, eine Ausbildung zur Floristin machen.

Umso mehr gilt die Regel des Nachguckens, wenn du erst mal nur eine ungefähre Ahnung hast, wo es hingehen soll. Nicht allein am Anfang deiner beruflichen Laufbahn, sondern auch, wenn du in jüngerer Zeit große Veränderungen durchgemacht hast – weil du vielleicht deine bisherige Arbeit verloren oder eine Trennung nach langer Partnerschaft hinter dir hast –, stehst du erst mal vor gänzlich unbekanntem Terrain. Wenn wir jetzt noch mal zu unserem Reisevergleich zurückkommen, hast du in dieser Lage zunächst eine oder mehrere Destinationen ins Auge gefasst, von denen du annimmst, sie könnten dir gefallen. Ob sie das wirklich tun, kannst du noch nicht wissen. Ebenso wenig, ob vor Ort vielleicht erst noch eine Rundreise und weitere Recherche nötig ist, um die Umgebung gründlich zu erkunden und schließlich den Ort zu finden, an dem du dich so richtig wohlfühlst und nach dem du insgeheim suchst. Möglicherweise findet sich dieser Ort auch ganz woanders, und du musst noch weiterreisen.

Du kommst einfach nicht drum herum: Wenn du wissen willst, was Sache ist, musst du dich auf den Weg machen und ganz einfach – siehe oben – nachschauen. Hier zahlt es sich wieder aus, nicht ängstlich vor Neuem zurückzuschrecken.

Solche Erkundungen sind niemals »verlorene Zeit«, auch wenn dabei herauskommt, dass wir etwas ganz anderes machen möchten. Aus Sicht der Magie gibt es ohnehin keine Zeit. Alles ist eins. Begriffe wie »Zukunft« und »Vergangenheit« sind reine Hilfskonstrukte, an denen sich der Verstand festhält. Es gibt nur das Jetzt und das Hier, und alles, was wir erleben, bereichert unsere innere Welt. Neue Erlebnisse zeigen uns oft unerwartete Wege, bringen neue Freunde, neue Erkenntnisse, und in einem früheren oder späteren Jetzt werden wir ihren Wert erkennen. Dass nicht der erstbeste Weg immer der ist, der direkt zum Ziel führt, aber dennoch wichtige Erkenntnisse bringen kann, zeigt auch die folgende kleine Geschichte.

DIE ALTE UHR

Ein alter Mann räumte sein großes Haus auf und fand allerlei Dinge, die er seit Langem aufbewahrt und vergessen hatte. Als junger Mann hatte er Uhren gesammelt, und er sagte sich, dass es an der Zeit sei, die Sammlung aufzulösen, die Uhren zu verkaufen und mit dem Gewinn eine Reise ans Meer zu machen.

Er rief seinen Enkel zu sich und gab ihm eine altmodische Taschenuhr an einer Kette. Sie hatte einen Deckel, der aufsprang, wenn man auf einen Hebel an der Seite drückte. Man musste sie aufziehen, und sie hatte ein paar Kratzer, aber sie funktionierte und war mit schönen Ornamenten verziert.

Der alte Mann sagte zu seinem Enkel: »Bitte verkaufe diese Uhr für mich – aber gib acht, sie nicht zu billig wegzugeben.«

Der Enkel lief los und ging zum Bäcker. Der sah sich die Uhr skeptisch an und schüttelte dann den Kopf. Er konnte mit ihr nichts anfangen, weil sie alt war und er ohnehin keine Uhr brauchte, schließlich konnte er die Zeit auf seinem Handy ablesen. Als er merkte, wie enttäuscht der Junge aussah, sagte er: »Okay, ich will mal nicht so sein, ich gebe dir fünf Euro – damit kommst du noch gut weg. Wer benutzt heute schon noch Uhren?«

Der Enkel war schon drauf und dran, die Uhr zu verkaufen, dann dachte er an die Worte des Großvaters und entschied, dass er vielleicht vorsichtshalber noch jemand anderen fragen sollte. Er ging zum Gemischtwarenhändler. Der sah sich die Uhr an und sagte: »Sie ist alt, aber sie funktioniert. Ich gebe dir fünfzig Euro!«

Der Enkel war perplex, dass dieselbe Uhr einmal fünf und einmal fünfzig Euro wert sein sollte. Darum wollte er noch eine dritte Stimme einholen. Er ging zum Juwelier. Der Juwelier drehte und wendete die Uhr und sagte: »Uhren benutzt heute ja kaum noch einer. Aber sie ist solide gearbeitet und ein echtes Schmuckstück – hier, diese wunderbaren Ornamente. Ich gebe dir fünfhundert Euro!«

Dem Enkel schwirrte der Kopf. War die Uhr nun fünf, fünfzig oder fünfhundert Euro wert? Er gab die Uhr wiederum nicht ab, sondern lief zu einem Auktionshaus. Dort sagte der Sachverständige: »Ein schönes Exemplar. Antik. Wenn du sie bei mir lässt, schaue ich, was ich tun kann. Was soll der Ausgangspreis sein?«

Der Enkel sagte: »Fünfhundert Euro.« Das war ja das, was ihm der Juwelier hatte geben wollen. Alles darüber erschien ihm ein Gewinn. Der Sachverständige lächelte: »Na ja, bei fünftausend sollten wir schon anfangen, Uhren wie diese sind selten.«

Die Uhr wurde auf einer Auktion versteigert. Mehrere Museen wollten sie unbedingt haben. Sie wurde schließlich für über fünfzigtausend Euro verkauft. Der alte Mann war sehr zufrieden mit seinem Enkel, gab ihm die Hälfte des Erlöses ab und lud ihn ein, mit ans Meer zu fahren. Als sie im Zug saßen, fragte der Enkel: »Großvater, wie kann es sein, dass der Bäcker für die Uhr nur fünf Euro bezahlen wollte, obwohl sie fünfzigtausend wert war?«

Da antwortete der Großvater: »Der Bäcker kennt sich mit Brötchen aus, der Gemischtwarenhändler mit Dingen, die funktionieren oder nicht, der Juwelier mit Schmuck, aber nur jemand, der schon viele Uhren gesehen hat, kann wissen, was eine Uhr wirklich wert ist. Merk dir das, mein Junge: Den wahren Wert kann immer nur der erkennen, der dafür Begriffe hat.«

Wenn du deinem Herzen folgst, hat das magische Wirkung – selbst wenn du das genaue Ziel und den Weg dahin noch nicht kennst.

Kommen wir noch einmal zurück zu meinem Teenager-Ich, das vor der schwierigen Aufgabe stand, sich für einen Beruf zu entscheiden. Worin der wahre Wert *meines* Könnens lag, war mir damals noch genauso schleierhaft wie dem Berufsberater oder meinem sonstigen Umfeld. Mir war lediglich klar: Durch die Türen, die zu all dem führen, was man normalerweise so macht, kann und möchte ich nicht gehen. Blieb nur ein Problem: durch welche dann?

Seit meinem elften Lebensjahr hatte ich mich immer mehr Themen wie Telepathie und Hypnose zugewandt und mich damit echter, wahrhaft transformierender Magie geöffnet. Ich kannte jede Menge mentalmagische Kunststücke, konnte ohne Probleme eine ganze Partygesellschaft mit Hypnose-Experimenten unterhalten und hatte auch schon den verlorenen Schlüsselbund meines Vaters wiedergefunden, indem ich mich einfach darauf konzentriert hatte.

Aber was macht man »mit so was« beruflich?

Meine andere Lieblingsbeschäftigung war das Fußballspielen. Vorübergehend hatte auch mal die Option »Fußballprofi« im Raum gestanden, denn ich war ein gefürchteter Torjäger. Dank meiner geübten sinnlichen und mentalen Fähigkeiten hatte ich eine extreme Spielübersicht. Es war für mich einfach, einen Gegenspieler auszuspielen, weil ich genau wusste, was seine nächste Aktion sein würde. Und sobald der Ball auf mich zukam, hatte ich bereits drei Stationen im Kopf, wohin ich ihn abgeben konnte – ganz ohne anzuhalten und mich zu vergewissern. Aber so gern ich spielte, so wenig mochte ich das ständige Training, und das wäre als Profi nun mal eine Grundbedingung gewesen. Diese Tür hatte ich darum auch bereits für mich geschlossen.

Ich hatte also erst mal keine Idee, wie ich meine Interessen mit der gesellschaftlichen Anforderung, einen Beruf zu ergreifen, mit dem man seinen Lebensunterhalt verdient, unter einen Hut bringen sollte. Eigentlich wünschte ich mir nichts mehr, als das, worin ich völlig aufging und worüber ich jede Zeit vergaß – mich in magischen Experimenten zu üben –, auch weiterhin tun zu können, aber das schien höchstens als Freizeitbeschäftigung möglich. Damals hat mich das ein kleines bisschen beunruhigt (meine Eltern noch ein kleines bisschen mehr).

Heute weiß ich: Etwas noch nicht zu wissen ist nicht schlimm, solange man dabei nicht untätig ist. Denn wer Neues wagt, bewegt sich naturgemäß immer erst ins Unbekannte. Wie wir zum Beispiel bei unserem Fahrradpionier von Drais gesehen haben, *können* manche Ideen erst mal noch gar nicht konkret sein – eben weil das, was ihnen entspricht, erst noch geschaffen werden muss. Anders gesagt: Man kann sich nicht konkret ein Fahrrad wünschen, wenn es noch nicht erfunden ist. Aber man kann sich in dieser Lage wünschen, dass es ein Mittel geben sollte, mit dem man unkompliziert und schneller als zu Fuß von A nach B kommt. Genauso kann man sich nichts wünschen, wenn man (noch) nicht weiß, dass es dieses Etwas bereits gibt. Zum Beispiel einen sehr speziellen Beruf – etwa der, den ich heute ausübe und dem ich den Namen »Wundermacher« gegeben habe. Aber man kann sich trotzdem wünschen, dass man eine Arbeit findet, die auf dem basiert, was man besonders gut kann und gerne tut. Auch eine vage Idee von einem Herzenswunsch hat die magische Kraft, die Realität neu zu ordnen und Wunder zu wirken – wenn man bereit ist, ihm zu folgen.

Bevor ich dir erzähle, wie elegant mir mein Leben diese Erkenntnisse präsentiert hat, möchte ich dir eine Meditation ans Herz legen. Sie hilft dir, wenn du in einer ähnlichen Situation steckst und gerade nicht weißt, welchen Weg du einschlagen sollst. Dazu musst du nicht, wie ich in diesem Beispiel, soeben die Schule abgeschlossen haben. In einer Lage der Neuorientierung kann man in jedem Alter sein. Selbst dann, wenn man sich, von außen betrachtet, in einer soliden, gut situierten Position befindet. Entscheidend ist, wie es in deinem Inneren aussieht und ob du glücklich bist mit dem, was du tust.

Die Meditation gibt dir Zuversicht und hilft dir, Vertrauen zu entwickeln, dass sich auch dann Synchronizitäten einstellen werden, die dich der Erfüllung deiner noch nicht ganz konkreten Herzenswünsche näherbringen, wenn du dir diese Erfüllung noch nicht gut oder noch gar nicht vorstellen kannst. Sie kann dir helfen, Gewissheit zu spüren, dass dein Weg sich nach und nach offenbaren wird.

Bitte lies vorab die »Möglichkeiten, mit einem Meditationsskript zu arbeiten« am Anfang von Kapitel 9.

DAS FLÜSSIGE LICHT
Setz dich entspannt hin.
Die Beine hüftbreit aufgestellt.
Die Füße stehen fest auf dem Boden, die Handrücken ruhen auf den Oberschenkeln, die Handflächen zeigen nach oben.
Dein Rücken ist gerade aufgerichtet.
Die Schultern fallen nach hinten unten.
Schließe die Augen.
Lausche einige Momente in die Stille.

Atme einmal tief durch die Nase ein.
Durch den Mund aus.
Ein zweites Mal tief durch die Nase ein.
Durch den Mund aus.
Und ein drittes Mal.

Stell dir nun vor, über dir ist eine Wolke aus magischem, flüssigem Licht.
Nun öffnet sich die leuchtende Wolke.
Das Licht beginnt zu fließen und dich einzuhüllen.
Und weil es magisches Licht ist, fließt es auch in dich hinein und durch dich hindurch.

Es durchströmt dich, und du kannst es in jeden Winkel deines Körpers fließen lassen, vom Kopf bis zu den Zehen.
Es füllt dich vollkommen aus.
Und dann fließt es durch dich hindurch
und breitet sich als goldener Pfad vor deinen Füßen aus.
Und es beleuchtet für dich den Weg vor dir,
wann immer du es brauchst.

In Zeiten, in denen du vermehrt zu Zweifeln neigst, ist diese Meditation eine Wohltat für die Seele, und du kannst sie ruhig täglich machen. Wenn du zusätzlich am Ende des goldenen Pfades dein Ziel mithilfe einer Affirmation imaginierst – so konkret oder unkonkret es eben gerade ist –, kannst du sie zu einem magischen Werkzeug machen. Ich kannte diese Übung damals noch nicht, aber hätte ich das getan, hätte meine Zielformulierung ungefähr so gelautet:

Ich finde meine Bestimmung in dem, was ich zu tun liebe.

Du darfst sie dir gerne ausleihen. Eine andere Möglichkeit ist es, die Meditation mit dem Labyrinth-Ritual zu verbinden. In diesem Fall stellst du dir, wenn du dich im Zentrum des Labyrinths befindest, die leuchtende Wolke mit dem flüssigen Licht vor und wie sie dich durchströmt.

PAUSEN SIND ERLAUBT – STILLSTEHEN NICHT

Wenn du gerade nicht weißt, wie es weitergehen soll, darfst du ruhig mal eine Pause einlegen. Oft helfen ein Urlaub oder eine Auszeit, in der du anderes tust, dabei, die Dinge wieder klarer zu sehen. Auch eine Zwangspause, zum Beispiel nach dem Verlust des Arbeitsplatzes, kannst du bewusst dazu nutzen, dich damit zu beschäftigen, was du wirklich tun willst. Die Übungen in Kapitel sieben können dir dabei helfen.

Aber es ist wichtig, dass du nicht vor Unschlüssigkeit dauerhaft still stehen bleibst. Oder vor lauter Angst, mit nichts dazustehen, doch noch durch die Türen gehst, auf die du für dich ein großes »Nein« geschrieben hast. Nur, weil es die einzigen zu sein scheinen, die dir offen stehen, und obwohl sich alles in dir dagegen sträubt. Angst ist hier – wie überall – ein schlechter Ratgeber.

Bestimme stattdessen eine ungefähre Richtung, geh los und probiere aus. Sieh es wieder als Spiel: Wenn dir etwas nicht gefällt, kannst du jederzeit stoppen. Mach Türen auf und guck nach, was dahinter ist, auch wenn du bisher immer dachtest, dass diese für dich verschlossen sind, weil du vermeintlich »nicht gut genug« bist. Das ist Unsinn, denn niemand ist zu Beginn in etwas Neuem perfekt. Bringe deine Leidenschaft – oder auch deine Leidenschaften – zunächst in irgendeiner Form in dein Leben, die dir machbar erscheint. Jeder kleine Schritt zählt, denn am Anfang jeden Weges, egal ob lang oder kurz, steht ein einziger kleiner Schritt. Dann folgt der nächste, wenn du dazu bereit bist. Mach Kurse, lies, lerne, frage Menschen, die schon das tun, was du tun möchtest, um Rat. Such dir Vorbilder. Tu (endlich wieder) das, was du liebst. Auch, wenn du es seit Jahrzehnten nicht mehr gemacht hast oder es erst einmal »nur« als Hobby, Nebenjob, Praktikum oder ehrenamtlich tust. Vielleicht reicht dir das schon. Aber das merkst du nur, wenn du es ausprobierst. Falls nicht, halte die Augen offen. Bleibe aufmerksam. Sobald du dich in Bewegung setzt und Neues wagst, werden sich neue Türen auftun. Und lass dir bloß nicht das ausreden, was dich innerlich zum Leuchten bringt.

Ich selbst ließ mich mit der Berufswahl nicht drängen. Nach der Schule hielt ich an dem fest, was ich am liebsten tat. Ich las weiter alles, was mir zum Thema Mentalmagie unter die Finger kam. Außerdem gab ich jetzt improvisierte Shows, meistens auf Partys und Feiern, manchmal auf kleinen Veranstaltungen. Das waren keine Zirkusaufführungen wie als Kind, sondern es ging auch hier um Gedankenlesen und Hypnose. Diese Auftritte betrachtete ich allerdings nicht als Job, sondern eher als Spielwiese. Auch wenn ich dafür manchmal Geld erhielt, kam ich nicht auf den Gedanken, dass das mein späterer Beruf sein könnte. Dafür hatte ich zu sehr die Einstellungen meines Umfeldes verinnerlicht, in dem es vor allem Handwerker, Beamte und Kaufleute gab. Zum Glück bestürmten mich meine Eltern nicht, endlich »etwas Vernünftiges« zu machen, wie ich das bei Freunden beobachtete. Und tief in mir drin gab es eine Zuversicht, dass ich irgendwann klarer sehen würde.

IMMER MIT DER RUHE: DAS GEHEIMNIS VON SCHOLÉ UND OTIUM

Ganz in Ruhe lernte ich also und probierte aus. Damals hatte ich keine Ahnung, dass ich damit intuitiv das Prinzip der *scholé* befolgte, wie die Schule im Altgriechischen heißt. *Scholé* bedeutet

Muße. Aristoteles definierte die Zeit in der *scholé* als die Zeit, in der jeder zu sich selbst und »zum Leben« kommen könne. Die Schule war dementsprechend ein Refugium, in dem man sich in Ruhe einer Sache widmen konnte. Es geht beim Prinzip der *scholé* also nicht um den schnellen Erwerb von Wissen, sondern im Gegenteil um allmähliche Vertiefung eines Themas, ohne Druck. Das steht im krassen Gegensatz zum heutigen Bildungssystem, wo alles immer schneller gehen soll und durch das Kinder und junge Menschen in immer größerer Eile geschleust werden, um möglichst bald dem Arbeitsmarkt zur Verfügung zu stehen und das Wirtschaftssystem anzutreiben. Ich halte den altmodischen Weg für gesünder, lehrreicher und in einer Zeit zunehmender Automatisierung auch für gesellschaftlich sinnvoller. Natürlich ging ich damals nicht auf eine Mentalmagier-Schule – aber vermutlich hätte ich das getan, wenn es so etwas gegeben hätte. So war ich mein eigener Lehrer, und das ist mindestens so gut, denn ich konnte mir auf diese Weise so viel Zeit lassen, wie ich benötigte.

Auch der römische Philosoph Seneca hat schon im Jahre 50 nach Christus betont, wie wichtig es ist, sich Zeit zu nehmen. In seiner Abhandlung *De brevitate vitae* – »Von der Kürze des Lebens« – geht es darum, jeden Moment so bewusst zu leben, dass er eine gute Erinnerung wird. Das geht nach Senecas Auffassung nur, wenn man sich der Kürze des Lebens bewusst wird, denn nur diese Einsicht macht einem die Kostbarkeit des Augenblicks bewusst. Wer dagegen nicht daran denkt, dass er eines Tages sterben muss, hat die Tendenz, sein Leben vollzustopfen – auch mit Dingen, die ihm im Grunde nichts bedeuten. Er lebt so, als wäre er unsterblich, und versäumt es, sich auf das Wesentliche zu konzentrieren. Wer so lebt, den bezeichnete Seneca als *homo occupatus*, den beschäftigten Menschen. Der hat immer etwas zu tun, aber nie Zeit übrig, und stellt eines Tages fest, sein Leben vergeudet zu haben. Auch Senecas Ge-

genmittel heißt Muße – *otium* auf Lateinisch. Nur mit Muße kann man schauen, was im eigenen Leben wirklich wichtig ist. Es gibt dabei noch einen Aspekt, und auch der wird mir im Rückblick besonders klar: Vertiefte Beschäftigung mit einem Thema bedeutet auch verstärkten, längerfristigen Fokus. Und Fokus, das haben wir ja wiederholt gesehen, hat eine magische Wirkung – so zaubern wir automatisch das in unser Leben, in das wir uns vertiefen. Im Sport sieht man das sehr gut: Die, die am längsten auf dem Übungsplatz bleiben und trainieren, wie zum Beispiel Ronaldo, und sich am intensivsten mit der Idee des Fußballspielens beschäftigen, sind auch diejenigen, die später den größten Erfolg haben. Dabei ist ihr Antrieb nicht, so schnell wie möglich in die Spitzenmannschaft zu kommen und viel Geld zu verdienen oder berühmt zu werden. Das kann ein zusätzliches Sahnehäubchen sein, ist aber niemals die grundsätzliche Motivation. Sie lieben einfach das Spiel, geben sich ihm hin und lernen alle Facetten kennen. Das passt aber nicht zu unserer Leistungsgesellschaft und der Haltung, dass alles von jetzt auf gleich passieren soll – dabei ist das die dem Erfolg zugrunde liegende Magie.

VORBILDER HABEN KRAFT – AUCH WENN ES ZUNÄCHST NOCH NICHT GENAU DIE RICHTIGEN SIND

Noch einmal zurück zu mir: Je mehr ich auftrat, umso mehr neue Freunde gewann ich auch. Dazu gehörte Gerald[11]. Er war ein paar Jahre älter als ich und – siehe da – Zauberkünstler. Und zwar nicht nur nebenbei, sondern hauptberuflich. Er bestritt tatsächlich seinen Lebensunterhalt damit. Und das, obwohl ich mich genau erinnerte, dass der Beruf »Zauberkünstler« nicht im Buch vom Arbeitsamt gestanden hatte, zwischen »Zahntechniker« und »Zerspanungsmechaniker« hatte ich keinen Eintrag gefunden! Geralds deutlich älterer Lebensgefährte, Adrian, war Schauspieler. Als ich zum ersten Mal zu den beiden nach Hause kam, war das ein Aha-Erlebnis auf mehreren Ebenen. Zum einen öffnete sich eine neue ästhetische Welt für mich. Die Wohnung war unglaublich geschmackvoll eingerichtet, es standen seltsame Artefakte herum, fantastische Bilder hingen an den Wänden, und überall waren Bücher. Während ich noch das Interieur bestaunte, ging auf einmal die Tür auf, Adrian kam in den Raum und erfüllte ihn mit Präsenz. Mir war sofort klar: Der kann, was er tut, und macht das nicht nur als Hobby. Auf einmal fiel es mir wie Schuppen von den Augen: Man muss nicht Elektriker sein wie mein Vater oder Bankkauffrau wie meine Mutter. Man *kann* tatsächlich einen künstlerischen Beruf haben und davon leben. Und zwar nicht nur gerade so eben, sondern auch noch ganz feudal. Die Jungs waren zwar nicht reich, aber sie waren wohlhabend. Mir war von meinem Umfeld immer mehr oder weniger unabsichtlich vermittelt worden, dass man »mit so was« ja nicht seine Brötchen verdienen kann.

Dieser Augenblick war für mich ein Zündfunke.

Mit einem Mal hatte ich Vorbilder. Ich sah es live und in Farbe: Diese andere Realität, die ich mir so – zumindest so ähnlich – wünsche, die gibt es!

MACH DIR EIN (VOR-)BILD

Ich rate auch dir, dir mindestens ein Vorbild zu suchen. Dabei solltest du ein Vorbild nicht mit einem Idol verwechseln: Ein Idol ist eine Person, die man auf einen Sockel stellt und bewundert. Die Haupteigenschaft eines Idols ist, dass es unerreichbar ist. Meistens auch räumlich, aber vor allem in dem, was es tut. Ein Vorbild ist das Gegenteil: Du kannst es ihm gleichtun. Du kannst von einem Vorbild lernen. Entweder, weil es das – oder etwas Ähnliches –, was du selbst tun willst, bereits tut oder getan hat. Oder, weil es eine besondere Eigenschaft hat, die auch du gerne entwickeln würdest. Etwa eine zupackende, furchtlose Attitüde, mit der es jede Herausforderung meistert. Mit einem Vorbild wird es nicht nur plötzlich möglich, eine konkretere Vorstellung davon zu entwickeln, wo man eigentlich hinwill oder wie man seine Vorhaben umsetzen kann. Es wird außerdem möglich, daran zu glauben, dass das auch geht – und dieser Glaube ist, das haben wir ja schon mehrfach gesehen, ganz entscheidend dafür, dass sich die Verwandlung von einer Idee in Realität vollzieht. Falls dir niemand in deiner Umgebung einfällt, der oder die als Vorbild infrage kommt, kannst du dir auch einen Prominenten, einen tatkräftigen Verwandten (auch einen bereits verstorbenen) oder eine historische Persönlichkeit auswählen. Oder du denkst dir ganz einfach ein ideales Ich aus – du hast dein ideales Selbst schon in Kapitel fünf kurz getroffen, als du dir die Frage gestellt hast »Was würde die Person tun, die ich sein will?«.

Du solltest dir in jedem Fall vorstellen können, dass dein Vorbild, wäre es in deiner Situation, deine Ziele mit gleicher Begeisterung verfolgte wie du. Gleichzeitig soll es ein Näschen dafür haben, wo's langgeht. Wann immer du nicht weiterweißt oder vor einer Entscheidung stehst, frage dich:

Was würde (Name des Vorbilds) tun?

Du kannst diese Frage auch einem Orakel stellen. Hast du dir eine historische Persönlichkeit, einen verstorbenen Vorfahren oder eine andere nicht mehr lebende Person als Vorbild ausgesucht, kannst du die Frage auch direkt an diese Person richten – also laut oder im Stillen fragen: *Was würdest du in diesem Fall tun?* – und sie oder ihn bitten, dir durch das Orakel ein Zeichen zu geben. Hier wird es noch einmal deutlich zauberhafter, denn dann kommunizierst du nicht nur mit deinem eigenen Unterbewusstsein, sondern direkt mit einer geistigen Entität. Das ist nicht verrückt, sondern eine gängige magische Methode. Du kannst dir das vorstellen wie die *imaginary friends*, die erdachten Freunde, die sich kleine Kinder als Gefährten erfinden, die aber dennoch für sie völlig real sind. Auch deine Vorbilder sind deine Freunde, die du in jeder Lebenslage befragen kannst.

Als Orakel kannst du entweder die bereits bekannte »Spurensuche« aus Kapitel sieben wählen oder eines der Orakel, die ich dir später noch zeigen werde.

Was du in jedem Fall tun solltest: Notiere, wer dein Vorbild ist (oder wer deine Vorbilder sind) in deinem Journal. Schreibe auch jedes Mal auf, zu welchen Ergebnissen du kommst, wenn du dein Vorbild um Rat fragst – entweder durch Nachdenken oder durch die Offenbarung eines Orakels. Kehre regelmäßig – zum Beispiel immer am Ersten des Monats – zu deinen Notizen zurück und notiere, wie der »Tipp« des Vorbilds dir geholfen hat. So gewinnst du einerseits Vertrauen, dass deine Ziele machbar sind, und trainierst dich andererseits nebenbei in lösungsorientiertem Denken.

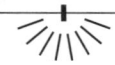

Mein erster Besuch bei Gerald und Adrian war nicht mein letzter. Ich war von nun an oft dort. Wir haben uns über Schauspielkunst unterhalten, über Magie, über das Dasein. Plötzlich fühlte ich mich verstanden mit meiner künstlerischen Ader, denn die wurde in meiner Verwandtschaft zwar akzeptiert, aber so richtig nachvollziehen konnte meine Interessen trotzdem keiner. Nun hatte ich auch endlich eine Idee, was ich beruflich machen könnte. Ich wollte jetzt nämlich – Überraschung! – Schauspieler werden. Falls dich wundert, dass ich nicht Gerald nacheifern wollte: Gerald war klassischer Zauberkünstler und arbeitete mit Tricks. Zwar hatte ich als Kind in meinen improvisierten Ein-Junge-Zirkusaufführungen mit Zaubertricks angefangen, und ich gebe zu, damals fand ich »Zauberkünstler« auch eine Weile reizvoll. Natürlich beherrschte ich immer noch einige Tricks und führte sie ab und zu vor, aber seit ich echte Magie und damit echte Transformation kennengelernt hatte, war Zauberkünstler nicht mehr mein großer Traum. Mit echter Magie haben Tricks ungefähr so viel zu tun wie ein Buddelschiff mit einem richtigen Schiff. Das eine sieht nur so aus, als könnte es fahren, das andere fährt. Da schien mir der Beruf eines Schauspielers vielversprechender, denn schließlich verwandelt der sich auf der Bühne in jemand anders. Überhaupt, die Bühne. Irgendwo in mir gab es die Sehnsucht, auf den Brettern, die die Welt bedeuten, zu stehen und Menschen tatsächlich in andere Welten zu entführen. Schauspieler zu werden erschien mir da nur logisch, denn Bühne und Magie zu verbinden, wie ich das heute mache, das war für mich damals noch unvorstellbar.

Also habe ich Unterricht bei Adrian genommen und mich dann auch bald an verschiedenen Schauspielschulen in Deutschland beworben. Leider wurde ich überall abgelehnt. Es war erst ein Vorsprechen in Bremen, das mich wieder ein Stück weiterbrachte – allerdings in eine etwas unerwartete Richtung ...

Ich war extra einen Tag früher nach Bremen gefahren und hatte dort bei einer Freundin übernachtet. Morgens hatte ich meinen Vorsprechtermin, direkt danach wollte ich schon wieder heimwärts aufbrechen, denn für den Abend hatte ich Freunden in Saarbrücken einen kleinen Auftritt zugesagt, wie meistens mit Mentalmagie und Gedankenlesen. Auf dem Weg zum Vorsprechen grübelte ich, was ich an diesem Morgen anders machen könnte, um den frustrierenden Reigen aus Ablehnungen zu unterbrechen. Ich fragte mich: Was würde mein Schauspielervorbild Adrian machen? Ich erinnerte mich daran, dass er mir geraten hatte, immer so zu tun, als ob. Ich sollte mir vorstellen, dass ich die Figur, die ich spiele, wirklich bin, und mich so gut, wie es eben geht, in sie hineinversetzen. Und ich schlussfolgerte: Ich möchte Schauspieler werden. Also muss ich so tun, als wäre ich bereits einer – das ist die Lösung!

Kaum hatte ich das Gebäude betreten, bat ich an der Anmeldung ganz frech darum, als Erster vorsprechen zu dürfen, denn ich hätte abends noch einen Auftritt. Ein Prüfer, der sich gerade im Vorraum ein Mineralwasser besorgte, hörte das. Er zog die Augenbrauen hoch und sagte: »Ach so, Sie sind schon Schauspieler?« Und ich entgegnete im Brustton der Überzeugung: »Genau, ich spiele in Saarbrücken.« Daraufhin meinte er: »Na gut, dann kommen Sie mal rein.« Kurz darauf spielte ich vor der Jury aus drei Leuten die Rolle, die ich vorbereitet hatte, Heinrich von Kleists *Amphitryon*. Die Prüfer verzogen keine Miene. Als ich fertig war, bekam ich ein knappes »Danke, Herr Becker!« und wurde rausgeschickt. Als ich endlich wieder hereingerufen wurde, sagte der Schauspieldozent, der mich vorgelassen hatte: »Wissen Sie was, Herr Becker? Das war gut ...« Bevor bei mir so richtig ankam, was er da gesagt hatte, fuhr er schon fort: »... und wenn *Amphitryon* ein Drama und keine Komödie wäre, hätten Sie sogar hervorragend geschauspielert. Aber ganz ehrlich: Sie sehen mir eher aus wie ein Entertainer.« Dann fügte er hinzu: »Es ist Ihnen wahrscheinlich nicht klar, aber wenn ein so junger Mann wie Sie an einem Theater in Saarbrücken spielte, dann wüssten wir das. Wenn ich Ihnen einen Tipp geben darf: Lassen Sie mal die Schauspielkunst. Spielen Sie einfach sich selbst und inszenieren Sie sich. Da haben Sie wirklich Talent.«

IN NIEDERLAGEN STECKT IMMER DIE CHANCE EINER KURSKORREKTUR

Nun könnte man meinen, dass ich am Boden zerstört war, weil es schon wieder nicht geklappt hatte mit dem Platz an einer Schauspielschule. Doch das Gegenteil war der Fall: Ich war erleichtert. Ich hatte realisiert, dass mein Herz überhaupt nicht für die Schauspielerei schlug und der Prüfer vollkommen recht gehabt hatte. Eigentlich wollte ich vor allem auf der Bühne stehen und dabei tun, was ich am liebsten machte: Menschen zum Staunen bringen. Und dies, das hatte mir der Schauspieldozent ganz nebenbei mitgegeben, war völlig legitim und vor allem: möglich. Schon für meinen kleinen Auftritt am Abend machte das einen Riesenunterschied. Ich hatte verstanden, dass ich meine eigene Rolle spielte. Ich musste an meiner ganz eigenen Idee feilen – um damit das herauszubringen, was bereits in mir war. Außerdem hatte ich mit einem Mal erkannt, dass es für mich keinen vorhandenen Pfad gab. Ich musste – und durfte! – mir meinen Weg selbst erschaffen. Ich war wie jemand im Urwald, der weiß, dass ihn die vorhandenen Wege niemals dorthin bringen können, wo er hinwill – und der sich darum mit der Machete durchs Dickicht schlagen muss. Wenn du Medizin studierst, dann sind ja schon ganz viele Menschen vor dir genau den gleichen Weg gegangen. Du weißt, wohin du gehst. Aber bei dem, was ich tun wollte, gab es – zumindest in meiner Nähe – niemanden, der vorgegangen ist. Zumindest waren die Menschen, die etwas Vergleichbares taten, damals nicht sichtbar für mich. Ich musste mir meinen Weg selbst bauen, während ich ihn ging. So ähnlich wie die Römer, die, während sie die damalige Welt erobert haben, gleichzeitig ihre Straßen bauten – und damit im wahrsten Sinne auch den Weg für Nachfolgende ebneten.

Diese Einsicht war sehr wichtig am Anfang meiner Karriere, für all das, was ich dann später auf der Bühne gemacht habe. Paradoxerweise wurde die Ablehnung an der Schauspielschule in Bremen zum Startschuss für meine Karriere, ohne dass mir das damals klar war.

WENN DU ÜBER DAS, WAS DU DRINGEND BRAUCHST, NOCH NICHT VERFÜGST, SPIELE, DASS DU ES HAST – UND ZAUBERE ES DAMIT HERBEI

Durch Ausprobieren hatte ich eine bessere Vorstellung davon gewonnen, wo ich hinwollte. Selbst, wenn man zunächst die »falsche« Route einschlägt, kann man dort auf die Wegweiser stoßen, die einen auf die richtige Fährte bringen. Ich intensivierte also meine Beschäftigung mit Hypnose und Magie noch einmal mit neu gewonnenem Selbstbewusstsein, auch wenn ich immer noch nicht so genau wusste, wohin mich das führen konnte und führen würde. Aber ich hatte das Vertrauen, irgendwann klarer zu sehen.

Kurz darauf zog ich mit meiner damaligen Freundin nach Saarbrücken. Dort lernte ich neue Leute kennen und bewegte mich im Umfeld von Künstlern und Journalistenschülern. Das war sehr inspirierend, und ich fühlte mich am richtigen Platz.

Eines Tages sprach mich eine Freundin an, die die Journalistenschule besuchte und gerade auf Praxisstation bei der *Saarbrücker Zeitung* war. Sie sollte zu Übungszwecken einen Artikel schreiben und hatte sich mich als Thema ausgesucht. Dagegen hatte ich natürlich nichts – und es wurde ein sehr schöner und auch sehr wohlwollender Artikel, der schließlich veröffentlicht wurde.

Dass dieser Artikel wie ein Schneeball war, der eine Lawine ins Rollen brachte, konnte ich da noch nicht ahnen.

Kurz darauf klingelte bei mir das Telefon. Jemand aus der Redaktion von *hallo deutschland* beim ZDF war dran. Der Redakteur sagte: »Wir haben da was über Sie gelesen. Könnten Sie sich vorstellen, dass wir ein Beitrag über Sie drehen?« Natürlich konnte ich. Plötzlich stand das Fernsehen in unserer kleinen Wohnung und drehte einen Beitrag über »den jungen Magier in Saarbrücken«. Auch wenn der Clip nur sehr kurz war, feierte ich am Abend der Ausstrahlung mit meiner Freundin diesen Erfolg. Darum wollte ich am nächsten Morgen etwas länger schlafen, doch das Telefon klingelte mich aus dem Bett. Verschlafen stürzte ich zum Hörer und erwischte ihn gerade noch, bevor der Anrufbeantworter ansprang.

Es meldete sich eine Dame.

Sie stellte sich als Intendantin des Hansa-Theaters in Hamburg vor. Mein Herz machte einen Sprung. Das war, soviel wusste ich, ein traditionsreiches Haus, das auf Varieté spezialisiert war. Sie hatte zufällig den ZDF-Beitrag gesehen und fragte nun freiheraus: »Sind Sie zufällig im Juni frei? Uns ist ein Künstler ausgefallen, und wir suchen dringend Ersatz! Ich hatte Ihnen auch schon eine Mail geschickt, aber die haben Sie vielleicht nicht gesehen.« Ich hatte Mühe, nicht in lauten Jubel auszubrechen, und antwortete, so ruhig ich konnte: »Ja, da hätte ich zufällig noch Zeit.« Sie entgegnete: »Wunderbar! Sie sind so gut wie engagiert, aber vorher möchte ich Sie eigentlich gerne einmal live sehen. Spielen Sie denn irgendwo?« Da erwischte sie mich leider auf dem falschen Fuß: Ich hatte noch immer kein festes Programm, sondern testete immer wieder neue mentalmagische Experimente, mit denen ich mal hier, mal da auftrat. Und ich hatte schon gar keine regelmäßige, abendfüllende Show, auch wenn das in dem Fernsehbeitrag ein bisschen so rübergekommen war. Das wollte ich ihr gegenüber natürlich möglichst nicht zugeben. Also entgegnete ich: »Ja, am Samstag trete ich wieder auf, ich habe eine Solo-Show.« Dann fügte ich in bedauerndem Tonfall hinzu: »Allerdings nicht in Ihrer Nähe, sondern hier in Saarbrücken.«

Insgeheim hatte ich die Hoffnung gehegt, das sei damit geklärt, und ich könne einfach nach Hamburg kommen und mich vorstellen. Dass die Intendantin so kurzfristig von Hamburg nach Saarbrücken reisen würde, konnte ich mir nicht vorstellen. Doch sie entgegnete fröhlich: »Ach, das macht nichts, ich kann im Zug immer sehr gut arbeiten. Dann komme ich vorbei!« Ich hörte mich sagen: »Alles klar! Ich schicke Ihnen eine Mail mit den genauen Daten. Dann bis Samstag!«

Mist! Nachdem ich aufgelegt hatte, begann ich sofort fieberhaft zu überlegen. Ich brauchte eine Show! Dringend! Mir fiel ein Freund ein, der eine Kneipe und dort eine Bühne im Hinterraum hatte. Sofort machte ich mich auf den Weg und eröffnete ihm: »Marc[12], ich brauche deine Bühne!« Er erwiderte: »Was? Aber die hab ich noch nie benutzt.« Und ich bestimmte: »Dann ist es jetzt das erste Mal, ich hab am Samstag einen ganz wichtigen Termin, da kommt die Intendantin vom Hansa-Theater in Hamburg und will mich auf der Bühne sehen. Wir müssen hier so tun, als wäre das ein stetiger Spielbetrieb. Komm, bitte mach mit! Ich trommele ein Publikum zusammen, und wir tun so, als wäre das eine öffentliche Show.« Marc war sofort begeistert: »Ja, geil, ich bin dabei.« Danach machte er sich daran, ein Plakat zu entwerfen, und ich begann damit, meine Freunde anzurufen. Danach ging ich daran, mein Repertoire zu einer bestmöglichen Nummer zu sortieren und mir Ansagen zu überlegen.

Und, was soll ich sagen? Es hat geklappt! Es war zwar eine wirklich kleine Show vor gut fünfundzwanzig Leuten, aber es war eine richtige Show. Vor einem Publikum aus Freunden und Familie zwar, aber trotzdem mit einem wahren Zuschauer: Die Dame vom Hansa-Theater. Sie hatte sich ganz hinten in der Ecke platziert und machte sich die ganze Zeit Notizen.

Nach dem Auftritt kam sie zu mir und lobte mich: »Ja, Herr Becker, das ist wirklich eine ganz schöne Show, die Sie da machen. Aber das mit diesem Gedankenlesen und mit dieser Hypnose … Wissen Sie, wir sind ja ein Varietétheater, das muss alles ein bisschen visueller sein. Hätten Sie nicht noch etwas mit Feuer?«

Feuer? Ich starrte sie an. Die vergangenen Tage hatte ich kaum geschlafen, hatte geprobt, organisiert und mir den Kopf zerbrochen und war komplett mit den Nerven fertig. In dem

Moment dachte ich: Nee! Jetzt reicht's! Feuer geht nun wirklich nicht! Und dann fiel mir wieder ein, was der Schauspiellehrer gesagt hatte: Sie müssen sich inszenieren. Also habe ich gesagt: »Es tut mir leid. Gedankenlesen und Hypnose sind *meine* Kunst. Da lasse ich mir nicht hineinreden. Wenn Sie was mit Feuer wollen, dann bin ich wahrscheinlich doch nicht der Richtige für Sie. Verbiegen kann und will ich mich nicht. Schade, aber so ist es dann wohl.« Daraufhin hat sie sich etwas in ihr Notizbuch geschrieben und meinte: »Gut, dann weiß ich das! Vielen Dank, Herr Becker!« Mit diesen Worten ist sie gegangen – und ich dachte: Na, das war's dann also mit dem Hansa-Theater. Aber immerhin habe ich jetzt ein kleines Programm, mit dem ich arbeiten kann. In einem dieser Punkte hatte ich recht, im anderen irrte ich.

Zwei Tage später klingelte wieder das Telefon. Am anderen Ende: Die Dame aus Hamburg. Sie erklärte: »Es hat mir imponiert, dass Sie so für sich eingetreten sind. Ich habe es mir überlegt. Gedankenlesen und Hypnose sind genau das, was wir brauchen. Sie sind engagiert!« Das war der Startschuss für mein erstes großes Engagement – und das gleich für zwei Monate in Hamburg im traditionsreichen Hansa-Theater.

MAKE YOUR WISH WANT YOU:
ZEIG DICH DEINEM WUNSCH – DAMIT ER DICH WILL

Fällt dir etwas auf? Genau: Auch hier habe ich wieder etwas zunächst »nur« gespielt. Ich wollte ein Magier sein, also habe ich – so gut ich es zu diesem Zeitpunkt eben konnte – so getan, als wäre ich einer. Da es keine Gedankenlese-Ausbildung gibt und ich keine anderen Magier kannte, die sich mit dem befassten, wovon ich fasziniert war, habe ich auf Learning by Doing gesetzt und bin meinem Gefühl gefolgt.

Das erinnert mich an einen wunderbaren Satz, den ich kürzlich gelesen habe und in dem sehr viel Wahrheit steckt. Er lautet: *Make your wish want you!* Also: Zeige dich deinem Wunsch. Aber nicht nur diesem. Mach dem Wunsch und allen anderen klar, dass du nicht nur ein Maulheld bist, sondern es ernst meinst. Genau das hatte ich intuitiv getan. Ich hatte, so gut es eben ging, weitergemacht. Das hatten andere Menschen mitbekommen. Haben es weitererzählt. Das kam wiederum neuen Leuten zu Ohren. Die Kreise derer, die wussten, was ich tue und was ich kann, wurden so immer größer. Daneben war ich die ganze Zeit bereit, Gelegenheiten zu ergreifen, die mich möglicherweise weiterbringen. Erst habe ich bei dem Artikel mitgemacht, dann beim TV-Beitrag. Und als sich dann schließlich eine riesige Chance bot, war ich trotz nicht idealer Voraussetzungen absolut bereit, sie zu ergreifen – auch wenn das ein paar schlaflose Nächte, viel Improvisation und vorübergehend ziemlich viel Stress bedeutete. Auf diese Weise habe ich meinem Wunsch unmissverständlich klargemacht, dass ich ihn will. Und ganz offensichtlich wollte er mich auch. Ich würde darum den Satz gerne zu einem Gedicht erweitern:

Make your wish want you
This makes your wish come true.

11

DAS LEBEN IST EIN WUNSCHKONZERT: WAS AUCH PASSIERT, DU BLEIBST DER MAGIER – UND KANNST JEDES KAPITEL DEINES LEBENS SO (UM)SCHREIBEN, WIE DU ES WILLST

*Auch eine schwere Tür
hat nur einen kleinen Schlüssel nötig.*

Charles Dickens

Vielleicht haben dich während des Lesens bis hierher schon mal Zweifel befallen, ob wir wirklich immer und in jeder Situation die Meister unseres Schicksals sind und tatsächlich wie Magier geschickt die Fäden ziehen können. Und es wäre gelogen zu sagen, dass unser Leben nicht auch von äußeren Umständen beeinflusst wird. Manchmal können wir gar nicht so handeln, wie wir uns das in unseren Träumen so schön ausgemalt haben – oder nicht mal, wie wir das gewohnt sind. Weil wir zum Beispiel gerade krank sind. Weil wir uns auf der Flucht befinden. Weil wir den Job verloren haben. Weil wir momentan nicht oder nur unter großen Einschränkungen das Haus verlassen dürfen. Weil irgendwer meinte, nachts unser Fahrrad mit dem Kindersitz klauen zu müssen. Weil ein Wasserrohr bricht. Weil unser Partner uns verlassen hat. Es gibt viele Faktoren, die uns in unseren Plänen ausbremsen oder persönlich erschüttern können, ohne dass wir mit ihnen hätten rechnen können, und vor allem, ohne dass wir dabei unsere Finger im Spiel hatten. Es geschehen einfach Dinge ohne unser Zutun. Und manchmal müssen wir darum zeitweilig Dinge tun, die uns eigentlich widerstreben.

WÜNSCH DIR WAS – DAS GILT IN KRISEN ERST RECHT!

Das ist jetzt der Moment, in dem griesgrämige Zeitgenossen gerne pessimistische Floskeln einwerfen wie: Ja, ja, das Leben ist nun mal kein Wunschkonzert. Ich halte dagegen: Ist es doch! Vielleicht werden erst mal andere Lieder als unser Wunsch-Song gespielt. Aber wenn wir nicht lockerlassen und dem DJ immer wieder den gleichen Zettel in die Kanzel reichen, wird er »unser Lied« eines Tages spielen. Die äußeren Einwirkungen sollten nämlich nicht darüber hinwegtäuschen, dass fokussierte, zielgerichtete Gedanken immer noch unglaubliche – magische – Kräfte besitzen und sich ihren Weg zu ihrer Erfüllung suchen. Nicht immer sofort, aber sobald es eben im Rahmen der Möglichkeiten geht. Um noch ein anderes Bild zu benutzen: Wie Wasser aus einer Quelle, das einen Berghang hinunterrinnt. Da, wo es auf Hindernisse stößt, staut es sich vielleicht vorübergehend, aber schließlich folgt es doch der Gravitation und umfließt alles, was sich ihm in den Weg stellt. Oft nicht auf geradem Wege und auch nicht immer rasend schnell, aber trotzdem vollkommen zielstrebig. Voraussetzung dafür: Es kommt von oben, von der Quelle – deinen Gedanken – immer wieder neues Wasser nach. Das ist gegeben, wenn du das, was du willst, weiter zu denken und zu wünschen wagst und nicht ungeduldig wirst und das Handtuch wirfst. Sonst versickert das Wasser irgendwo unterwegs.

Das Entscheidende ist, dieses Gesetz auch dann nicht zu vergessen, wenn wir uns gerade nicht in einer so optimalen Lage befinden. Du kennst vermutlich das Bonmot »Am Ende wird alles gut – und wenn es nicht gut ist, ist es nicht das Ende«.[13]

Sobald du dir bewusst sagst: »Das hier ist noch nicht das Ende der Geschichte!«, hast du schon gewonnen. Denn dann lässt du den Gedanken zu, weiterhin alle Möglichkeiten zu haben – wenn nicht sofort, dann eben, sobald es geht. Solange wir leben, gilt dieser Satz. Falls du gerade eine schwierige Zeit durchmachst, tust du gut daran, dich immer wieder daran zu erinnern. Zum Beispiel so:

Nimm ein Stück Papier und schreibe darauf:

DIES IST NICHT DAS ENDE DER GESCHICHTE

Falte das Papierstück zusammen und lege es in dein Portemonnaie oder eine Tasche, die du immer dabeihast. Sobald dich ein Gefühl von Hoffnungslosigkeit überkommt, hole es hervor, falte es auseinander und lies die magischen sieben Worte, um dich daran zu erinnern, dass auch wieder bessere Zeiten kommen. In Phasen, in denen es dir richtig gut geht, erinnert dich der Satz daran, dass es wichtig ist, sich nicht auf dem einmal Erreichten auszuruhen, sondern weiter bewusst durchs Leben zu gehen und es zu gestalten – die Geschichte weiterzuschreiben.

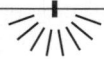

Du schreibst deine Geschichte weiter, und du bestimmst, worauf du dabei deinen Fokus richtest – nicht die äußeren Umstände. Oft geht eine Krise mit einer Zwangspause einher, in der das, was wir bisher täglich gemacht haben, ruht oder nur auf Sparflamme kocht. Kontraproduktiv ist es, wenn wir diese frei gewordene Zeit allein mit kurzfristiger Zerstreuung wie zum Beispiel Computerspielen oder Vernichtung alkoholischer Erfrischungen füllen. Wenn wir sie dagegen dazu nutzen, uns zu überlegen, wo es hingehen soll, und das dann ganz bewusst – erst mal gedanklich – verfolgen, kann daraus der Start in eine märchenhafte Zukunft werden.

DIE ZWEI FRÖSCHE

Zwei Frösche waren in einen Bottich mit Sahne gefallen. Beide versuchten, an den Rand zu kommen, aber es funktionierte nicht: Sie rutschten immer wieder ab, fielen zurück und hielten sich weiter mit Mühe strampelnd an der Oberfläche. Einer von beiden jammerte: »Wir sind hier gefangen, wir werden hier sterben! Und wenn es sowieso aus ist – warum soll ich mich hier noch abrackern? Es bringt doch nichts!« Mit diesen Worten hörte er auf zu paddeln, ging unter und ertrank. Der andere Frosch war dazu nicht bereit. Er wusste zwar noch nicht, wie er den glitschigen Rand des Bottichs überwinden könnte, aber er hatte keine Lust, sich damit abzufinden, dass sein Leben nun zu Ende sein sollte. Er sah sich im Geiste mit den anderen Fröschen vom Froschchor proben und sagte sich, dass er zur nächsten Probe kommen werde – auch wenn er jetzt noch nicht wusste, wie. Also strampelte er weiter. Nach einiger Zeit merkte er, dass er sich weniger anstrengen musste. Je mehr er paddelte, umso fester wurde der Untergrund. Schließlich konnte er ohne Mühe hinausspringen: Durch das ganze Strampeln war die Sahne zu Butter geworden.

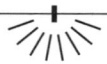

SCHWARZGEMALT UND PESSIMISTISCH ODER GOLDEN UND VOLLER MÖGLICHKEITEN – WELCHE ZUKUNFT DARF ES DENN SEIN?

Leider kann so einem Neubeginn eine sehr menschliche Eigenart im Wege stehen, die sich wieder aus der altbekannten *Negativity Bias* ableitet, der negativen Voreinstellung, wenn wir auf etwas Unbekanntes stoßen. Die Rede ist vom übermäßigen Schwarzmalen, vom Sorgenmachen, vom Grübeln darüber, was vielleicht alles schiefgehen könnte. Hinzu kommen die ganzen »Das geht nicht«- oder »Ich kann das nicht«-Glaubenssätze, die sich irgendwann im Laufe unseres Lebens in unserem Unterbewusstsein festgesetzt haben und unermüdlich Sand ins Getriebe streuen.

Und so wälzen wir oft so lange potenzielle Probleme, bis wir uns selbst überzeugt haben, dass unsere Wünsche unerfüllbar sind, und wir uns auf dem Weg in unseren sicheren Untergang befinden – wie der eine Frosch in der Geschichte oben. Interessanterweise ist der Frosch erst dadurch, dass er *geglaubt* hat, verloren zu sein, untergegangen. Der andere Frosch hat dagegen seinen Glauben daran, dass eine Rettung möglich ist, nie verloren. Darum hat er das getan, was ihm in der gegenwärtigen Situation möglich war, um dieses Ziel zu erreichen: weitermachen und paddeln.

Zum Grübeln neigen wir vor allem dann, wenn wir noch nicht so genau über die Zukunft Bescheid wissen. Weil die gewohnten Bahnen nicht mehr zur Verfügung stehen oder auch nur eventuell bedroht sein könnten. Wir sehen dann überall potenzielle Probleme, erwarten das Schlechteste und nehmen an, dass sich die Welt gegen uns verschworen hat. Und das, obwohl wir auch etwas ganz anderes erwarten könnten – ganz einfach, weil Sorgen erst mal reine Spekulationen, ein »Das könnte vielleicht« sind.

Aber Vorsicht! Übermäßiges Grübeln sollte man dabei nicht

verwechseln mit einer konstruktiven Überlegung, welchen Hindernissen ich in einer gegebenen Situation wahrscheinlich begegnen werde, für die ich mir dann Lösungen ausdenke. Diese Art zu denken ist absolut hilfreich. Zumindest, wenn man die Möglichkeit hat, durch Analyse – zum Beispiel der Vergangenheit oder wahrscheinlicher Risiken – sein gegenwärtiges Verhalten so zu gestalten, dass man die Zukunft positiv beeinflusst. Es hat zum Beispiel nichts mit überzogenem Pessimismus zu tun, wenn ich bei einer Wanderung Blasenpflaster, Reiseproviant und eine Regenjacke mitnehme, weil ich aufgrund früherer Erfahrungen die Möglichkeit in Erwägung ziehe, dass die neuen Wanderschuhe drücken, ich Hunger bekomme oder sich der momentan wolkenlose Himmel zuzieht. Es hat genauso wenig mit Schwarzmalerei zu tun, eine Haftpflichtversicherung abzuschließen, einen Erste-Hilfe-Kurs zu belegen oder mit Helm Fahrrad zu fahren. Stattdessen sind diese Maßnahmen etwas, was ich in diesem Moment tun kann, um mit der Erkenntnis umzugehen, dass eben auch mal etwas schiefgehen kann, weil nicht immer alles kontrollierbar ist. Dadurch mache ich mir, ganz im Gegenteil, den Kopf frei, weil ich mir sagen kann: Ich habe alles getan, was ich tun konnte, und jetzt wende ich mich wieder mit vollem Fokus dem zu, was ich tatsächlich erreichen oder erleben möchte.

Ganz anders sieht es aus, wenn ich vor der Wanderung tagelang meine Fantasie dafür missbrauche, mir auszumalen, was alles Schreckliches passieren könnte – bis hin zu so unwahrscheinlichen Ereignissen wie einem Meteoriteneinschlag, einem Erdrutsch oder dem Angriff der Killerbienen –, und dann schließlich vor lauter Angst nicht mehr losgehe. Das wäre dann paranoides Denken. Paranoia befällt uns vor allem in Situationen, in denen wir in bislang unbekannten Situationen stecken oder etwas Neues auf uns zukommt. Situationen, die wir noch nicht so gut oder auch gar nicht einschätzen können. Ein regelmäßiger Wanderer käme gar nicht auf die Idee, Schlimmes zu befürchten. Einfach, weil er weiß, dass beim Wandern eher selten irgendwas Gefährliches passiert und man eigentlich immer wohlbehalten am jeweiligen Etappenziel ankommt, auch wenn es schon mal anstrengend werden kann. Oder dass man im Fall der Fälle meist schon weit im Voraus merkt, dass sich etwas anbahnt – zum Beispiel ein Unwetter –, und darauf gut reagieren kann.

Das Wort »paranoid« leitet sich aus den griechischen Begriffen *parà* »gegen« und *noûs* »Verstand« ab und bedeutet »wider den Verstand« oder schlicht gesagt: »verrückt«. Jemand, der paranoid denkt, befasst sich übermäßig mit einer unerwünschten Zukunftsversion und *verrückt* damit seinen Fokus: Weg von dem, was er eigentlich will, hin zu dem, was er vermeiden möchte. Und so ähnlich, wie man an Fahrbahnverengungen auf der Autobahn umso eher die Leitplanke streift, je ängstlicher man sie fixiert, statt einfach dorthin zu schauen, wo man hinmöchte – nämlich nach vorn –, erhöht man mit dieser Beschäftigung sogar noch das Risiko, dass das Unerwünschte eintritt.

Zum Glück gibt es effektive und obendrein sehr unterhaltsame Methoden, um Grübeleien zu bremsen und den Fokus sofort und mit einigen Lachern wieder zum Wünschenswerten zurückzuleiten.

PRONOID STATT PARANOID

Dieses Spiel macht großen Spaß, und du brauchst dazu nur einen Mitspieler. Es basiert auf dem Begriff der »Pronoia«, den der amerikanische Künstler und Astrologe Rob Brezsny[14] geprägt hat. Während Paranoia die wahnhafte Idee ist, dass sich alles und jeder gegen dich verschworen hat, ist Pronoia das

Gegenteil: Die Welt hat sich zusammengeschlossen, um dir nichts als Gutes zu tun.

Deine Aufgabe ist es, deinem Mitspieler eine halbe Stunde lang zu erzählen, wie grandios deine Zukunft aussehen wird und wer dir alles dabei helfen wird, sie fantastisch zu gestalten. Du musst dich dabei nicht an Wahrscheinlichkeiten halten, sondern darfst wild fabulieren – es geht hier nicht um Realismus, sondern um das Training deiner Vorstellungskraft und darum, sie aus düsteren Worst-Case-Szenarien zu lösen und stattdessen das Entwerfen von Best-Case-Szenarien zu üben. Ich habe das Spiel mal bei einem Parkspaziergang mit einem Kumpel gemacht, der Künstler ist. Je länger er erzählt hat, umso abgedrehter wurden seine Einfälle. Am Ende landeten Aliens in Berlin, die wie von Sinnen seine Bilder kauften, um sie dann auch gleich noch an weitere Aliens aus einer anderen Galaxie weiterzuempfehlen.

Die einzige Regel bei diesem Spiel lautet: Sobald du bei deinem Vortrag ins Pessimistische abdriftest, muss dein Zuhörer sofort einschreiten und laut das Wort »PRONOID!« rufen, um dich damit wieder auf den konstruktiven Pfad zurückzuholen. Damit verwandelst du tatsächlich dein Verhältnis zur Zukunft, denn auch wenn die Pläne, die du während dieser Übung spontan zusammenspinnst, einen Tacken abgedreht sind, veränderst du dein Gefühl grundlegend. Von düsterer Krisenstimmung hin zu erwartungsvoller und im Kern optimistischer Spannung. Mit diesem Gefühl im Hintergrund hast du es viel leichter, auch wieder ernst gemeinte konstruktive Gedanken zu fassen und deine Zukunft so zu gestalten, wie du es dir vorstellst.

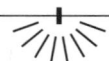

Ein weiteres schönes Hilfsmittel, um Gedankenspiralen zu durchbrechen, ist die folgende Übung. War das gerade skizzierte Spiel vor allem eine Art mentale Lockerungsübung, sozusagen um deine Fantasie aufzuwärmen und zu dehnen und dich in eine positive Stimmung zu versetzen, hilft dir die folgende Übung, eine echte positive Zukunftsvision zu entwickeln. Und das besonders, aber nicht nur dann, wenn du eine Zeit der Ungewissheit durchlebst oder das Gefühl hast, vor einer Durststrecke oder einer herausfordernden Phase zu stehen. Die Übung ist aber noch mehr als das: Sie ist, wenn du dich darauf konzentrierst und dir Zeit nimmst, dich einzufühlen, ein sehr wirkungsvoller magischer Akt. Dieser magische Akt verankert die Erfüllung deiner Wünsche in der Zukunft und greift so zu deinen Gunsten in den Lauf der Dinge ein.

NACHRICHT AUS DER ZUKUNFT
Nimm einen Bogen Papier und versetze dich gedanklich in die Zukunft. Deine Aufgabe ist es, einen Brief zu verfassen. Datiere ihn auf den heutigen Tag – nur das Jahr ist ein anderes. Du befindest dich fünf Jahre in der Zukunft oder auch nur ein oder zwei Jahre, je nachdem, was du wann erreichen möchtest. Wichtig dabei ist, dass du die kritische Phase, in der du gerade steckst oder die dir bevorsteht oder zumindest bevorzustehen scheint, mit allen potenziellen Schwierigkeiten und Herausforderungen überspringst. Dein zukünftiges Ich hat all das bereits hinter sich gebracht. Erzähle dir selbst, wie du alle Krisen und Herausforderungen mit Bravour und Mut gemeistert hast, obwohl du dir das ja anfangs gar nicht vorstellen konntest. Wie froh du bist, es gewagt zu haben und berichten zu können, dass sich trotz zuweilen widriger Umstände alle deine Wünsche erfüllt haben und du alles geschafft hast, was du dir vorgenommen hast. Beschreibe, wie es ist, all das, was du dir erträumt hast, nun tatsächlich zu erleben. Sprich dir selbst Mut zu und versichere dir, dass du es schaffen wirst. Wenn du fertig bist, stecke den Brief

in einen Umschlag, adressiere ihn an dich, frankiere ihn und schicke ihn ab. Sobald er dich erreicht, mache ihn auf, lies ihn aufmerksam und verwahre ihn gut.

SORGE DICH NICHT, LEBE – UND ZWAR JETZT

Noch etwas passiert, wenn du über das, was du nicht haben möchtest, nachgrübelst – du dir also Sorgen machst über Dinge, die du nicht ändern kannst oder zu deren Beurteilung dir noch die nötigen Informationen fehlen: Du katapultierst dich aus dem gegenwärtigen Moment hinaus. Das ist traurig, denn dann verpasst du, was das Leben gerade jetzt zu bieten hat. Du siehst dann zum Beispiel nicht die Schönheit der Blumen, an denen du vorübergehst. Du spürst nicht die Sonne auf deiner Haut. Du riechst nicht den Duft des Kuchens. Und du übersiehst den liebevollen Blick deines Partners. Außerdem verkennst du, dass der einzige Augenblick, in dem du die Zukunft, über die du dich sorgst, verändern kannst, das immerwährende Jetzt ist.

Wenn du bereits alles getan hast, was dir in diesem Moment möglich war, um deine Zukunft positiv zu beeinflussen (zum Beispiel vor einer Wanderung Blasenpflaster einzupacken oder für eine bevorstehende Prüfung zu lernen), dann ist das Sorgenmachen immer verschwendete Energie. Nicht nur das, es kann sogar deine Zukunft negativ beeinflussen, weil es dich unnötig deprimiert und dich stresst. Denke noch einmal an das Hüpfekästchenspiel und wie nur ein kurzer Moment des Spaßes die ganze Welt schöner färben und auch ganz andere wunderbare Dinge anstoßen kann. Umgekehrt gilt das natürlich ebenso. Wenn du eine negative Stimmung nährst, ist das so, als würdest du einen Radiosender einstellen, der grundsätzlich nur Nachrichten über Katastrophen sendet: Du entdeckst immer mehr, worüber du dir Sorgen machen kannst. Darum ist es viel besser, ganz im Sinne von Dale Carnegies bekanntem Slogan »Sorge dich nicht, lebe!«, deinen Blick bewusst auf die schönen Dinge zu richten, die um dich herum sind – oder auch auf die erhebenden Dinge in deinem Herzen, in Form von Liebe für deine Familie oder auch für deinen Hund oder deine Zimmerpflanzen.

DER RAT DES ALTEN PIANISTEN: GENIESSE!

Dazu fällt mir wieder eine persönliche Geschichte ein: Als ich in meiner dritten Woche im Hansa-Theater in Hamburg auftrat, wurde ich vor den Shows zunehmend unruhiger. Einiges war die vergangenen Male nicht so rundgelaufen, wie ich mir das vorgestellt hatte. Und so stand ich hinter der Bühne des ausverkauften Saals und wartete nervös auf meinen Auftritt. Da stand plötzlich einer der Musiker des Orchesters neben mir, Jakob, der Pianist. Ich war mit meinen Gedanken so in meine potenziellen Schnitzer auf der Bühne versunken, dass ich sein Kommen gar nicht bemerkt hatte. Jakob war damals bestimmt schon Mitte siebzig und ein Urgestein des Hansa-Theaters. Er hatte einen eigentümlichen mit Hamburger Platt gemischten polnischen Akzent und sah mit seiner herabhängenden Schulter und einem kürzeren Bein aus wie eine Figur aus einem Roman. Aber vor allem strahlte er Ruhe und einen unerschütterlichen Optimismus aus.

Nun sagte Jakob:

»Du bist ein bisschen nervös, oder was ist los mit dir?«

Ich antwortete:

»Stimmt, ich weiß nicht, ob das hier funktioniert. Ich habe Sorge, dass wieder was schiefgeht.«

Jakob musterte mich kurz amüsiert. Dann sagte er:

»Pass man auf, Jung. Du kannst deinen Text?«

»Ja, den habe ich ja jetzt drei Wochen täglich geübt.«

»Kannst du deine Routinen?«

»Ja, klar.«

»Fühlst du dich vorbereitet?«

»Eigentlich schon, es ist nur …«

Jakob unterbrach mich:

»Wenn das so ist, dann musst du dir nie wieder Sorgen machen. Das Einzige, worüber du dir Gedanken machen musst, ist: Du gehst da raus und genießt. Du hast dich vorbereitet. Du weißt, was du machen willst. Du weißt, was du tust. Das Einzige, was dir noch fehlt, ist der Genuss. Genieße! Geh raus und genieße!«

Genieße – dieser Hinweis Jakobs war ein echtes Zauberwort für mein Leben. Seit diesem Moment begleitet mich sein »Genieße!« bei meinen Shows. Vor allem, wenn ich neue Sachen ausprobiere, aber auch, wenn ich zwischendurch doch mal nervös werde, etwa bei einem Auftritt im Fernsehen. Dann an Jakobs Ausspruch zu denken stoppt den Stress sofort, denn er erinnert mich daran, dass es erst mal nur darum geht, zu genießen und zu spielen.

Doch was passiert hier eigentlich im Detail?

Dadurch, dass ich den Fokus auf den Genuss und die Freude lege, löse ich mich von den Schubladen, auf denen »richtig« und »falsch« oder »Erfolg« und »Misserfolg« steht. Damit löse ich mich auch von einer inneren Verkrampfung, die nahezu automatisch entsteht, wenn etwas unbedingt »richtig« laufen soll und es eine Katastrophe ist, wenn es das nicht tut. Sobald ich genieße und spiele, ist das völlig egal.

Das gilt für sehr vieles im Leben.

Stell dir zum Beispiel vor, du hast ein Vorstellungsgespräch, das für dich sehr wichtig ist. In dem Moment imaginierst du vermutlich jeweils ein »richtiges« und ein »falsches« Szenario. »Richtig« ist: Die nehmen mich, und ich habe in Zukunft ein sehr gutes Auskommen. »Falsch« ist: Die nehmen mich nicht, und dann kann ich bald meine Rechnungen nicht mehr bezahlen. Das Ergebnis ist, dass du durch dieses – erst mal rein hypothetische – Negativszenario plötzlich riesige Angst vor dem Vorstellungsgespräch hast. Du hast Angst, zu versagen. Nicht nur der Moment des Vorstellungsgespräches ist davon betroffen, sondern deine komplette Vorbereitung. Die Angst lähmt dich, Stresshormone werden ausgeschüttet. Deine Gedanken schweifen ab, du kannst dich nicht konzentrieren, weil du ständig denkst: Ich muss gewinnen, ich muss gewinnen, ich muss gewinnen.

Schließlich sitzt du im Vorstellungsgespräch. Der Interviewer schaut auf dein Zeugnis und denkt:»Hm, ein super Zeugnis, eigentlich passt der Bewerber. Aber was ist nur mit dem Typen, warum ist der so nervös? Irgendwie bekomme ich einen komischen Eindruck …« Allein durch deine angstgesteuerte Verkrampftheit erhöht sich die Wahrscheinlichkeit, dass das gefürchtete»Falsch«-Szenario eine sich selbst erfüllende Prophezeiung wird.

Schauen wir dieselbe Situation noch einmal an, wenn du Genuss zu deinem Leitmotiv machst. Sofort hast du ein anderes Gefühl. Dann siehst du das Ganze als Möglichkeit, der weitere Möglichkeiten folgen werden, und sagst dir:»Ich nutze diese Möglichkeit und genieße sie – egal, was am Ende dabei rauskommt.« In dir breitet sich Gelassenheit aus, und du genießt den Moment, die Gelegenheit, dich vorzustellen. In diesem Fall kann es gut sein, dass der Interviewer denkt:»Hm, vom Zeugnis her passt das ja eigentlich nicht so. Aber das ist ein guter Typ – so jemanden brauchen wir.«

Sich aufs Genießen zu konzentrieren ist natürlich nicht gleichbedeutend damit, keine Vorkehrungen zu treffen und sich nicht vorzubereiten. Es bedeutet vielmehr, die Vorbereitung ebenfalls zu genießen. Du bereitest dich besser vor, weil du nicht durch Sorge abgelenkt bist. Auch wenn dein Ideal natürlich weiterhin sein kann, die Stelle zu bekommen, bist du nicht davon abhängig. Falls du sie nicht bekommst, grämst du dich nicht, sondern fragst einfach nach, woran es gelegen hat. Dann ist das Gespräch eine Erfahrung, aus der du lernst und die dich weiterbringt – zum Beispiel, indem sie dir eine ganz neue Möglichkeit aufzeigt.

Erinnere dich an mein Vorsprechen in Bremen: Auch wenn ich nicht angenommen wurde, haben mich die Lehren, die ich daraus gezogen habe, auf einen beruflichen Weg gebracht, der viel besser zu mir passt.

MEINE LEBENSKRISEN – UND WAS ICH DARAUS GELERNT HABE

Das chinesische Wort für Krise lautet *weiji* (危机), dabei bedeutet *wei* (危) »Gefahr«, *ji* (机) dagegen kann unter anderem mit »Gelegenheit« übersetzt werden. Eine sehr weise Auffassung der Dinge, die sich in der Sprache niedergeschlagen hat. Dass in jeder noch so schweren Krise ein enormes Potenzial steckt, habe ich mehrfach in meinem Leben erfahren. Das erste Mal war ich noch ein Kind. Damals konnte ich schon einmal in meinem Leben monatelang nicht vor die Tür …

Doch der Reihe nach.

Meine ersten Lebensjahre verbrachte ich sehr behütet auf einem alten Bauerndorf namens Kohlhof. Das liegt im Saarland, mitten im Wald, wie im Märchen. Wir Kinder waren jeden Tag draußen in der Natur. Dort habe ich mir auch meine Zirkusvorführungen ausgedacht, dort hatte ich meine Freunde und war glücklich. Als ich auf die weiterführende Schule kommen sollte, war jedoch Schluss mit der Idylle: Wir zogen um in die Stadt, nach Neunkirchen. Das lag zwar nur fünf Kilometer entfernt, war aber eine völlig neue Welt, viel härter als die, die ich kannte. Neunkirchen war früher eine klassische Arbeiterstadt mit Eisenwerk und Grube, eine Art Manchester des Saarlands. Auch wenn die letzte Kohlengrube schon in den Sechzigern geschlossen worden war und das Eisenwerk Anfang der Achtziger folgte, war die Atmosphäre davon geprägt. Man muss hart sein, man muss schaffen können, man muss stark sein, das war die Devise. Das hat nicht zu mir und meiner kreativen, spielenden, sensiblen Seite gepasst, und ich habe mich dort sehr fremd gefühlt. Wären meine alten Freunde in der Nähe gewesen, hätte das sicher geholfen, aber die waren auf einmal unerreichbar. Hinzu kam der Schulwechsel, der ja auch schon ohne Umzug für jedes Kind eine Zeit der Unsicherheit und des Umbruchs ist.

Das alles zusammen führte dazu, dass ich schon nach kurzer Zeit an der neuen Schule einen Zusammenbruch erlitt. Meine Sinne rebellierten. Geräusche waren unnatürlich verstärkt. Wenn in meiner Nähe ein Stuhl umfiel, klang das so laut, als würde ein Düsenjet neben mir landen. Schon bei einem leichten Anstupsen hatte ich das Gefühl, mein ganzer Körper sei angefasst worden. Auch Licht konnte ich nicht mehr ertragen. Dabei konnte niemand genau sagen, was mit mir los war. Mein Hausarzt war ratlos. Zunächst tippte er auf Kreislaufprobleme, doch mein Kreislauf erwies sich als stabil. Auch alles andere, was man messen konnte, war in Ordnung. Dass meine Psyche litt, so etwas konnte man sich damals nicht vorstellen. Schließlich hat der Arzt mich einfach krankgeschrieben. Ich weiß nicht mehr, was für eine Diagnose er notiert hat. Heute würde man meinen Zustand vermutlich als Überforderungsdepression bezeichnen. Ich war nur froh, endlich nichts mehr zu müssen. Über ein halbes Jahr konnte ich nicht mehr zur Schule gehen. In der Zeit saß ich vor allem in meinem abgedunkelten Zimmer und habe gelesen.

Den Anfang machte ein Buch von Erik Jan Hanussen-Steinschneider, der vor etwa hundert Jahren der berühmteste Telepath und Hypnotiseur Deutschlands war. Dazu auch eine zwielichtige Type und ein Nazi-Kollaborateur, aber davon hatte ich als Kind keine Ahnung, und davon war auch im Buch nichts zu merken. Ich las nur fasziniert, wie Gedankenlesen funktioniert und wie man Menschen hypnotisiert. Das Buch hatte mir meine Mutter schon vor einiger Zeit vom Flohmarkt mitgebracht. Nun bat ich sie, noch mehr solcher Bücher zu besorgen, und wöchentlich kam sie mit einem großen Stapel neuen Lesestoffs aus der Bücherei nach Hause. Ich saß von morgens bis abends im Bett und schmökerte fieberhaft. Und so erfuhr ich, dass die Wirklichkeit veränderbar ist: Was du erlebst, kann sich in Hypnose vollkommen real anfühlen, ist aber aus Perspektive der Alltagswirklichkeit nur eine Illusion. Dann begriff ich, dass jede Illusion eine neue Realität ist und jede Realität letztlich ebenfalls eine Illusion – und dass ich der Meister über all dies war. Ich war wie Bastian in der »Unendlichen Geschichte«, der das Amulett mit der »Tu, was du willst«-Aufschrift bekommen hatte. All das hat mir nach und nach große innere Ruhe gegeben. Dabei tauchte ich nicht nur während des Lesens in die Realität der Bücher ein. Das, was dort stand, hielt Einzug in mein Denken und veränderte mich dauerhaft – und damit das, was ich erlebte.

Ohne Zweifel veränderte es auch das, was meine Familie mit mir erlebte.

Mangels anderer Probanden wurden meine Verwandten nämlich zu meinen Versuchskaninchen. Ich erspürte ihre Gedanken, hypnotisierte und versetzte sie in Zustände, die ich und vor allem meine Eltern nie für möglich gehalten hätten. Ich legte sie steif wie ein Brett zwischen zwei Stühle, ließ sie einen Sessel, in dem meine Oma saß, mit einem Finger anheben, oder ich ließ sie glauben, ihr Arm werde an einem Ballon emporgezogen. Völlig fasziniert sah ich, dass all das, was in den Büchern stand, tatsächlich funktionierte. Neben der ersten Erfahrung, die ich so mit diesen Praktiken sammelte, war es für mich genau die richtige Therapie: ein Bewusstsein dafür zu bekommen, dass die Welt nicht so sein muss, wie sie auf den ersten Blick scheint. Wenn ich der Herr über meine Wirklichkeit war, dann waren auch diese neue Stadt und die neue Schule nicht mehr bedrohlich. Ich war der Situation nicht ausgeliefert. Mit der Zeit hat mich das aus dem Loch herausgeholt, in das ich gefallen war. Langsam hat sich alles wieder normalisiert. Auch wenn ich vermutlich einfach jemand bin und damals schon war, der mehr wahrnimmt als andere Menschen, war meine sinnliche Wahrnehmung nicht mehr so extrem, dass ich nicht vor die Tür konnte.

DAS, WOMIT WIR UNS MIT LIEBE UND GEDULD BESCHÄFTIGEN, WÄCHST UND TRÄGT EINES TAGES FRÜCHTE

Im Rückblick ist mir klar, dass ich mit dieser intensiven Beschäftigung mit magischen Themen damals schon die Weichen für die Zukunft gestellt habe. Meine persönliche Krise hatte mich nur auf den ersten Blick beschränkt. Tatsächlich hat sie mir den Raum und die Möglichkeit gegeben, das zu finden und zu entwickeln, was ich liebe. Mit otium und scholé, Muße! Ich habe den Boden bereitet und die Samen gestreut, aus denen Stück für Stück meine ganz eigene Welt erwachsen ist, die dann nach und nach tatsächlich die greifbare Wirklichkeit geworden ist, mit und in der ich heute ganz selbstverständlich lebe.

Das ist etwas, was nicht nur mir vorbehalten ist und natürlich auch nicht nur jemandem, der sich mit Magie als solcher beschäftigt. Jedes Thema, dem wir uns mit Herzblut und Geduld widmen – anders ausgedrückt: mit absolutem Fokus, der ganz unbemerkt in magische Gnosis mündet, manche sagen auch Flow dazu –, wächst und gedeiht und durchzieht ganz zwangsläufig irgendwann unsere gesamte Wirklichkeit. Egal, was wir wann vorhaben: Wenn wir uns erlauben, unsere Träume nicht nur zu träumen, sondern auch zu verfolgen, verwirklichen sie sich auf wundersame Weise. So unwahrscheinlich das anfangs auch scheinen mag. Wichtig dabei ist, sich statt auf ein Ergebnis auf das Umsetzen zu konzentrieren und einen Schritt nach dem anderen zu tun. Dann lebt man den Traum vom ersten Moment an. So ähnlich, wie sich ein Gartenbesitzer auch jeden Tag ein bisschen um den Garten kümmert. Dabei tut er das, was nun mal gerade zu tun ist. Und er freut sich nicht erst dann an dem Blühen, dem Wachsen, dem Vogelgezwitscher, wenn der Apfelbaum, den er heute gepflanzt hat, drei Meter hoch ist und eine bestimmte Anzahl an Äpfeln trägt.

In dieser Krise als Kind begann noch etwas anderes: Ich wurde fast jede Nacht wach und hatte dann für einen kurzen Moment das Gefühl, alles ist eins. Die Empfindung ist schwierig zu beschreiben, aber zunächst hat sich alles mit meinem Bewusstsein zusammen unendlich weit auseinandergezogen und dann wieder zusammen. Während sich alles auseinanderbewegte, hatte ich ein Gefühl von »Alles gehört zusammen, es gibt keine Grenzen, und ich bin gerade überall«. Das hat sich unglaublich gut angefühlt, dauerte aber maximal zwei, drei Sekunden. Damals wusste ich nicht, womit ich es zu tun hatte, aber heute würde ich sagen, ich hatte Erleuchtungserlebnisse: In diesen Momenten hatte nicht nur mein Unterbewusstsein, sondern auch mein Bewusstsein Zugang zum alles verbindenden Ganzen, und ich begriff plötzlich die grundlegenden Eigenschaften des Universums. Diese nächtlichen Erleuchtungen hatte ich regelmäßig, bis ich Anfang zwanzig war, dann wurden sie langsam seltener und verschwanden. Das fiel in etwa mit der Zeit zusammen, als ich im Hansa-Theater in Hamburg mein erstes Engagement hatte. Im Nachhinein fühlt es sich fast so an, als habe das, was hinter diesen Erlebnissen steckte, so lange gewartet, bis dieses Etwas sicher sein konnte, dass ich meine Bestimmung gefunden hatte, auf eigenen Beinen stand und keine Hilfe mehr brauchte. Erst dann hat es darauf verzichtet, mir diese deutlichen Zeichen zu senden.

Ob ich mit dieser intuitiven Deutung richtigliege, lässt sich nicht nachprüfen, aber ich bin davon überzeugt. Spätestens, seit ich 2017 plötzlich schwer krank wurde und es einige Zeit nicht klar war, ob ich überleben würde. Damals im Krankenhaus begannen die Erleuchtungserlebnisse wieder – und kehrten so lange zurück, bis ich etwa ein Jahr später wieder vollkommen genesen war. Als mein Leben auf Messers Schneide stand und ich mich vor Schmerzen kaum bewegen konnte, haben mir diese Erlebnisse geholfen, wieder Mut zu fassen und mich daran zu erinnern, was mit positiv ausgerichteter Gedankenkraft alles möglich ist.

Zunächst hatte ich mich noch in düsteren und ängstlichen Zukunftsszenarien ergangen, doch jetzt realisierte ich plötzlich deren destruktive Kraft – im Grunde ist das negative Magie. Und dann habe ich aktiv gegengesteuert. Ich hatte es ja schon in Kapitel zwei angedeutet, trotz unsicherer Prognose der Ärzte habe ich den glasklaren Beschluss gefasst: Ich werde gesund! Und dann habe ich mich sofort auf den Weg gemacht – erst mal vor allem gedanklich, denn aufstehen war zunächst gar nicht und dann lange immer nur kurz möglich. Aber je mehr ich mich darauf konzentrierte, umso mehr besserte sich mein Zustand.[15]

DU BIST GUT SO, WIE DU BIST
Diese Übung hilft, wenn du gerade eine schwierige Phase durchmachst und das Gefühl hast, dass äußere Einflüsse in deinem Leben den Ton angeben. Sie erinnert dich daran, dass das Wichtigste in deinem Leben du selbst bist. Solange du lebst und dich liebend annimmst, hast du alle Möglichkeiten. Die Übung hilft dir auch, zu akzeptieren, was gerade ist, denn diese Akzeptanz des Jetzt-Zustands ist der Ausgangspunkt für jede Veränderung. Nur im Jetzt – und nicht im Gestern oder Morgen – kannst du den ersten Schritt auf jedem neuen Weg tun.

Zieh dich vollständig aus und stelle dich so nackt vor einen Spiegel. Schau dich genau an, mit allen deinen Eigenheiten. Mit allen Pickeln, Polstern, Falten, Narben. Nun sage zu dir selbst, laut oder in Gedanken:

Ich liebe diesen Körper.
Ich liebe diesen Geist.
Ich liebe mich.

12

GEMEINSAM BAUEN WIR DIE WELT TÄGLICH NEU: DIE MAGIE DER GETEILTEN IDEEN UND WIE DU AUCH FÜR ANDERE ZUM WUNDERMACHER WIRST

Du kannst eine Geschichte erzählen,
die sich in jemandes Seele niederlässt,
die zu seinem Blut, seinem Selbst, seiner Bestimmung wird.
Die Geschichte wird ihn bewegen und antreiben und wer weiß,
was er deswegen alles tun mag. Wegen deiner Worte.
Das ist deine Rolle, das ist deine Gabe.
Erin Morgenstern, »Der Nachtzirkus«

In diesem Zitat aus Erin Morgensterns Roman *Der Nachtzirkus* finde ich mich wieder. Es sind im Buch die Worte eines geheimnisvollen Magiers. Sie beschreiben sehr gut, was meine Arbeit als Wundermacher ausmacht. Denn auch ich erzähle Geschichten. Geschichten, die im Staunen etwas Neues erfahrbar machen. Geschichten, die eine Idee vermitteln. Auch wenn sie dabei manchmal ganz anders widerhallen als vermutet, können sie für den oder die anderen zu einer Idee werden, die seine oder ihre Realität zum Positiven verändert.

Das ist meine Passion.

Ich kann diese Leidenschaft nur leben, weil wir Menschen die einzigartige Gabe haben, unsere inneren Welten teilen zu können. Tiere sind dazu – zumindest in dieser weitreichenden Form – nicht in der Lage. Ihnen fehlt dafür ein arbiträres Kommunikationssystem wie unsere menschliche Sprache. Sie können Ideen nicht an Gebilde wie Wörter oder Symbole heften und dadurch beliebig transportierbar machen. Doch wenn wir Menschen miteinander sprechen oder auch nonverbal Ideen weitergeben – zum Beispiel in Form von Kunst –, verschmilzt ein Teil unserer Welt mit der des anderen und umgekehrt. Auch während du dieses Buch hier liest, legen sich deine und meine Welt in einigen Bereichen übereinander. Bei dieser Überlappung bleibt es nicht: Manches von dem, was zuvor nur in meiner Welt war, geht in deine über. Einiges vorübergehend, anderes längerfristig oder permanent. Natürlich wirst du dieses Buch nicht auswendig lernen. Aber manches, was du darin liest, stößt etwas in dir an. Es verändert deinen Fokus, deine Sichtweise, dein Erleben. Wahrscheinlich hast du einige Rituale und Übungen ausprobiert. Kleine oder größere Wunder erlebt. Den Effekt von zielgerichtet angewandten magischen Methoden erfahren. Hast dir Dinge neu vorgenommen. Das, was in diesem Buch steht, hat deine Realität bereits auf die eine oder andere Weise in eine Bewegung gebracht, die ohne die Lektüre nicht stattgefunden hätte.

Für mein Empfinden ist das reine Magie.

Das gilt natürlich nicht nur für das Buch, das du in Händen hältst. Italienische Psychologen haben in verschiedenen Untersuchungen mit Grundschulkindern, Teenagern und jungen Erwachsenen herausgefunden, dass allein durch die Lektüre von Harry-Potter-Romanen und das Schauen von Harry-Potter-Filmen die Toleranz gegenüber Flüchtlingen und Homosexuellen zunimmt und Vorurteile abnehmen. Der Grund ist, dass Gleichberechtigung und Akzeptanz große Themen bei Harry Potter sind. Harry stellt sich immer wieder auf die Seite von Minderheiten oder diskriminierten Gruppen wie den Muggels – also

Magiern und Hexen, die von nicht magischen Menschen abstammen.

Für die italienischen Forscher war hier besonders ein Aspekt bemerkenswert: Laut der in den Fünfzigerjahren von dem Psychologen Gordon Willard Allport geprägten Kontakthypothese werden Vorurteile immer dann abgebaut, wenn man zu einer Minderheit häufigen und engen Kontakt pflegt. Die Studien hatten nun gezeigt, dass das auch funktioniert, wenn der Kontakt parasozial ist. Das heißt, dass der Kontakt nicht in echter sozialer Interaktion von Mensch zu Mensch stattfindet, sondern der Interaktionspartner fiktiv ist.

UNSERE IDEEN VON DEN DINGEN SIND GRÖßER ALS DIE DINGE SELBST

All das sind weitere Indizien dafür, dass imaginierte Wirklichkeiten wie die in Romanen für uns genauso real und relevant sein können wie unsere Alltagswirklichkeit. Im Kern bedeutet das: Wir können Realitäten magisch verwandeln, indem wir uns Geschichten ausdenken, mit denen Ideen transportiert werden. Die Schriftstellerin Joanne K. Rowling hat ihrer Figur Harry Potter eine bestimmte Haltung im wahrsten Sinne des Wortes zugeschrieben. Diese Haltung der erdachten Figur wirkt auf die Leser wie die Haltung eines realen Vertrauten oder Freundes – ein wahrhaft magischer Influencer. Genauso wie das erdachte Vorbild in der Übung in Kapitel zehn.

Das Zuschreiben von Ideen klappt aber auch in anderen Zusammenhängen als in Büchern.

Kürzlich hat mir mein Kumpel Steffen erzählt, dass er Probleme bei Vorträgen habe. Er würde sich dabei immer sehr zurückhalten, weil er in der Aufregung oft vergaß, was er eigentlich weiß und sagen wollte. Darum verfasste er, wenn sich ein Redeauftritt nicht umgehen ließ, Skripte und lernte sie auswendig. Das ist zwar eine Lösung, aber natürlich sehr aufwendig und auch nicht besonders spontan. Und ich sagte: »Warte mal!«

Ich habe ihm ein durch Zifferncode gesichertes Vorhänge-schloss gezeigt und gesagt: »Dieses Schloss steht symbolisch zwischen dir und deinem Wunsch, auf Vorträgen frei zu spre-chen!« Dann habe ich ihn gebeten, sich zu konzentrieren und das Schloss ganz intuitiv zu öffnen. Währenddessen habe ich mich gedanklich auf die Zahlenkombination konzentriert. Stef-fen hat vorsichtig die Räder am Schloss gedreht – und es sprang auf. Sofort war er unheimlich aufgeregt: »Krass! Wie hab ich das gemacht?« Und dann habe ich zu ihm gesagt: »Du hast ge-rade ein Schloss geöffnet, dessen Kombination du nicht kennen kannst. Was bedeutet das für deine Vorträge?« Steffen bekam große Augen: »Klar! Ich müsste es einfach nur fließen lassen. Ich habe ja das Wissen. Ich muss es einfach nur rauslassen.« Beim nächsten Vortrag hat er frei gesprochen. Es war ein ganz kurzer, aber entscheidender Moment, der die Erkenntnis ge-bracht hat. Dabei hat das Zahlenschloss eigentlich überhaupt nichts mit einem Vortrag zu tun – aber das symbolische Auf-schließen hat das bloße Objekt transzendiert und sich als zün-dende Idee auf Steffens Vorträge übertragen.

Das ist wahre Magie!

Wir alle erleben solche Transzendierungen täglich und tragen aktiv zu ihrem Weiterbestehen bei. Nur wird uns das meistens nicht bewusst.

Wovon ich rede?

Stell dir vor, ein 100-Euro-Geldschein liegt vor dir auf dem Tisch. Dann hast du einmal das reale Objekt: ein bedrucktes Papierrechteck. Außerdem hast du die Idee von dem Objekt: einhundert Euro. Das Spannende ist, dass die Idee von einem Objekt viel größer ist als das eigentliche Objekt. Diese Ideenzu-schreibung ist ein magischer Prozess, denn er verwandelt Reali-tät. Hast du die Idee, dass es sich nur um ein bedrucktes, nutz-loses Stück Papier handelt, dann nimmst du es, ohne mit der Wimper zu zucken, und wirfst es weg – wie Müll. Hast du aber die Idee, dass das Papier einhundert Euro bedeutet, gehst du damit in ein Geschäft, suchst dir ein neues T-Shirt aus und gibst dein buntes Papier schließlich demjenigen, der hinter der Kasse steht. Diese Person nimmt das Papier entgegen, gibt dir ein paar andere bunte Papiere und Metallstücke zurück und erlaubt dir dann, das T-Shirt mitzunehmen. Und zwar nur, weil die Person die Idee teilt, dass das Stück Papier einen bestimmten Wert besitzt. Das ist symbolische Kommunikation: Das Papier *ist* nicht sein Wert, es *symbolisiert* ihn. Das gilt natürlich auch für elektronische Bezahlsysteme – dabei symbolisieren elektronisch hin und her geschobene Ziffern einen Wert. Und zwar nicht nur für dich und den Verkäufer, sondern für die gesamte Gesellschaft, die sich auf diesen symbolischen Wert geeinigt hat und kollektiv daran *glaubt*. Und mit jedem Einkauf bestätigst du dieses Glaubenssystem.

Kommen wir noch einmal zurück zu deinem 100-Euro-Schein: Nehmen wir an, du gerietest auf dem Weg zum Einkaufen unbemerkt in einen Zeitstrudel. Dieser Zeitstrudel transportiert dich, ohne dass du es merkst, ins Jahr 1994. Du wunderst dich zwar ein bisschen, weil die Stadt irgendwie so anders wirkt als sonst, aber denkst dir nichts weiter dabei. Auch hier betrittst du einen Laden und suchst dir ein T-Shirt aus. Anschließend gehst du mit deinem mit »100 Euro« bedruckten Papier zur Kasse. Dort entreißt man dir vermutlich empört das T-Shirt und ruft die Security, damit sie dich aus dem Geschäft wirft. Ganz einfach, weil 1994, acht Jahre vor der Umstellung von D-Mark auf Euro, noch niemand deine Idee teilt, dass dieses Rechteck mehr wert ist als das Papier, aus dem es besteht.

Aber vermutlich hättest du ohnehin nichts kaufen mögen: 1994 sahen die T-Shirts einfach anders aus. Die Herren-Shirts waren aus heutiger Perspektive unglaublich weit, regelrecht unförmig, die Damenshirts hauteng, oft psychedelisch gemustert und extrem kurz, weil bauchfrei angesagt war. Mode wäre dann auch gleich die nächste Idee, die größer ist als das Ding. Die ein und demselben T-Shirt zugeschriebene Idee kann sich innerhalb weniger Monate von »trendy« zu »untragbar« wandeln – weil die Geschichte, die man sich in Modejournalen oder auf Modenschauen oder unter Designern und Modeinteressierten zu T-Shirts wie diesem erzählt, sich gewandelt hat. Wartet man dann aber noch mal eine Weile, ist es möglich, dass die Geschichte sich wieder verändert und das T-Shirt auf einmal zu einem »raren Vintagestück« macht. Dabei bleibt das Shirt immer exakt gleich.

NUR WER AN DIE MAGIE GLAUBT, KANN IHRE BOTSCHAFT EMPFANGEN – UND IHRE WIRKUNG SPÜREN

Ich trage oft einen schönen Kristall an einer Kette um den Hals. Für mich ist er ein magisches Symbol. Sobald ich ihn mir um den Hals hänge, werde ich zum Magier, ich bin dann in dem Moment eine Figur. Die Idee verbindet sich mit mir durch das Tragen des Steins. Ein bisschen wie bei einem Schauspieler, der sich sein Kostüm anzieht. Das eigentliche Objekt ist ein durchsichtiger Stein. Die Idee davon ist ein magischer Kristall. Nun hast du dich vielleicht näher mit Kristallen beschäftigt und sagst, dass in Kristallen Energie steckt und man diese Energie zum Beispiel zur Heilung nutzen kann, indem man den Kristall auf den Körper auflegt. Das ist denkbar. Aber sollte mein Kristall solche Eigenschaften besitzen – ich kenne mich damit nicht aus –, gehören auch diese zur materiellen Objektebene. Die ideelle Ebene ist davon völlig unabhängig. Egal, ob mein Stein eine Wirkung qua seiner materiellen Beschaffenheit besitzt oder nicht, seine Magie ist – für mich – davon unberührt. Wenn aber meine Idee zu dem Kristall, dieser Teil meiner Welt, in dir Resonanz findet, und ich leihe dir den Stein, kann er auf dich die gleiche oder ähnliche Wirkung haben wie auf mich. Berührt er dich aber nicht im Geiste, verliert der Kristall seinen Zauber.

Dann hast du lediglich einen durchsichtigen Stein in der Hand, der möglicherweise durch Auflegen deine Energien beeinflussen kann – oder auch nicht. Hier spielt die Kommunikation eine Rolle, also meine Haltung, wenn ich dir den Stein übergebe. Sage ich zu dir: »Guck mal, ein Kristall«, und lasse dir diesen in die Hand fallen, sagst du: »Och, ja, ein Kristall. Na und?« Wenn ich aber sage: »Wow, fühl mal, wie fühlt sich das für dich an?« Dann liegt plötzlich dein ganzer Fokus auf dem Gefühl. Du spürst in dich hinein, und wahrscheinlich findest du etwas in dir. Es muss nicht genau das gleiche Gefühl sein wie meines, aber in diesem Moment ist der Kristall bereits mehr als das materielle Objekt.

Auf solchen Mechanismen basiert übrigens auch der Placeboeffekt. Unabhängig davon, ob in einer Arznei ein Wirkstoff steckt oder nicht, gibt es darüber hinaus *immer* eine ideelle Ebene. Diese Idee bleibt aber nicht nur in deiner Vorstellung, sondern sie hat tatsächliche, messbare Auswirkungen.

Glaubst du nicht daran, dass ein Medikament wirkt, basiert eine dennoch eintretende Wirkung allein auf einem tatsächlichen Wirkstoff, oder, falls es keinen Wirkstoff besitzt, hat es schlicht keinen Effekt. Glaubst du daran, dass ein Medikament wirkt, wirkt es besser, das haben zahllose Untersuchungen bewiesen. Es wirkt sogar, wenn es ein echtes Placebo und damit frei von aktiven Substanzen ist. Oft wird gesagt: »Ach, das ist sicher *nur* der Placeboeffekt«, aber von »nur« kann gar keine Rede sein. Der Effekt ist sehr kraftvoll. Er kann Schmerzen beseitigen und sogar Leben retten, indem er Selbstheilungskräfte aktiviert. Viele Mediziner sind sogar inzwischen der Ansicht, dass die tatsächlichen chemischen oder physikalischen Eigenschaften von Medikamenten zwar den Genesungsprozess unterstützen, aber dass die Idee »Das hilft mir« größere Bedeutung für die Heilung besitzt – oder dass sie zumindest einen großen Anteil daran hat.

Der Glaube an die Wirksamkeit wird dabei immer von jemandem vermittelt, von dem wir wiederum glauben, dass er Bescheid weiß: einem Arzt, einem Apotheker, einem Heilpraktiker. Diesen Leuten hören wir zu, und ihre Ideen lassen wir in unsere Welt. Das ist weitergegebene Magie.

WIE DEINE WORTE DIE HERZEN ANDERER ERREICHEN – UND SIE VERZAUBERN

Doch auch du kannst die Welten deiner Mitmenschen größer werden lassen und so für andere zum Wundermacher werden. Gleichzeitig kannst du deine eigene Realität erweitern. Wie? Indem du in magischen Austausch trittst. Für jemand anders kann das, was speziell du zu sagen hast, was du weißt, kannst, erfindest, oder auch wie du die Dinge siehst, zu einem Zündfunken werden, der diese Person um Lichtjahre weiterbringt und vielleicht konkrete Probleme löst. Dazu musst du nicht Arzt oder Apotheker sein. Du musst dir auch kein telepathisches Experiment einfallen lassen, wie ich es mit Steffen getan habe. Medizin ist etwas, womit sich Ärzte und Apotheker auskennen. Telepathie ist ein Feld, auf dem ich mich auskenne. Du hast wiederum andere Talente und Kenntnisse, mit denen du deine Umwelt zum Staunen bringen kannst. Die sind nicht weniger wert.

Damit wir zusammen mit anderen Menschen die Wunder geteilter Welten erleben, gibt es allerdings ein paar wichtige Voraussetzungen.

Eine davon: Wir müssen uns trauen, uns zu zeigen und anderen unsere Geschichten zu erzählen. Erinnere dich noch einmal an die *eudaimonia*, die gelungene Lebensführung nach Aristoteles, bei der wir unsere Bestimmung in der Schnittmenge dessen, was wir können, mit dem, was die Gesellschaft braucht, finden können. Das, was wir können oder zu sagen haben, muss dabei nicht unbedingt mit unserem Beruf zusammenhängen. Es kann auch aus unserer Lebenserfahrung erwachsen, aus Ideen, die uns beim Joggen eingefallen sind oder die mit unserem Hobby zu tun haben. Damit wir aber zusammen die Welt besser machen können, müssen wir aus unserem stillen Kämmerchen herauskommen. Wir müssen uns einbringen. Wir müssen unsere besondere Gabe, unser Wissen, unser Können, unsere Lebenserfahrung oder unsere Erkenntnisse zur Verfügung stellen. Nur dann kann daraus gemeinschaftlich etwas erwachsen. Für den Einzelnen und für alle.

Doch manchmal scheint das gar nicht so einfach zu sein.

Ein Beispiel: Du kennst sicher diese zeitraubenden, ermüdenden und ergebnislosen Diskussionen – zum Beispiel in sozialen Medien, aber auch im »echten« Leben –, in denen einer dem anderen erklärt, was »wirklich« Sache ist und was man in einer bestimmten Situation zu tun hat. Ob es dabei nun um neuartige Viren geht und die Frage, wie man mit ihnen umgehen soll. Darum, ob es okay ist, Allesesser zu sein, oder ob man sich vegan ernähren muss. Ob es um die Strategie des neuen Trainers des Lieblings-Fußballclubs geht, um das korrekte Ansetzen von Sauerteig oder darum, welche In-Ear-Kopfhörer wirklich die besten sind. Viel zu oft enden solche Diskussionen damit, dass der Ton rau wird, alle sich anfeinden und keiner seine Haltung auch nur für ein paar Sekunden reflektiert. Das ist das Gegenteil von geteilten Welten, von Teilhabe. Das sind verhärtete Grenzen und verschwendete Zeit.

Leider ist das allzu menschlich.

Der englische Philosoph John Stuart Mill hat schon vor gut hundertfünfzig Jahren festgestellt, dass es oft nicht möglich ist, andere zu überzeugen, weil bestimmte Haltungen nicht in Fakten verwurzelt sind, sondern in Gefühlen. Sie werden damit Teil unserer selbst. Die Überzeugung eines Veganers, seine Lebensweise sei die einzig richtige, basiert oft auf seinem starken Mitgefühl für die unter der Fleisch- und Milchindustrie leidenden Tiere. Jemandem, der gern Fleisch isst, müssen die Tiere gar nicht unbedingt egal sein – aber er verdrängt sein Mitgefühl, weil er mit dem Fleischessen positive Emotionen verbindet. Und die will er sich nicht wegnehmen lassen. Jemand, der es wiederum liebt zu reisen und dafür CO_2 erzeugende Verkehrsmittel benutzt, will sich das Reisen nicht vermiesen und schon gar nicht verbieten lassen, auch wenn er dabei durchaus verstehen kann, dass das nicht gut fürs Klima ist. Dagegen ist jemand, der Angst vor der Klimakatastrophe hat, von dieser starken Emotion getrieben und findet es unbegreiflich, wie man angesichts der drohenden Gefahr noch seelenruhig in ein Auto oder Flugzeug steigen kann.

In all diesen Fällen kommt man nicht mal mit sachlichen Argumenten an die anderen heran – im Gegenteil: Wenn man versucht, andere zu überzeugen, das zu tun oder zu denken, was man selbst für richtig hält, aktiviert man bei ihnen die Gefühle, die ihrer Haltung zugrunde liegen, und erzeugt Gegenwehr.

Wenn du also möchtest, dass dir jemand zuhört, musst du erst mal akzeptieren, dass der andere steht, wo er steht. Nur da kannst du ihn abholen – wenn er das will. Das gilt für dich logischerweise genauso. Und dann gilt es, Wege zu finden, eine Verbindung zu deinem Gegenüber herzustellen. Nur so kannst du in der anderen Person eine intrinsische Motivation hervorkitzeln, ihren Standpunkt zu reflektieren, etwas Neues auszuprobieren, dir bei einem Projekt zu helfen oder dir ganz einfach offen zuzuhören.

Du erinnerst dich, die intrinsische Motivation war die Voraussetzung, damit wir überhaupt aktiv werden.

Gute Strategien für das Erreichen anderer sind:

Kooperation anbieten – Mit Fragen wie: »Wie kann ich dir helfen, aus deinem Dilemma rauszukommen?«, »Wie könnten wir zusammen eine Lösung finden?«, lassen sich Widerstände umschiffen.

Das funktioniert besonders gut, wenn der andere schon eine gewisse Bereitschaft zeigt, seinen Standpunkt zu reflektieren: »Ich würde wegen der Tiere ja schon gerne weniger oder kein Fleisch essen, aber es schmeckt mir eben so gut.« Dass es hier eine Öffnung gibt, wird aber in Internetdiskussionen oft übersehen – wahrscheinlich würde der Fleischesser auf so einen Satz einen Shitstorm oder zumindest spitze Bemerkungen von empörten Veganern ernten. Dadurch werden die Fronten verhärtet, und niemandem ist geholfen.

Besser wäre es, wenn der Veganer sich erkundigt: »Was müsste passieren, damit du kein Fleisch mehr essen willst?« Damit erkennt er die Gefühle des anderen an. Er zeigt, dass er ihm nichts wegnehmen will, und er legt den Fokus auf Lösungen. Der Fleischesser kann dann sagen: »Es müsste etwas geben, was mir ganz genauso gut schmeckt und woraus sich Würstchen und Burger machen lassen, mit denen ich grillen kann, denn ich liebe es zu grillen!« Dann kann man zum Beispiel darüber sprechen, dass die Forschung inzwischen bereits recht weit ist bei der Züchtung von künstlichem Fleisch aus Zellkulturen. Auch wenn diese Alternativen bisher noch nicht breit verfügbar sind, könnte es sein, dass der Fleischesser sich vornimmt, sie auszuprobieren, sobald das geht. Man kann auch über pflanzliche Fleischalternativen sprechen, die sich zu Würstchen verarbeiten lassen. Hier könnte der Veganer erzählen, wie raffiniert die mittlerweile sind. Dabei ist es wichtig, nie zu erwarten, dass man das Gegenüber zu hundert Prozent überzeugt. Was und wie viel der andere an- und übernimmt, ist immer ihm überlassen. Man kann aber die Wahrscheinlichkeit erhöhen, dass man den anderen erreicht. Und damit kommen wir zum nächsten Punkt:

Neugier wecken – Ein gutes Beispiel dafür, wie man bei anderen Begeisterung für die eigenen Ideen wecken kann, ist der junge Niederländer Boyan Slat. Der hatte 2013 den Geistesblitz,

Plastikmüll im Ozean mithilfe von Meeresströmungen aufzu-
fangen und herauszufischen. Anfangs interessierte sich niemand für seinen Einfall, doch dann traute er sich und hielt einen TEDx-Talk. Darüber konnte er viele Tausend Menschen für
das Projekt »The Ocean Cleanup« begeistern und direkt mehrere Millionen Dollar Spendengelder sammeln, um das Vorhaben wahr werden zu lassen.[16]

Um aber noch einmal auf unser Beispiel Veganer versus
Fleischesser zurückzukommen (ich teile dir jetzt mal die Rolle
des Veganers zu, bitte sieh es mir nach, wenn das deinen persönlichen Standpunkt nicht trifft): Neugier weckst du auch,
wenn du begeistert erzählst, wie du am vorigen Wochenende
einen fantastischen pflanzlichen Burger zubereitet hast, dessen
Patty sogar deine Freunde für Fleisch hielten. Deiner Erzählung
brauchst du dann gar keine Aufforderung à la »Das musst du
mal probieren!« hinzuzufügen. Niemand will etwas müssen.
Wenn du es bei dem Bericht belässt, ist die Wahrscheinlichkeit
viel größer, dass du zum Beispiel nach dem Rezept gefragt
wirst – und sich deine Welt und die des oder der anderen über-
einanderlegen. Dann kommt etwas in Bewegung. Wichtig ist
hier weiterhin absolute Freiwilligkeit. Du kannst niemanden
zwingen, deinen Standpunkt anzunehmen. Sogar ein Diktator
kann das nicht – er kann Menschen zwar dazu zwingen, etwas
Bestimmtes zu tun, aber ihre innere Überzeugung wird er so
eher nicht beeinflussen. Dazu gehört es auch, zu akzeptieren,
wenn der andere dein Angebot erst mal nicht annimmt. Du
kannst nicht wissen, ob er nicht vielleicht heimlich nach guten
Fleischalternativen googelt …

Positive Erlebnisse kreieren – Am überzeugendsten sind
echte, positive Erfahrungen. Hier haben wir wieder das Staunen: Die Freunde, die deinen überraschend delikaten Pflanzen-
burger wirklich gekostet haben, sind natürlich am ehesten ge-

neigt, zumindest ab und zu mal Fleisch Fleisch sein zu lassen. Genauso ist jemand, der schon einmal erlebt hat, dass Magie gewirkt hat – zum Beispiel, weil er das Sigillen-Ritual aus Kapitel 6 ausprobiert hat –, bereit, auch weitere magische Experimente zu machen oder die Existenz anderer Sphären für möglich zu halten. Bei diesen Erlebnissen solltest du möglichst auch die ...

Peak-End-Regel beachten – Dass der erste Eindruck zählt, weiß jeder – aber wusstest du, dass jeder emotionale Höhepunkt *(peak)* und das Ende einer Kommunikationssituation noch viel entscheidender sind? Sie sind es, an die wir uns später erinnern, das hat der Psychologe Daniel Kahneman in vielen Studien herausgefunden. Bei deiner veganen Überzeugungsarbeit wäre der emotionale Peak das Essen der Burger. Bei der Verabschiedung könntest du deinen Gästen noch mal ein veganes Betthupferl mitgeben, als schönen Abschluss. Die Peak-End-Regel gilt aber auch in weniger speziellen Alltagssituationen: Wenn du dich zum Beispiel aufregst, dass dein Kind trödelt und sich nicht die Schuhe anzieht, setzt du einen negativen emotionalen Peak. Möglicherweise schimpfst du sogar noch, wenn ihr zur Tür rausgeht, weil ihr zu spät zur Kita oder in die Schule kommt. Dein Schimpfen ist das, woran sich das Kind später erinnert. Das wird es das nächste Mal noch schwieriger machen, es zur Kooperation zu bringen. Ganz anders dagegen, wenn du eine Situation schaffst, in der du entspannt bleiben kannst – etwa, weil du eure Wecker zehn Minuten früher stellst. Dann kannst du dem Kind Zeit lassen, sich die Schuhe anzuziehen. Sobald es das geschafft hat, sagst du:»Super, wie schnell du das machst! Großartig!« So setzt du einen positiven Peak, und eine positive Emotion wird abgespeichert. Jetzt hat das Kind auf einmal eine starke intrinsische Motivation, morgens zu kooperieren: Das Schuheanziehen macht ja Spaß. Wenn du es jetzt auch noch lobst, dass ihr wegen seiner tollen Mithilfe pünktlich im Kindergarten angekommen seid, setzt du obendrein einen positiven Schlusspunkt.

SO EINE ÜBERRASCHUNG!

Plane doch einmal eine etwas andere Überraschungsparty im Sinne des Mottos der bekannten TED-Talks: Ideen, die es wert sind, weitergesagt zu werden. Jeder, der eingeladen ist, bereitet etwas vor. Was, ist völlig egal. Das kann ein Kunststück sein. Ein Zaubertrick. Ein Spiel. Ein Tanz. Ein Musikstück. Ein Life-Hack, wie man etwas Neues aus Müll basteln kann. Eine Leckerei, deren Rezept man selbst entwickelt hat. Oder eine bloße Idee, wie man vielleicht ein allgemeines globales Problem lösen könnte, die ihr dann zusammen diskutieren könnt. Ihr werdet sehen: Solch ein Nachmittag oder Abend ist eine echte Bereicherung für alle Beteiligten – und wer weiß, vielleicht entsteht daraus ja etwas Größeres. Gemeinsam sind wir stark!

Du siehst: Statt die anderen zu bevormunden, können wir in dem oder den anderen etwas zum Klingen bringen und ein Angebot machen: Schau, so mache ich es. Oder: Das ist meine Idee. Oder: Kennst du diese Möglichkeit? Nur, wenn sie sich nicht bedrängt fühlen und selbst entscheiden, was sie annehmen und was nicht, öffnen sich Menschen und hören zu. Aber wenn sie zuhören, dann können unsere Worte Zaubersprüche werden und Denkanstöße geben, Lösungen anbieten, Mitstreiter finden oder der Anstoß für eine neue Entwicklung sein, die Einzelne oder uns alle weiterbringt. Dann »erschaffst du, während du sprichst« – Abrakadabra! So wirst du zum Wundermacher, der andere an die Hand nimmt und sagt:»Hab keine Angst! Was da entsteht, ist etwas Neues, das deine Welt erweitert.«

Ein sehr spezielles Beispiel, wie man sich nach diesen Regeln auf die Frequenz der Zuhörer einschwingt, war ein Erlebnis, das ich auf meiner Mongolei-Reise hatte ...

DER GROSSE SCHAMANE AUS DEUTSCHLAND?

Eines Abends war ich gemeinsam mit meinem Fahrer, den man mir zur Seite gestellt hatte, in einem mongolischen Dorf angekommen. Dort hieß es, ich müsse noch kurz warten, bis ich meine Jurte beziehen könne. Um uns die Zeit zu vertreiben, zeigte ich dem Fahrer, was ich von Uri Geller gelernt hatte, nämlich wie man Löffel verbiegt. Das war keine große Sache, aber der Fahrer war völlig aus dem Häuschen. Ich freute mich, ihn so zum Staunen gebracht zu haben, dachte mir aber sonst nichts, als ich schließlich schlafen ging.

Am nächsten Morgen erwachte ich von lautem Gemurmel vor der Jurte. Ich dachte: Was ist denn da draußen los? Ein Volksfest? Neugierig schlug ich, nur mit meiner Unterhose bekleidet, den Vorhang am Eingang des Zeltes zurück und starrte verblüfft auf die Szene, die sich mir bot: Direkt vor dem Zelt standen unglaublich viele Menschen, den Blick genau auf den Eingang gerichtet. Sobald sie mich sahen, traten sie einen Schritt vor. Vielleicht kennst du den Film *Das Leben des Brian* und darin die Szene, in der Brian morgens nackt den Fensterladen öffnet und ihm eine Volksmenge zujubelt? So ähnlich fühlte ich mich. Nach einer Schrecksekunde sprang ich sofort wieder zurück ins schützende Dunkel und zog den Vorhang vor den Eingang. Vorsichtig lugte ich dann durch einen Schlitz im Zelt: Das da draußen mussten die Einwohner des gesamten Dorfes sein. Viele hatten Kinder auf dem Arm. Doch nun sah ich auf einmal den Fahrer auf die Jurte zukommen. Ein Glück, vielleicht konnte er mir helfen, unbemerkt rauszukommen!

Als er ankam, sagte er zu mir: »Du, Jan, komm mal mit raus. Ich habe den Leuten erzählt, was du kannst. Das mit den Löffeln.«

»Ist es das, was sie wollen? Sie wollen sehen, wie man einen Löffel verbiegt?«, fragte ich etwas verwundert.

»Nein, nein. Die wollen nur, dass du die Knochen ihrer Kinder wieder gerade machst mit deiner Energie!«

»Ich soll was?«

Vor Schreck musste ich mich erst mal setzen. Die Knochen der Kinder begradigen? Ich? Was machte ich denn jetzt bloß? Ich erinnerte mich, gelesen zu haben, dass es in der Mongolei viele Knochenverformungen bei Kindern gibt, da wegen des langen, dunklen Winters nicht genug Vitamin D gebildet wird. Und ich konnte mir schon denken, warum die Menschen da draußen glaubten, ich könnte ihnen helfen. Denn für sie war ich natürlich nicht Jan Becker, der Mentalmagier, sondern ein ausländischer Schamane, ein Heiler. Ein Heiler, der auf andere Gebiete spezialisiert war als ihr eigener Dorfschamane. Zum Beispiel darauf, Krummes gerade zu machen. Schöne Bescherung! Nun hatte ich zwei Möglichkeiten. Ich konnte zugeben, dass ich so was leider nicht kann. So überzeugt ich vom Placeboeffekt bin und auch davon, dass es Energien gibt, die Heilung effektiv unterstützen können, eines weiß ich ebenso gut: Einen Vitamin-D-Mangel kann nur eines beheben, nämlich Vitamin D. Trotzdem hatte ich ein ganz starkes Gefühl, dass es nicht richtig wäre, diese Leute so zu enttäuschen. Ich wusste: In der Hauptstadt Ulan Bator gibt es eine sehr gute medizinische Versorgung. Dort könnte den betroffenen Kindern wunderbar geholfen werden. Leider, so viel hatte ich schon erfahren, ist die Akzeptanz der Landbewohner für nicht schamanistische Medizin sehr gering. Zwar hat selbst im kleinsten Dorf jeder einen

Pick-up vor der Jurte stehen, trotzdem fahren sie nicht nach Ulan Bator, wenn sie krank sind. Stattdessen gehen sie zum Schamanen, der dann ein Ritual abhält und verkündet: Alles ist gut. Doch durch so ein schamanistisches Ritual mögen Regenwolken vertrieben und wahre Wunder gewirkt werden, wenn es darum geht, die Selbstheilungskräfte anzuregen. Aber Knochen werden davon ganz bestimmt nicht gerade. Wie man deutlich sah. Ich musste die Leute also irgendwie dazu bringen, zum Arzt zu gehen und ihre Kinder untersuchen zu lassen. In der Klinik in Ulan Bator würde man dem Mangel auf die Spur kommen und ein Präparat verschreiben, das den Kindern half.

Und plötzlich hatte ich einen Plan.

Ich sagte zu meinem Fahrer: »Gib mir ein paar Minuten, ich muss mich noch anziehen, dann komme ich.«

Schließlich trat ich vor die Jurte. Dort hob ich feierlich die Hände und machte die Augen zu. Dabei habe ich mir intensiv vorgestellt, wie all die Kinder des Dorfes von einem Arzt untersucht werden. Mit dieser Idee im Kopf bin ich an den Menschen vorbeigegangen. Anschließend habe ich gesagt: »Die Heilung ist jetzt eingeleitet. Aber hört gut zu: Wichtig ist, dass ihr spätestens in fünf Tagen nach Ulan Bator ins Krankenhaus fahrt. Dort müsst ihr untersuchen lassen, was sich verändert hat.«

Auf diese Weise habe ich die Menschen in ihrem magischen Glauben abgeholt. Hätte ich einfach gesagt: Ich kann das nicht, ihr müsst euch an einen richtigen Arzt wenden, hätte ich die Leute nicht nur tief enttäuscht. Ich hätte sie auch vor den Kopf gestoßen und das, woran sie glauben – den Schamanismus –, entwertet. Und sie hätten sicher nicht auf mich gehört. Aber so habe ich sie in ihrem Glauben abgeholt und in eine neue Idee hineingeführt, die das alte System nicht ersetzt – aber um eine neue Möglichkeit erweitert.

ZUHÖREN IST DEIN SCHLÜSSEL ZU DEN WELTEN DER ANDEREN

Nun haben wir viel davon gesprochen, wie man andere an seinen Ideen teilhaben lässt – als Angebot, ohne den Druck, den anderen überreden oder überzeugen zu müssen. Aber es gibt natürlich noch eine andere Seite der Kommunikation: Auch wir sollten zuhören können und grundsätzlich bereit sein, Neues zu erfahren. Selbst wenn das unsere bekannte Welt vorübergehend ein wenig in Unordnung bringen kann, erweitert es sie letztlich um neue Möglichkeiten. Das haben wir schon in Kapitel fünf gesehen. Auch Philosoph John Stuart Mill rät, bei sich selbst anzufangen und sich immer um Offenheit für andere Ideen zu bemühen. Auch, um fruchtlose Diskussionen gar nicht erst entstehen zu lassen. Denn Offenheit steckt an. Das heißt nicht, dass wir alle Ideen anderer unhinterfragt übernehmen müssen. Aber nur mit grundsätzlicher Offenheit bekommen auch wir überhaupt die Chance, unsere Realität zu erweitern. Dann können wir entscheiden, was wir Teil unserer Welt werden lassen.

Leider ist es oft anders.

Statt aufmerksam zu sein und uns auszutauschen, tun wir häufig das Gegenteil. Während der eine noch spricht, überlegen wir schon, was wir antworten können. Wir bereiten in unserem Kopf einen Redebeitrag vor und warten dann ungeduldig darauf, ihn endlich loszuwerden. Währenddessen rauscht das, was der andere sagt, nur noch an uns vorbei, bis wir ein Stichwort vernehmen, das wir als Gelegenheit nutzen, einzuhaken: »Apropos, was ich noch sagen wollte ...« Oder wir sagen: »Mir geht es genauso, nämlich ...« Und dann reden wir drauflos. Das passiert ständig in ganz normalen Gesprächen, aber besonders oft, wenn wir uns streiten oder wenn wir jemanden unbedingt von der Richtigkeit unseres Standpunkts überzeugen wollen.

Statt sich übereinanderzulegen und in einen Austausch zu kommen, bleiben dann unsere Welten voneinander getrennt oder entfernen sich sogar noch weiter voneinander. Der Zauber des Verstehens, des Erkennens und der Erweiterung unserer Welten wird im Keim erstickt. Darum sollten wir wieder lernen, richtig zuzuhören. Zu vermitteln: Ich sehe, das ist wichtig für dich. Oder: Ich sehe, du bist wütend. Wir alle wollen gesehen werden. Wir wollen erkannt werden. Jeder. Vom trotzigen Kleinkind bis zum mürrischen Hundertjährigen. Und gerade in Situationen, in denen wir uns streiten, wollen wir eigentlich nur, dass der andere versteht, wie wir uns fühlen. Aber weil keiner sich öffnet und jeder nur in die Verteidigung der eigenen Position geht, schaukelt sich der Disput immer höher und höher, und eigentlich reden wir nur noch mit uns selbst und nicht mehr mit dem anderen.

Damit es gar nicht erst so weit kommt, hilft dir die folgende Übung:

DIE INNERE UHR VERLANGSAMEN

Wenn du das nächste Mal jemandem zuhörst – in einem ganz normalen Gespräch, aber auch, wenn dein Gegenüber sich gerade in einem Streit mit dir in Rage redet –, bleibe aufmerksam, aber still. Dann stelle dir vor, du bist eine Sanduhr.

Die schmalste Stelle, wo die obere und die untere Hälfte ineinander übergehen, liegt auf Höhe des Solarplexus, zwischen den unteren Rippenbögen. Durch eine Sanduhr rieselt normalerweise der Sand in einer bestimmten Geschwindigkeit. Nun stelle dir vor, du verlangsamst dieses Rieseln, während du zuhörst. Sobald du den Drang verspürst, selbst etwas zu sagen, lässt du diesen Drang mit dem Sand nach unten rinnen. Befindest du dich in einem Streit, lässt du auch aufkommende negative Gefühle mit dem Sand in die untere Hälfte der Sanduhr rinnen.

Durch diese Visualisierung geschehen mehrere Dinge: Du bringst dein inneres Geschnatter, den unkontrollierten Gedankenfluss, sofort zur Ruhe, weil du dich vollkommen zentrierst. Du wirst auf dein Gegenüber fokussiert – das merkt dein Gesprächspartner wahrscheinlich und fühlt sich verstanden. Außerdem gewinnst du subjektiv mehr Zeit. Du wirst ganz ruhig. So hast du die Möglichkeit, viel genauer hinzuschauen und nicht nur die Worte, sondern auch die Mimik und Körpersprache deines Gegenübers zu erfassen. Du merkst dann sofort, wenn die Worte und die Körpersprache Diskrepanzen aufweisen, wenn sie nicht im Einklang sind, weil dein Gesprächspartner etwas anderes meint, als er sagt.

Außerdem nimmst du das Gehörte viel besser auf. Diese Übung hilft nicht nur, wenn du jemandem Face-to-Face gegenüberstehst, sondern auch, wenn du dir bei Vorträgen oder in Seminaren besonders viel merken möchtest. Ganz nebenbei bringt sie Menschen dazu, dich zu mögen – probiere es aus, du wirst staunen.

Der Zauber der geteilten Welten ist also ein Wechselspiel. Eine Seite öffnet sich und gibt den Blick frei: auf ihr Inneres. Auf Erkenntnisse. Auf Dinge, die sie kann oder erfahren hat und die sie weitergeben möchte. Die andere öffnet sich auch, aber erst einmal passiv, sie schaut oder lauscht. Vorurteilslos. Dann wird gewechselt. Damit wir tatsächlich die Magie erfahren, muss die Kommunikation wie ein Tanz sein, bei dem mal der eine, mal die andere führt.

Tanze los.

13

WUNDER MACHEN AUF ENTFERNUNG: NUTZE DIE (POSITIVE) MAGISCHE KRAFT HINTER GEHEIMNISVOLLEN VOODOO-RITUALEN, SCHICKE LIEBE IN JEDEN WINKEL DER WELT UND HEILE ALTE VERLETZUNGEN

> *Unsichtbare Harmonie ist stärker als sichtbare.*
>
> Heraklit

Kennst du das? Du denkst ohne ersichtlichen Grund plötzlich intensiv an jemanden – und eine halbe Minute später klingelt das Telefon. Am anderen Ende: die betreffende Person. Da wird dann oft gesagt: »Verrückt! Das muss Gedankenübertragung sein!« Dann lachen alle, denn solche Zufälle kann es ja nicht geben.

Gibt es auch nicht.

Diese »Zufälle« sind nämlich keine. Der Biologe Rupert Sheldrake, von dem ja bereits die Rede war, hat die sogenannte »Telefontelepathie« untersucht. In einem Versuch sollten Probanden beim Telefonklingeln einen Tipp abgeben, wer von vier möglichen Kontaktpersonen am Apparat ist. Dabei hatte das Telefon nicht etwa ein Display, in dem Namen oder Nummern erschienen, sondern es gab keinerlei Hinweis auf den Anrufer. Sheldrake stellte fest, dass die Testpersonen signifikant häufiger richtiglagen, als es die statistisch wahrscheinliche Trefferquote von 25 Prozent (100 Prozent geteilt durch vier) erwarten ließ. Mit gut 45 Prozent war die Trefferquote fast doppelt so hoch. Ob die Versuchsteilnehmer nun über feinstoffliche Kanäle erspürt hatten, wer am Apparat war, oder ob sie sich schon vor dem Anruf unbewusst jemanden gewünscht hatten und damit eine Synchronizität eingetreten war wie im Audiozitat-Experiment aus Kapitel zwei? Schwer zu sagen, denn Synchronizitäten hatte Sheldrake in diesem Fall nicht untersucht.

Dafür hat er noch mehr Versuche unternommen, die darauf hindeuten, dass es eine außersinnliche Wahrnehmung gibt. Zum Beispiel beobachtete er Hunde, die daheim auf ihr Herrchen oder Frauchen warteten. Die Tiere begannen immer dann unruhig zu werden, wenn ihre Besitzer von der Arbeit aufbrachen – und zwar auch dann, wenn das zu ungewohnten Zeitpunkten geschah. Das spricht für eine telepathische Verbindung. Und er ging einem weiteren bekannten Phänomen auf den Grund: dem Gefühl, dass man angeschaut wird. Auch hier war die Zahl der Probanden, die merkten, wenn sie angestarrt wurden, signifikant höher als die derjenigen, die es nicht merkten.

Sheldrakes Experimente sind viel kritisiert worden. Denn Phänomene, die für einen menschlichen »sechsten Sinn« sprechen würden, passen nicht zur vorherrschenden naturalistischen wissenschaftlichen Weltsicht. Magie-Erforscher Dean Radin ist da offener. Und er hat sich die Mühe gemacht, alle sechzig in der wissenschaftlichen Literatur dokumentierten Experimente, die von Sheldrake oder anderen Forschern zum Phänomen des Angestarrtwerdens durchgeführt worden sind – mit insgesamt 33 357 Probeläufen –, zu untersuchen. Radin kam zu dem Schluss, dass das Phänomen weit entfernt von Einbildung sein muss, da es sich – selbst wenn einige der Experimente Designmängel gehabt haben sollten oder in einigen Testläufen

Fehler aufgetreten sind – nicht um Zufall handeln kann: Insgesamt liegt die statistische relative Chance, die sogenannte Odds-Ratio, bei 202 Dodevigintillionen gegenüber 1, dass das Phänomen in einem Experiment signifikant gehäuft auftritt. Eine Dodevigintillion ist eine unvorstellbar große Zahl. Man schreibt sie 10^{108}, ausgeschrieben wäre das eine 10 mit 108 Nullen.

WIR ERFASSEN DIE WELT NICHT NUR MIT UNSEREN SINNEN

Dass von vielen Wissenschaftlern die Möglichkeit sogenannter außersinnlicher Wahrnehmung – also Wahrnehmung, die nicht über die bekannten Sinne Hören, Riechen, Schmecken, Sehen oder Tasten geschieht – immer noch so kategorisch abgelehnt wird, ist erstaunlich. Immerhin: Dass es viel mehr gibt als das, was wir Menschen normalerweise mitbekommen, ist gesichert. Viele Tiere nehmen wahr, wofür uns offiziell die Antennen fehlen: Der Geruchs- und Geschmackssinn der meisten Tiere übertrifft zum Beispiel den unseren bei Weitem. Fledermäuse, Wale, Delfine und Hunde können im extrem hohen Ultraschallbereich hören und kommunizieren. Elefanten, Nilpferde und Tauben im extrem tiefen Infraschall. Vögel, Fische, Reptilien und viele Säugetiere orientieren sich am magnetischen Feld der Erde. Insektenaugen sehen nicht nur nach vorn, sondern in verschiedene Richtungen gleichzeitig. Und wer schon mal erlebt hat, wie eine Katze gebannt in die Luft starrte, wo es für uns absolut nichts zu sehen gab, hat vermutlich die Ahnung bekommen: Da ist mehr, als wir gemeinhin glauben.

Auch wenn ich natürlich keine Ultraschallsensoren habe und nicht nach hinten schauen kann, erlebe ich bei meiner Arbeit täglich, dass wir viel mehr erspüren, als wir erklären können. Zum Beispiel, dass wir mit anderen Menschen direkt in Verbindung treten können, ohne mit ihnen sprechen zu müssen. Wenn du das nächste Mal in Bus oder Bahn oder auch in einem Wartezimmer sitzt, kannst du diese Verbindung einmal auf die Probe stellen – und dabei auch gleich die Entdeckung machen, dass wir unseren Mitmenschen und uns selbst ganz nebenbei Gutes tun können.

DIE GUTE-WÜNSCHE-WOLKE

Die Region unseres Solarplexus ist mit Wünschen assoziiert. Dass die Energie dort intensiver ist als zum Beispiel in deinem Oberschenkel, merkst du sofort, wenn du dich einmal auf diese Körperstelle konzentrierst. Versuche einmal, die dort pulsierende Energie als leuchtendes, pulsierendes Feld zu visualisieren. Nun wähle einen Fahrgast oder einen Mitwartenden aus, der in Gedanken versunken zu sein scheint oder dir den Rücken zuwendet. Stelle dir vor, wie sich vor deinem Solarplexus eine kleine Wolke mit dieser pulsierenden Energie bildet, und gib gedanklich gute Wünsche hinein, wie etwa »Dir sei Liebe, Glück, Erfolg und Gesundheit beschieden«. Nun denke dir eine Verbindung zwischen deinem Solarplexus und dem deiner Zielperson und schicke die Wolke entlang dieser energetischen Linie los. Du wirst staunen, wie viele Menschen aufblicken und sich in deine Richtung wenden, sobald die Wolke sie erreicht. Mache dich also schon einmal bereit, zu lächeln. Ein wunderbarer Nebeneffekt dieser Übung ist es, dass unsere eigene Laune dadurch steigt. Außerdem wirkt alles, was wir anderen wünschen, auf uns selbst zurück – statt etwas von uns abzugeben, multiplizieren wir die gute Energie.

Du kannst auf diese Weise nicht nur Personen in deiner Nähe, sondern auch weit entfernte Menschen beglücken, denn das alles verbindende Bewusstsein überbrückt die Wege zwischen uns allen. Dass das nicht nur bei der Telefontelepathie funktioniert, hat unser inzwischen guter Bekannter Dean Radin in einem spannenden Experiment untersucht.

MIT VOODOO ZÄRTLICHKEIT UND LIEBE SCHICKEN

Radin wollte wissen, ob magische Voodoo-Praktiken tatsächlich funktionieren – allerdings wollte er natürlich niemandem Schaden zufügen, indem er Nadeln in einen Puppenkörper pikte. Stattdessen probierte er es auf eine positive Art und Weise. Für jede Versuchseinheit wurde jeweils ein Proband als Sender auserkoren, ein anderer als Empfänger. Dann stellte der Empfänger eine kleine Puppe aus Knetmasse her, die ihn selbst repräsentieren sollte. Ganz wie in einem echten Voodoo-Ritual wurde die Puppe mit Haaren, abgeschnittenen Nägeln und persönlichen Gegenständen des Empfängers ausgestattet. Er schrieb außerdem eine einseitige persönliche Biografie und stellte ein Foto von sich zur Verfügung.

Nun wurden die beiden Probanden in etwa einhundert Meter voneinander entfernten Räumen platziert. Um es stilecht zu machen, wurde der Raum, in dem sich der Sender befand, mit schwarzem Stoff ausgekleidet, und die mit dem Empfänger assoziierten Gegenstände wurden zusammen mit einer brennenden Kerze auf einem kleinen Tischchen in der Mitte des Raumes platziert. Der Empfänger hingegen wurde verkabelt, damit man seine Herzfrequenz, Blutvolumen und elektrodermale Aktivität – also Reaktionen in der Haut – messen konnte.

Zunächst war es die Aufgabe des Senders, sich auf den Empfänger einzuschwingen, indem er die Biografie las und das Foto oder die Puppe betrachtete. Auf ein Zeichen des Versuchsleiters sollte er nun verschiedene Strategien ausprobieren, um den Empfänger auf positive Weise zu beeinflussen. Etwa durch gute Wünsche, die er gedanklich an das Foto oder die Puppe richtete. Oder indem er sich vorstellte, der Puppe eine Nacken- oder

Rückenmassage zu verabreichen. Währenddessen wurden die körperlichen Reaktionen des Empfängers gemessen. Der Empfänger hatte keine Ahnung, wann gerade telepathisch Gutes in seine Richtung geschickt wurde, damit er nicht auf seine eigenen Gedanken reagierte und das Ergebnis so verfälscht wurde. Und siehe da: Immer, wenn der Sender bewusst gedanklich die Puppe manipulierte, sank die Herzfrequenz des Empfängers. Hingegen stieg das Blutvolumen in den Fingerspitzen, beides messbare Anzeichen für Entspannung. Außerdem stieg die elektrodermale Aktivität leicht an. Das deutete darauf hin, dass die mentale Massage tatsächlich einen Einfluss hatte: Bei einer reinen Entspannungsreaktion wären die an der Haut genommenen Messwerte gesunken.

In einer zweiten Runde des Experiments mit neuen Versuchspersonen bestätigten sich die Ergebnisse – mit Ausnahme der elektrodermalen Aktivität. Die stieg nämlich plötzlich nicht nur ganz leicht, sondern stark an. Wie bei einer echten Massage! Die Versuchsleiter waren zunächst verwirrt, dann stellte sich heraus: Die jeweiligen Sender hatten nicht nur gedanklich die Puppe massiert, sondern tatsächlich die Knete bearbeitet.

Was lernen wir also daraus?

Dass wir tatsächlich niemals getrennt sind von denen, mit denen wir uns gedanklich verbinden – wir können sie sogar auf die Entfernung streicheln. Ich finde das enorm tröstlich, wenn ich mal wieder länger unterwegs und von meiner Familie getrennt bin.

SICH ZU RÄCHEN RÄCHT SICH – VERZEIHEN EBNET DEN WEG FÜR ALLES GUTE

Wir sollten uns allerdings von den Erkenntnissen aus Radins Experiment nicht zu unüberlegten Handlungen hinreißen lassen. Ich habe kürzlich in einer Boulevardzeitung von einer Dame aus Berlin gelesen, die sich per Voodoo an ihrem untreuen Ex-Gatten rächen wollte. Wie man sich das so vorstellt, bastelte sie sich eine Puppe, die ihren Ex-Mann repräsentieren sollte. Dann malträtierte sie die arme Puppe auf alle möglichen Arten, die ihr nur einfielen, wünschte dem Mann nur das Schlechteste an den Hals – und freute sich mit vorweggenommener Schadenfreude auf das Ergebnis. In unregelmäßigen Abständen rief sie das Ziel ihrer Verwünschungen an, um zu schauen, ob ihre Flüche schon wirkten. Doch ihr früherer Partner dankte nur der Nachfrage – ihm ging es blendend: Er hatte neue Freunde gefunden, im Beruf lief es glänzend, und gesundheitlich war auch alles tipptopp. Hingegen begann es bei der Möchtegern-Voodoo-Priesterin den Bach herunterzugehen: Alles, was sie ihrem Ex-Mann gewünscht hatte, trat nun in ihrem Leben ein. Sie wurde krank, verlor ihren Job, sie baute einen Unfall, Freunde wandten sich ab, und alle möglichen anderen Missgeschicke traten ein – bis sie schließlich verzweifelt eine Magierin rief, die sie »enthexen« sollte, was laut Artikel auch gelungen ist. Ich wünsche es ihr, denn ihren Denkzettel hatte sie ja bereits bekommen.

Wie viel an dieser Geschichte wahr ist, weiß ich natürlich nicht. Was ich aber weiß, ist: Es zahlt sich aus, anderen immer nur das Beste zu wünschen. Selbst wenn diese uns mal sehr verletzt haben. Denn das, was wir denken, fällt immer auch auf uns zurück. Können wir jedoch verzeihen, werden wir innerlich frei. Wir lösen uns von Schmerz und zwanghaften Gedanken, die sich darum drehen, was andere uns angetan haben. Darum möchte ich dir jetzt zwei alte, sehr wirksame Rituale zeigen, mit denen du einem Menschen, der dich einmal enttäuscht oder verletzt hat, verzeihen kannst. Ob es sich dabei um deinen Partner oder einen Freund handelt, ist nicht so wichtig. Das erste Ritual ist vor allem geeignet, wenn derjenige, der dich verletzt hat, Reue zeigt und weder du noch er die Beziehung beenden möchte. Das Ritual bewirkt Vergebung und wird euch enger zusammenschweißen als je zuvor.

KERZEN DER LIEBE

Zündet gemeinsam drei Kerzen an – zwei weiße und eine rote. Setzt euch gegenüber und haltet die Hände über Kreuz, also die linke Hand in der linken und die rechte Hand in der rechten. Der Schuldige gesteht seinen Fehltritt ein, du sagst darauf:»Ich liebe dich, und ich vergebe dir.« Danach löst ihr eure Hände und legt eine Münze auf einen Teller. Die reumütige Person nimmt eine weiße Kerze und lässt das Wachs auf die Münze tropfen. Du greifst anschließend die andere weiße Kerze und machst das Gleiche. Dann nimmt dein Gegenüber die rote Kerze und lässt das Wachs auf das weiße Wachs tropfen und sagt währenddessen:»Lass meine Liebe für dich den Schmerz überdecken, den ich verursacht habe, sodass wir immer eins sein können.« Dann gebt ihr euch wieder die Hände und küsst euch über der Münze. Danach vergrabt ihr die Münze unter einem Weidenbaum.

Falls du jemandem vergeben möchtest, der dich verlassen hat oder zu dem du selbst die Beziehung beendet hast, befreit dich folgendes Ritual auch ohne Beteiligung der anderen Person vom Festhalten an Schmerz und Enttäuschung und gibt dich frei für neue Bindungen:

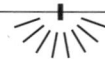

DER SPIEGEL DER VERGEBUNG

Dieses Ritual ist eine Abwandlung des hawaiianisch-schamanistischen Ho'oponopono-Rituals zur Vergebung. *Hoo* lässt sich mit »machen« übersetzen, *pono* bedeutet »Vollkommenheit« oder »richtig«. Ho'oponopono bedeutet also »Weg zur Vollkommenheit« oder auch »die richtige Ordnung wiederherstellen«.

Du brauchst für das Ritual einen auf dem Boden stehenden Spiegel und dein magisches Schreibwerkzeug. Notiere zunächst folgende Sätze auf einem Stück Papier:

1. Es tut mir leid!
2. Bitte verzeih mir!
3. Danke!
4. Ich liebe dich!

Befestige den Zettel am Spiegel oder lege ihn vor dir auf den Boden. Vielleicht kommt es dir merkwürdig vor, dass du um Verzeihung bitten sollst, wenn doch jemand anders dir wehgetan hat. Aber es ist fast immer so, dass wir uns auch an Fehltritten eines Nahestehenden eine gewisse Mitschuld geben. Diese Mitschuld kann uns unbewusst beeinträchtigen und das Loslassen erschweren. Mithilfe des Rituals werden wir dieses Schuldgefühl los. Gleichzeitig repräsentiert unser Spiegelbild denjenigen, der uns verletzt hat, und wir sprechen die an uns gerichtete Bitte um Vergebung stellvertretend für ihn.

Setze dich nun vor den Spiegel. Stelle einen Timer auf zwei Minuten. Schau deinem Spiegelbild in die Augen. Sprich nun die vier Sätze konzentriert und feierlich aus. Wiederhole das so lange, bis das Signal des Timers ertönt. Falls in dir Gefühle wie Wut oder Traurigkeit hochkommen, versuche nicht, sie zu verdrängen. Lass sie kommen, schau sie an, akzeptiere sie bewusst und lass sie dann los. Das ist Teil des inneren Reinigungsprozesses.

Wenn du dich sehr verletzt fühlst, kannst du das Ritual auf vier Minuten verlängern und eine Woche lang täglich wiederholen – oder so lange, bis du spürst, dass du keinen Groll mehr hegst. Jetzt bist du frei.

AM EIGENEN ZWEIFEL ZWEIFELN IST OFT EINE GUTE IDEE

Eins lässt sich festhalten: In uns schlummern ungeahnte Kräfte! Dass das so ist, sollten wir uns immer mal wieder vor Augen führen. Warum es besonders in dieser Hinsicht gut ist, Skepsis in Neugier umzumünzen, hat mir vor Kurzem mal wieder die Geschichte klargemacht, die mir eine Freundin erzählt hat.

Vor einer Weile war ihr über einen Büchertauschkasten ein Buch in die Hände gefallen, in dem es um eine Heilmethode geht, bei der man durch das Auflegen der Finger heilen kann.[17] Sie schmökerte darin, aber war sich nicht sicher, was sie davon halten sollte. Unter anderem war im Buch die Rede davon, dass man mit der Technik nicht nur positiven Einfluss auf die Gesundheit nehmen, sondern ebenfalls Haushaltsgeräte »aufladen« könne, die nicht funktionieren. Diesen Gedanken fand sie so absurd, dass sie überlegte, das Buch, das solchen Unsinn verbreitete, sofort wieder zurück in den Bücherkasten zu bringen. Gleichzeitig zweifelte sie an ihrem Zweifel: »Und wenn es doch funktioniert?« Zufällig hatte sie einen kaputten Handstaubsauger daheim, und mit dessen Hilfe wollte sie der Sache eine Chance geben, ganz getreu dem Grundsatz »Denk doch mal, es geht!«. Etwas Schlimmeres, als dass es nicht klappte, konnte ja kaum passieren. Sie legte also die Finger irgendwo auf den Staubsauger, konzentrierte sich auf die Kuppen und versuchte gleichzeitig, eine Verbindung zum Universum herzustellen. Auch wenn sie das Gefühl hatte, in ihren Fingern eine Energie zu spüren, passierte nichts: Der Staubsauger machte auch nach zehn Minuten noch keinen Mucks. »Also doch Humbug!«, dachte sie, gleichzeitig bestätigt und enttäuscht. Sie legte den Sauger zurück in den Schrank, mit dem Vorsatz, ihn demnächst zu entsorgen. Dann setzte sie sich in einen Sessel, um etwas anderes zu lesen. Etwa eine halbe Stunde später wurde sie plötzlich von einem unheimlichen Brummen aufgeschreckt. Sie machte sich auf die Suche nach dem Ursprung des Geräusches. Es kam aus dem Küchenschrank: Der Handsauger brummte munter vor sich hin.

Das war ihr magisches Aha-Erlebnis!

Seit diesem Moment *glaubte* sie daran, dass Magie funktioniert – und vor allem natürlich, dass diese spezielle Methode funktioniert. Darum traute sie sich, sie an ihrer Familie auszuprobieren – mit Erfolg! Immer, wenn seither jemand in ihrer Familie Kopfschmerzen oder eine Verspannung hat, nicht schlafen kann oder deprimiert ist, legt sie beide Zeigefinger mit etwas Abstand auf den Körper des Betroffenen. Falls etwas wehtut, wird ein Finger auf der schmerzenden Region platziert, der andere auf einer neutralen Körperstelle. Dann denkt sie kurz daran, was sie erreichen möchte, also zum Beispiel »Der Schmerz verschwindet« oder »Du schläfst ein«. Im nächsten Schritt schließt sie die Augen und konzentriert sich vollkommen auf die Fingerspitzen. Gelingt die Konzentration, merkt sie nach kurzer Zeit, dass Energie fließt. Immer wenn ihre Gedanken abschweifen, holt sie sie zurück zu den Fingerspitzen. Sie konzentriert sich so lange, bis sie merkt, dass der Energiefluss abnimmt. Meistens schlafen ihr Kind oder ihr Mann sofort ein, oder der Schmerz ist nach kurzer Zeit weg oder zumindest bedeutend geringer.

Das Erstaunliche – und der Grund dafür, dass ich gerade wieder daran denken muss – ist, dass die Methode auch über Entfernungen funktioniert. Dazu nimmt sie sich ein Kuscheltier ihrer Tochter, denkt intensiv an die zu behandelnde Person und stellt sich vor, wie sie die Finger nicht auf das Kuscheltier, sondern auf den Körper des Empfängers legt. Ungefähr so, wie es die Probanden in Dean Radins Experiment mit der Voodoo-Knetfigur getan hatten.

Besonders interessant ist, dass die Freundin festgestellt hat, dass der Empfänger weder an die Methode glauben noch überhaupt wissen muss, dass er »behandelt« wird – das stimmt mit den Ergebnissen in Dean Radins Voodoo-Experiment überein. Der Glaube an die Methode ist nur für sie selbst relevant. Sonst würde sie die Technik ja gar nicht immer wieder anwenden. Es klingt unglaublich, aber sie kann mit der Distanzvariante der Methode auch wutschnaubende Kleinkinder oder weinende Babys in Sekunden beruhigen. Und wenn eine Kollegin oder ein Freund Kopf- oder Rückenschmerzen hat, sagt sie oft nebulös: »Darf ich mal was ausprobieren?« Dann führt sie ihre Zwei-Finger-Methode durch – so gut wie immer mit Erfolg. Dabei macht sie allerdings weder irgendwelche Versprechungen, noch sagt sie, was sie da tut, weil sie vermeiden will, von den vielen skeptisch eingestellten Menschen in ihrer Umgebung für spinnert gehalten zu werden. Nur falls jemand hinterher erstaunt fragt, was das gerade denn für eine Wundermethode war, erklärt sie, das sei »so was Ähnliches wie Reiki«.

Dabei ersetzt so eine Methode natürlich nicht den Arzt und kann auch nicht immer sofort jede Krankheit wegzaubern. Bei einer Grippe muss man trotzdem im Bett liegen und warten, bis man wieder gesund ist, und auch ein gebrochenes Bein rückt sich nicht durch Fingerauflegen wieder gerade. Aber Techniken wie diese können den Heilungsprozess unterstützen.

BEZEICHNUNGEN SIND SCHALL UND RAUCH – WICHTIG SIND DIE ZUTATEN DER MAGIE

Die wichtigste Lehre, die wir wieder daraus ziehen können, ist: Es kommt nicht auf das genaue Ritual an, damit wir die in uns wohnenden Kräfte nutzen können. Du musst es nicht Voodoo nennen oder Fernheilung oder Reiki. Du kannst im Grunde deine ganz eigene Methode erfinden und sie Klaus-Peter nennen.

Dean Radin hat in seinen Forschungen festgestellt, dass ausnahmslos alle der vielen magischen Traditionen, die er untersucht hat, auf drei Grundannahmen beruhen. Die erste ist die Annahme, dass alles, was ist – unsere gesamte physische Welt –, seinen Ursprung im Bewusstsein hat. Die zweite Annahme ist, dass alles miteinander verbunden ist, und die dritte besagt, dass es nur ein Bewusstsein gibt, das alles durchdringt.

Wenn du dir das immer wieder klarmachst, brauchst du nur noch unseren alten Dreiklang von Idee, Imagination und Glaube, mit dem du auf Basis der angesprochenen Grundlagen die Realität nach deinen Wünschen beeinflussen kannst. Auch ihn findest du übereinstimmend in allen bisher angesprochenen magischen Praktiken.

Bei der eben beschriebenen Zwei-Finger-Methode hast du ebenfalls zunächst die Idee: Ich heile mit dieser Methode. Dann hast du die konkrete Imagination: Der Schmerz verschwindet. Und dazu brauchst du nur noch den Glauben, dass das Ganze funktioniert. Dieser ermöglicht es dir, dich vollkommen auf das gewünschte Ergebnis zu fokussieren und dadurch eine Verbindung zum alles durchdringenden Bewusstsein herzustellen.

Diese drei Schritte sind die Essenz von Magie. Ganz egal, ob du sie dazu einsetzt, dir oder anderen Wünsche zu erfüllen, oder dazu, konkret zu helfen oder zu heilen.

LIEBE GEHT DURCH DEN MAGEN – DAS SPRICHWORT STIMMT

Nun möchte ich dir noch von einem weiteren von Radins faszinierenden Experimenten erzählen. Ein weiterer magischer Untersuchungsgegenstand waren nämlich gute Wünsche in Form von Segnungen, wie sie traditionell zum Beispiel vor dem Essen ausgesprochen werden.

Radin fragte sich: Hat gesegnete Schokolade andere Wirkungen als Schokolade, die nicht gesegnet wurde? Genauer gesagt wollte er testen, ob die mit einem Segen »behandelte« Schokolade dazu führte, dass die sie konsumierenden Menschen signifikant bessere Laune bekamen. Dazu teilten er und sein Team drei verschiedenen »Segnungs-Profis« jeweils eine bestimmte Menge Tafeln Zartbitterschokolade zu, die sie segnen sollten. Die Profis waren: ein mongolischer Schamane (I), zwei buddhistische Mönche (II) und sechs in Meditation erfahrene Personen (III). Sie alle segneten die Schokolade nach einer bestimmten Segensformel – im Grunde nichts anderes als ein Zauberspruch. Sie beinhaltete sinngemäß, dass der Konsument der gesegneten Schokolade sich gesundheitlich und psychisch stabil fühlen und außerdem durch den Konsum einen Anstieg in Energie und Wohlbefinden erleben würde.

Die Schokolade wurde nach dem Zufallsprinzip an vier Gruppen Probanden verteilt: für jeden der drei Segnungsprofis eine, außerdem gab es eine Kontrollgruppe, die nicht gesegnete Schokolade bekam. Das war wichtig, um tatsächliche Effekte vom Placeboeffekt zu unterscheiden. Die Teilnehmer erfuhren nichts vom Wortlaut der Segnung, gingen aber alle davon aus, gesegnete Schokolade zu sich zu nehmen.

Der Test lief über fünf Tage. An den ersten beiden Tagen verteilten die Versuchsleiter noch keine Schokolade. An diesen Tagen begannen die Partizipanten, jeden Abend Fragen zu ihrer Laune zu beantworten. Am dritten, vierten und fünften Tag gab es für die Probanden jeweils um zehn und um fünfzehn Uhr etwa fünfzehn Gramm Schokolade – je nach Gruppe entweder gesegnet oder ungesegnet. Abends fuhren sie damit fort, Fragen zu ihrer Stimmung zu beantworten. Die Auswertung der Fragebögen förderte Erstaunliches zutage: Am dritten Tag des Schokoladenkonsums hatte sich die Laune der Teilnehmer signifikant gebessert, sofern sie gesegnete Schokolade gegessen hatten – und zwar wesentlich deutlicher als bei Probanden, die von der ungesegneten Variante genascht hatten. Besonders groß war der stimmungsverbessernde Effekt bei Teilnehmern, die keine Schokoholics waren, also normalerweise keine oder nur ganz wenig Schokolade aßen – sie schienen besonders empfänglich für die Segnung zu sein. Wer hingegen die Segnung vorgenommen hatte, schien keine Rolle zu spielen.

Die Ergebnisse eines weiteren Experiments, in dem die Teilnehmer statt Schokolade Oolong-Tee bekamen, waren ähnlich. Allerdings kontrollierten die Forscher bei diesem Test außerdem, ob der Glaube, gesegneten Tee zu trinken, das Resultat beeinflusste. Dabei kam heraus: Wer glaubte, gesegneten Tee zu trinken, verzeichnete auch dann eine Besserung der Laune, wenn er in Wirklichkeit ungesegneten Tee trank – das war der Placeboeffekt. Bei den Teetrinkern, die annahmen, gesegneten Tee zu trinken, was auch den Tatsachen entsprach, war die Besserung der Laune allerdings deutlich stärker.

Doch selbst der gesegnete Tee verlor leider seinen stimmungsaufhellenden Effekt, wenn dessen Trinker davon ausgingen, dass er nicht gesegnet sei – der Sheep-Goat-Effekt (siehe Ende von Kapitel 6) hatte wieder zugeschlagen.

GESEGNETE MAHLZEIT
Wenn du das nächste Mal Freunde oder deine Familie zum Essen einlädst, kannst du ihnen etwas Gutes tun und gleichzeitig ein eigenes Segnungs-Experiment durchführen. Am besten eignet sich dafür ein Dessert, das du, einige Zeit bevor die Gäste eintreffen, vorbereiten kannst.
Verwende das Labyrinth-Ritual aus Kapitel 9, um das Dessert zu segnen – dabei setzt du statt des Zauberspruchs eine Segensformel ein. Zum Beispiel: *Wer diesen Pudding isst, wird in der kommenden Woche besonderes Glück erfahren.* Oder: *Wer diesen Kuchen verspeist, erfährt in Kürze einen Geldsegen.*
Erzähle deinen Freunden während des Essens von Dean Radins Segnungsexperimenten. So kannst du ihren Glauben stärken,

dass Segnungen tatsächlich funktionieren – damit deine Segnung nicht dem Sheep-Goat-Effekt zum Opfer fällt.

Schließlich servierst du den Nachtisch und eröffnest deinen Gästen, mit welchen guten Wünschen du diesen versehen hast.

Und dann lass dich überraschen, was dir deine Freunde in der nächsten Zeit begeistert berichten werden …

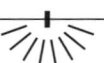

14

DIE ANTWORT LIEGT IN DIR: WARUM ORAKEL NIEMALS TACHELES REDEN, WIESO SIE EINEN DIREKTEN DRAHT ZU DEINEM UNTERBEWUSSTSEIN HABEN – UND WIE DU SIE DIR ZUNUTZE MACHEN KANNST

*Die Zukunft soll man nicht
voraussehen wollen, sondern möglich machen.*

Antoine de Saint-Exupéry

Über dem Orakel von Delphi soll der Satz *gnôthi seautón* zu lesen gewesen sein: Erkenne dich selbst! Dieser Spruch ist sozusagen die grundlegende Gebrauchsanweisung für Orakel aller Art. Sie bezieht sich darauf, dass Orakel nur selten in klaren, eindeutigen Worten Auskunft geben, sondern stattdessen in rätselhaften Bildern sprechen – einer Sprache, die unser Unterbewusstsein versteht. Das können tatsächliche Bilder sein wie beim Tarot oder Worte, mit denen unser Unterbewusstsein Bilder und Gefühle assoziiert. Darin können wir dann die für uns richtige Lösung erkennen. Das bedeutet auch, dass ein und derselbe Orakelspruch für dich etwas völlig anderes bedeuten kann als für mich. Nur du kannst verstehen, was es dir sagen will, denn die Lösung für alle deine Fragen liegt in dir selbst. Damit verfolgt ein Orakel genau denselben Ansatz wie moderne systemische Psychotherapie. Auch dabei geht man davon aus, dass wir die Lösungen für alle Probleme in uns selbst finden können und es nur der richtigen Impulse bedarf, um sie hervorzukitzeln. Als solch ein Impulsgeber ist ein Orakel ein hervorragendes Instrument. Wie das Spiel baut es eine Brücke in die magische Sphäre und lässt dich eine neue Perspektive auf deine aktuelle Wirklichkeit oder ein spezifisches Problem einnehmen. Außerdem können Orakelsysteme wie das Tarot dir dabei helfen, dich besser kennenzulernen – zum Beispiel, wenn die Symbole einer Karte etwas in dir zum Klingen bringen.

DER NARR, VORBILD ALLER WUNDERMACHER

Was mich betrifft, so erkenne ich mich etwa in der Tarotkarte des »Narren« – le fou – im traditionellen »Tarot de Marseille«. Ich habe mich sofort mit ihm identifiziert, als ich vor einiger Zeit begann, mich verstärkt mit Tarotkarten zu beschäftigen:

Der Narr ist teilweise nackt, er entblößt sein Geschlecht und kann dort angegriffen werden. Gleichzeitig geht er einfach drauflos und findet dabei seinen Weg. Genauso war es bei mir: Statt mich anzupassen und vorgezeichnete Wege zu gehen, habe ich mich entblößt. Ich habe der Welt gezeigt, wie ich wirklich bin und was ich zu tun liebe. Das hat mich einerseits verletzlich gemacht, denn wenn man mich angreift, ist da keine Schutzhülle. Auch der kleine Hund, der dem Narren folgt, könnte ihn direkt an seiner empfindlichsten Stelle verletzen. Aber offensichtlich tut er das nicht: Der Narr führt ihn, er ist stark. Wie er muss auch ich keine Energie darauf verschwenden, mich zu verstellen.

Der Narr ist außerdem eine historische Figur, mit der ich mich verbunden fühle: Ein Narr war früher bei Hofe einerseits jemand, der für Unterhaltung zuständig war. Aber er war andererseits auch der, der auf Wahrheiten hinweisen konnte, die kein anderer aussprechen durfte. Er hatte die sprichwörtliche »Narrenfreiheit«. Damit war er ein echter Wundermacher: Er zeigte den Menschen, was es außerhalb ihrer Realität noch gab. Die Figur des Narren ist auch mit der des Tricksters verbunden und wird oft als mit ihr identisch angesehen. Wie der Narr oder auch der Magier ist der Trickster ein Archetyp – also eine Figur, die grundlegende psychische Strukturen des Menschen symbolisiert. Es gab oder gibt den Trickster in den meisten Kulturen, zum Beispiel in Gestalt eines Kojoten oder eines Harlekins. Auch Till Eulenspiegel ist eine Trickster-Figur. Dabei bedeutet das englische »Trickster« ursprünglich »Gauner«. Er ist allerdings kein skrupelloser Verbrecher, sondern eher der respektlose Schalk, der Menschen die Dinge vor Augen führt.

Dem Narren oder Trickster kam immer eine sehr wichtige gesellschaftliche Funktion zu. Er provozierte und brachte althergebrachte Ordnungen immer dann durcheinander, wenn er das Gefühl hatte: Da stimmt etwas nicht, die Harmonie ist eine Illusion. Das französische Wort *fou* heißt interessanterweise nicht nur »Narr«, sondern auch »verrückt«: Der Narr ist aber nicht verrückt, sondern er *verrückt* die Dinge. Das Chaos, das er absichtlich verursacht, sollte einen Heilungsprozess einleiten. Statt dauerhaft zerstört zu werden, ist das Ziel, die Ordnung auf einer gesünderen Ebene wiederherzustellen. Damit war er immer der, der hinterfragte und neue Entwicklungen überhaupt möglich machte.

Als ich zum ersten Mal von diesen Zusammenhängen las und erfuhr, dass diese Archetypen seit Jahrtausenden existieren, bekam ich plötzlich eine Gänsehaut: Ich lebte als moderner Mensch intuitiv etwas, was eine dreitausend Jahre alte Tradition hat – ohne davon zu wissen. Wahrscheinlich hätte ich schon damals genau das tun können, was ich heute mache. Diese Erkenntnis ist für mich eine wunderbare Bestätigung: Zwar findet sich mein Beruf nicht in Ratgebern der Arbeitsagentur, und es gibt niemanden, der direkt vor mir diesen Weg gegangen ist, dem ich hätte folgen können. Trotzdem hat mein Beruf eine in erster Linie spirituelle Tradition. Damit habe ich ganz viele Menschen, die historisch hinter mir stehen. Seitdem weiß ich, was es bedeutet, wenn man sagt: Wir stehen alle auf den Schultern von Riesen.

Damit du dir die Rolle des Tricksters noch besser vorstellen kannst, habe ich hier eine kleine Geschichte für dich:

ZWEI FREUNDE

Es waren einmal zwei Freunde, die wuchsen zusammen auf. Sie hatten nie Streit, trugen die gleichen Kleider, ihre Häuser standen nebeneinander und sahen völlig gleich aus, und sogar die Frauen der beiden sahen sich zum Verwechseln ähnlich.

Eines Tages sah das der Trickster. Er sagte sich: Ich muss etwas tun, das hier kann nicht die Wahrheit sein.

Der Trickster wusste, dass zwischen den Gartengrundstücken ein schmaler Weg verlief. Zunächst besorgte er sich einen Hut. Den setzte er verkehrt herum auf und zog ihn tief in die Stirn. An die Hutkrempe klebte er eine Pfeife, sodass es von hinten aussah, als ob er auch ein Gesicht auf dieser Seite habe. Außerdem kaufte er sich einen Mantel, der auf der einen Seite rot und auf der anderen Seite weiß war, dazu eine Hose, auf die das Gleiche zutraf, und schließlich zwei verschiedene Schuhe: einen roten und einen weißen. So ausstaffiert wanderte er ganz langsam den Weg zwischen den Gärten entlang, in denen die beiden Freunde jeweils gerade arbeiteten.

Nachdem der Trickster vorbeigegangen war, rief der erste Freund dem zweiten zu: »Hast du gerade den Herrn im roten Mantel gesehen?« Der andere antwortete: »Ja, ich habe einen Mann gesehen, der hatte aber einen weißen Mantel an.« Der erste wurde ärgerlich: »Wo du deine Augen hast! Das war ein roter Mantel.« Der andere sagte: »Unsinn, der Mantel war weiß, ich bin mir völlig sicher. Und der Mann ist in Richtung Stadt gegangen.« Daraufhin empörte sich der erste: »Was? Der ist dahin gelaufen, in Richtung Wald!«

So ging es weiter, bis sie sich so sehr stritten, dass sie anfingen, sich zu prügeln. Aus Freunden waren vorübergehend Feinde geworden. Das führte dazu, dass sie sich nicht mehr am anderen orientierten. Der Trickster hatte erkannt, was notwendig war, damit jeder von ihnen frei wurde und erkennen konnte, was er selbst wirklich im Leben tun wollte.

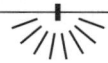

NYSYN GEWINNEN: DAS TAROT ERMÖGLICHT EINE NEUE SICHT AUF DIE DINGE

Vor Kurzem habe ich einen Artikel über den grönländisch-dänischen Polarforscher Knud Rasmussen gelesen, der für seine Expeditionen und das Bekanntmachen der Kultur der Inuit berühmt geworden ist. Rasmussen hat gerne den Begriff des *nysyn* verwendet. Auseinandergeschrieben bedeutet *ny syn* in den nordischen Sprachen ganz einfach »neue Sicht«, aber zusammengeschrieben wird es zu einem Bild. In diesem übertragenen Sinne bedeutet es, die Dinge im Geiste aus einer anderen Perspektive anzuschauen und dadurch wichtige Einsichten über die gegenwärtige Situation zu gewinnen. Wenn Rasmussen bei einer seiner vielen Reisen mit seinen Leuten mal wieder im Eis festsaß und sagte: »Wir müssten auf einen Berg klettern, um *nysyn* zu bekommen«, meinte er das darum nicht nur wörtlich, sondern forderte sein Team auf, die Situation gedanklich zu wenden, um eine Lösung zu finden.

Tarotkarten zu legen ist eigentlich nichts anderes als *nysyn*, wenn du dich festgefahren hast. Mit ihrer Hilfe stehst du auf einem Berg und hast einen anderen Blick auf deine Wirklichkeit. Dann kannst du sehen, in welche Richtung es geht und worauf du dich konzentrieren musst.

Ein gutes Beispiel dafür ist eine junge Stabhochspringerin, die vor einer Weile bei einem meiner Salons in meinem Atelier in Berlin zu Gast war, zu denen ich Leute aus ganz unterschiedlichen Bereichen einlade. Sie war zu dem Zeitpunkt bereits sehr erfolgreich und auf dem Weg in den Bundeskader, aber aktuell hatte sie ein Problem, die erforderliche Höhe zu überspringen. »Mein Problem ist nicht das Training, mein Problem ist der Kopf«, sagte sie zu mir und seufzte. »Ich mache mir manchmal zu viele Gedanken, und dann geht es daneben.« Ich führte sie zu einem Tisch, auf dem ich einen Teil der Tarotkarten des »Tarot de Marseille« ausgebreitet hatte. Genauer gesagt die großen Arkana, also die zweiundzwanzig zentralen Archetypen – vom Narren *le fou* (in manchen Tarotversionen auch *le mat*) über den Verliebten *l'amoureux* bis zur Welt *le monde* –, um die herum sich auch eine Legung nach traditionellem Schema aufbaut.

Ich habe sie gebeten, sich auf ihr Problem zu konzentrieren – und dann intuitiv eine Karte auszuwählen, die die Lösung aufzeigen könnte. Sofort hat sie auf *le soleil* – die Sonne – gedeutet. Dann habe ich sie gefragt: »Was bedeutet das, was du dort siehst, für dich?« Und sie sagte: »Na, das sind Sonnenstrahlen, das spricht mich an.« Dann schwieg sie eine Weile und schien zu überlegen. Plötzlich hellte sich ihr Gesicht auf: »Eigentlich müsste ich einfach springen wie ein Sonnenstrahl.« Sie tippte auf das obere Ende der Karte. »Einer von denen, die von der Sonne nach oben weggeschossen werden! Da steckt ja alles

drin. Ich fühle es schon richtig. Ich glaube, wenn ich mir vorstelle, ich bin der Sonnenstrahl, der jetzt von der Sonne nach
oben wegschießt, wird mein Körper morgen beim Wettkampf
alles richtig machen.«

Ein paar Tage später las ich in einem ihrer Instagram-Posts,
dass alles geklappt hatte. Sie hatte sich auf den Sonnenstrahl
konzentriert – und war wie einer gesprungen: mit Leichtigkeit.
Ich habe mich darüber unglaublich gefreut. Es hat mir einerseits bestätigt, dass eine klare Intention und ein deutliches mentales Bild, wie in diesem Fall der Sonnenstrahl, unsere Wünsche
und Träume auf magische Art und Weise wirklich werden lassen
können. Andererseits hat es mir noch einmal die Bestätigung
gegeben, dass wir die Antwort auf alles in uns tragen. Die Beschäftigung mit Orakeltechniken wie dem Tarot bringt uns immer weiter.

Auch hier haben wir wieder das Spiel: Vielleicht ist unsere
Lage momentan schwierig, aber wenn wir spielerisch an sie
herangehen, ist das wie eine Lockerungsübung für den Geist.
Dann gelangen wir viel leichter zu einer Lösung, als wenn wir
angestrengt grübeln und rational an die Sache herangehen. Natürlich hätte ich mit der jungen Sportlerin Mentaltraining machen und verschiedene Entspannungstechniken üben können.
Aber das war gar nicht nötig: Im Sonnenstrahl war das alles
schon drin. Er fungierte wie ein mentaler Kompass.

WIE DU TAROTKARTEN FÜR DICH NUTZEN KANNST

Wenn du selbst ausprobieren möchtest, mit Tarot zu arbeiten,
empfehle ich dir das Kartendeck »Tarot de Marseille« in der
Version von Alejandro Jodorowsky. Zwar funktioniert auch jedes
andere Tarot, aber diese Karten sind noch um einiges detailrei-
cher – und bieten darum mehr Deutungsspielraum als andere
Karten. Du kannst dir damit ganz eigene Systeme und Spiele
überlegen.

Wie ich kannst du damit beginnen, dir eine Karte zu suchen, in der du dich erkennst. Dann fragst du dich: Wofür steht diese Figur? Du kannst sie zu einem virtuellen Vorbild machen und dich in Entscheidungssituationen fragen: Was würde »die Welt« jetzt tun? Was würde »der Stern« tun?

Hast du ein akutes Problem, kannst du es so machen wie die Stabhochspringerin und schauen, welche Karte dich am meisten anspricht, und dann überlegen, wie sie die Lösung für dein gegenwärtiges Problem darstellen könnte.

Du kannst aber auch eine Frage stellen und aus der großen Arkana eine Karte ziehen und sie intuitiv deuten.

Oder du probierst traditionelle Legetechniken aus. Wenn du das tun willst, ist das Buch *Der Weg des Tarot* von Alejandro Jodorowsky[18] und Marianne Costa eine sehr gute Orientierung. Es gibt auch Hilfestellung bei der Deutung, wenn unsere Intuition gerade nicht so recht weiterweiß. Manche Karten, wie etwa das »namenlose Arkanum«, das ein Skelett mit Sense in der Hand zeigt, können einem schnell einen Schreck einjagen, wenn man sie zu direkt versteht. Karten wie diese sind aber keineswegs so negativ, wie das auf den ersten Blick scheint – hier hilft es, eine professionelle Einordnung zu bekommen. Die beispielhaft genannte Karte, die oft fälschlicherweise als »Der Tod« bezeichnet wird, kann nämlich viel eher als Zeichen für einen notwendigen Aufräum- oder Umwälzungsprozess gesehen werden. Einen, wie ihn auch ein Trickster anstoßen könnte.

Ich möchte dir nun ein Beispiel dafür geben, wie du mit den Karten arbeiten kannst. Es basiert auf der Ziehung von Karten bei einem meiner Webinare. Dabei stellte eine Teilnehmerin die Frage:

Wie erreiche ich mein Ziel?

Stellvertretend für die Fragestellerin zog ich die Karte *le chariot*, der Wagen: Ein König steht auf dem von zwei Pferden gezogenen Streitwagen. Er möchte fahren, aber es geht nicht. Der Wagen kann sich nicht vorwärtsbewegen, weil die Pferde in unterschiedliche Richtungen gehen wollen. Er steht still.

Diese Karte stand für die gegenwärtige Situation und bildete den Mittelpunkt der Legung.

Die zweite zu dieser Frage gezogene Karte war *la maison dieux*, der Turm: Darauf ist ein auseinanderbrechender Turm zu sehen, zwei Menschen fallen ins Wasser.

Diese Karte stand für die Vergangenheit. Ich legte sie links neben die Gegenwartskarte.

Die dritte Karte war *l'empereur*, der Kaiser: Er lehnt entspannt an seinem Thron und schaut in die Ferne.

Diese Karte stand für die Zukunft. Ich legte sie rechts neben die Gegenwartskarte.

Es ergab sich dieses Bild:

Du kannst ja selbst einmal überlegen, was dir dazu einfällt, wenn du weißt, dass die mittlere Karte die Gegenwart zeigt, die linke die Vergangenheit und die rechte die Zukunft. Unser Geist ist so grandios, dass er aus drei Karten wie diesen eine Geschichte konstruieren kann. Er kann einen Zusammenhang sehen und eine neue Realität sofort sichtbar machen. Die Illusion der alten Realität wird aufgebrochen, und wir sehen plötzlich mehr hinter der Mauer, die wir um unsere vermeintlich stabile Realität gebaut haben.

Ich werde dir jetzt beispielhaft darlegen, wie ich die Karten gedeutet habe. Bitte behalte dabei im Hinterkopf: Meine Deutung – und auch die jedes anderen Tarotkartenlegers – kann immer nur ein Vorschlag sein! Es ist die Geschichte, die *mein* Geist aus den Bildern der Karten macht. Derjenige, der die Frage stellt, kann aus den Karten andere und viel klarere Hinweise für bestimmtes Handeln herauslesen – denn nur er kennt ja seine spezifische Situation.

Meine Deutung der drei Karten:
Der König auf dem Streitwagen schaut in die Vergangenheit und erkennt, dass die alte Wirklichkeit, das frühere materielle oder spirituelle Leben, repräsentiert durch den Turm, zerbrochen ist. Ich riet der Fragestellerin zu überlegen: *Was ist da passiert? Habe ich etwas getan, was dazu geführt hat? Habe ich den Turm zu hoch gebaut? Was kann ich daraus lernen?*

Zur Beantwortung dieser Fragen hat sie allerdings Zeit, denn der Herrscher, der die Zukunft repräsentiert, wirkt völlig entspannt. Er überblickt sein Reich und denkt in Ruhe über seine Möglichkeiten nach. Ich riet der Fragestellerin, zu überlegen: *Wohin soll ich jetzt reisen? Welche Wirklichkeit möchte ich jetzt miterschaffen? Welchen Schritt kann ich im Hier und Jetzt tun, um mein Ziel zu erreichen?*

Nun ging die Legung aber noch weiter. Die nächste, mit der übergeordneten Frage zusammenhängende Frage war:

Was soll ich unbedingt tun, wenn ich mein Ziel erreichen will?

Nun zog ich die Karte *force*, also Kraft: Darauf sieht man eine Frau, die einem Löwen das Maul aufhält und zugleich nach vorne schaut. Sie zieht dem Löwen einen Dorn aus dem Maul.

Meine Gedanken dazu waren: Sammle deine Kraft, sei mutig. Entferne den Dorn, hilf dem Löwen, wieder fressen zu können. Frag dich: *Was ist der Dorn in meinem Maul, der mich behindert?* Ich riet der Fragestellerin, zunächst den Dorn zu ziehen und erst dann in Aktion zu gehen.

Jetzt war noch eine Frage offen, nämlich:

Was soll ich auf keinen Fall tun, wenn ich mein Ziel erreichen will?

An dieser Stelle zog ich die Karte *justice*, also Gerechtigkeit: Darauf sieht man eine Frau mit einem Schwert in der rechten und einer Waage in der linken Hand. Sie schaut den Betrachter direkt an.

Ich deutete das spontan wie folgt: Die Gerechtigkeit ist ruhig, wirkt aber traurig. Sie versucht, es allen recht zu machen. Mein daraus folgender Vorschlag war: Probiere *nicht,* alle anderen zufriedenzustellen. Möglicherweise hast du das bisher getan, und dieses Verhalten ist der Dorn, der dich von weiteren Taten abhält.

GLEICHE KARTE – VIELE ANTWORTEN

Wenn du mit Tarot experimentierst, vergiss bitte nie, dass du dir selbst die Antwort gibst – und dass jede Karte auf jeden Menschen anders wirken kann. Aber solange du eine klare Frage stellst, kann dir das Tarot immer einen Impuls geben, der dich zu deiner ganz persönlichen Antwort führt.

Kürzlich habe ich für eine Bekannte eine Karte gezogen, die vor einer beruflichen Entscheidung stand: Sie sollte sich zwischen zwei Projekten entscheiden. Das war dann auch die Frage: *Wofür soll ich mich entscheiden?*

Gezogen habe ich die Karte *l'amoureux* – der Verliebte.

Man sieht in der Mitte eine Person, der sich links und rechts jeweils eine weitere Person zuwendet. Über dem Kopf der mittleren Person schwebt ein Engel mit einem Pfeil vor einer Sonne. Der Engel zielt mit dem Pfeil etwa in Richtung der mittleren Person.

Die Bekannte sah sich in der Mitte stehend, die beiden Projekte waren die Menschen daneben. Sie deutete die Karte so, dass sie sich für das Projekt entscheiden müsse, für das sie mehr Liebe und Leidenschaft entwickeln kann. Das war für sie die genau richtige Deutung.

Jemand anders hätte in dieser Karte etwas ganz anderes erkennen können. Wer zum Beispiel – wie mein Kumpel Steffen – Probleme beim freien Reden hat, identifiziert sich zwar vielleicht ebenfalls mit der Person in der Mitte. Aber in diesem Fall ist die Person jemand, der etwas vorträgt, die anderen sind Zuhörer, und der Engel mit dem Pfeil liefert die Inspiration.

Ein Dritter, der wissen möchte, wie er sich in einem Meeting verhalten soll, liest daraus wiederum »Der Verliebte« und sagt sich: Ich muss mit Gefühlen der Liebe im Herzen in dieses Meeting gehen.

Und so weiter.

ORAKEL SIND ÜBERALL

Vieles kann zum Orakel werden, und keines ist mehr oder weniger wert als das andere. Wichtig ist, dass du eine klare Frage hast und dir das Orakel genügend Deutungsspielraum gibt, um deine ganz persönliche Antwort zu finden. Ein paar Beispiele: In Ostfriesland lässt man vorsichtig mit einem Silberlöffel Sahne am Rand der Teetasse in den Tee laufen. Dadurch steigen von unten Sahnewölkchen auf, deren Form sich interpretieren lässt. Auch echte Wolken am Himmel kannst du deuten, genauso wie den Kaffeesatz, wenn du deinen Kaffee auf orientalische Weise – also ungefiltert – zubereitest. Du kannst Farbe auf ein Blatt Papier klecksen, es zusammen- und wieder auseinanderfalten und überlegen, was dir die Form mitteilt. Oder du kannst deine Frage stellen, das nächste Buch nehmen, es irgendwo aufschlagen und den Finger, ohne hinzusehen, auf eine Stelle setzen – in dem Satz findest du einen Hinweis auf deine persönliche Antwort.

DAS MÜNZ-ORAKEL

Manchmal braucht man einfach eine kleine Entscheidungshilfe. Bei allen Fragen, die mit »Ja« oder »Nein« beantwortet werden können, hilft das Münz-Orakel. Nimm drei gleiche Münzen, schüttele sie in der Hand und wirf sie auf den Tisch. Liegen mehr Münzen mit dem Bild nach oben, bedeutet das Nein. Liegen mehr Münzen mit der Zahl nach oben, heißt das Ja. Du musst dem Orakel nicht folgen – aber es enthüllt, was du eigentlich willst. Dann nämlich, wenn dir die Antwort irgendwie widerstrebt ... Zur Sicherheit kannst du aber auch noch die Weisheit deiner Arme befragen:

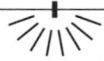

DAS ARM-ORAKEL

Eigentlich handelt es sich beim Arm-Orakel um eine Biofeed-back-Methode, bei der dein Körper dir sehr deutlich mitteilt, was du unbewusst möchtest – und was nicht. Stell dich zur Vorbereitung einmal hin und breite die Arme zur Seite aus. Bringe nun die Arme vor dem Körper zusammen, sodass du die Handflächen aufeinanderlegen kannst. Es ist egal, ob du die Hände vor dem Schritt zusammenführst oder ob du die Arme nach vorn streckst und dort die Hände zusammenlegst. Um diese Bewegung geht es.

Nun teste das Arm-Orakel, indem du die Arme wieder zur Seite ausbreitest und intensiv an etwas denkst, was nicht stimmt. Zum Beispiel:»Shakespeare war ein Zuckerbäcker.« Führe nun die Arme wie beschrieben zusammen. Merkst du was? Die Hände legen sich nicht aufeinander, ein Arm scheint plötzlich länger zu sein als der andere. Dein Körper hat auf den»Stimmt doch gar nicht!«-Protest deines Unterbewusstseins mit Asynchronizität reagiert. Das passiert automatisch. Wenn du nun beim Zusammenführen denkst:»Shakespeare war ein Dichter«, legen sich deine Hände wieder schön aufeinander.

Mit dem Arm-Orakel kannst du testen, was du wirklich willst. Es enthüllt auch, wie unmittelbar alles in dir darauf reagiert, wenn dir etwas widerstrebt. Darum ist es nahezu unmöglich, einen magischen Akt zu vollziehen, wenn du nicht dahinterstehst – dein Unterbewusstsein wird dann alles daransetzen, die Verwirklichung zu sabotieren.

DIE WEISHEIT DER ERDE: GEOMANTIE

Eine weitere Orakelmethode, die ich neben dem Tarot sehr schätze, ist die Geomantie. Der Begriff setzt sich zusammen aus dem altgriechischen *geo* – Erde – und *mantaia* – Weissagung. Entsprechend hat man auch ursprünglich aus natürlichen Formationen des Untergrunds, wie etwa Stöckchen oder Steinen, Weissagungen hergeleitet. Inzwischen hat sich daraus ein Symbolsystem entwickelt, das man auf vielfältige Weise nutzen kann.

Betrachten wir zunächst einmal die Symbole:

Puer (Junge)	Fortuna Major (Großes Glück)	Acquisitio (Gewinn)	Cauda Draconis (Drachenschwanz)
Amissio (Verlust)	Conjunctio (Konjunktur)	Carcer (Kerker)	Caput Draconis (Drachenkopf)
Albus (Weiss)	Rubeus (Rot)	Tristitia (Trauer)	Fortuna Minor (Kleines Glück)
Populus (Leute)	Puella (Mädchen)	Laetitia (Freude)	Via (Weg)

Die verschiedenen Symbole lassen sich, ähnlich wie das Tarot, unterschiedlichen Ereignissen und psychischen Zuständen zuordnen. Wenn du damit arbeiten möchtest, kannst du zum Beispiel die sechzehn Symbole auf Kärtchen malen, eine Frage stellen und nach dem Muster des Tarots eine Reihe von Karten ziehen. Dann schaust du in der Tabelle nach und spürst in dich hinein, welche Geschichte dein Unterbewusstsein daraus konstruiert.

Ich möchte dir eine Symbolfolge vorstellen, die dich, in Fragen verwandelt, auf dem Weg zu einem bestimmten Ziel begleiten kann. Sie erinnert dich daran, dass jeder Weg aus vielen kleinen Schritten besteht und du dein Ziel nur erreichen kannst, wenn du einen nach dem anderen tust. Außerdem hilft sie dir, dich zu vertiefen – ganz im Sinne von *scholé* und *otium* –, statt ungeduldig auf das Erreichen eines Zielpunktes zu schauen. Nur so kannst du auch deinen Weg genießen und damit den Rat des Pianisten (Kapitel 11) befolgen. Also egal, was du vorhast, ob du ein Baumhaus bauen, ein Buch schreiben, eine Ausbildung machen oder einfach in dem, was du täglich tust, mehr Zufriedenheit gewinnen willst: Die Geomantie kann dich begleiten und unterstützen. Eine sehr schöne und einfache Möglichkeit ist es, dich jeden Abend vor dem Schlafengehen mit deinem Journal hinzusetzen, die einzelnen Punkte kurz durchzugehen und für dich zu beantworten. Das gibt große Ruhe und Zufriedenheit und bereitet dich bereits mental auf den kommenden Tag vor.

Los geht's!

FÜNF FRAGEN FÜR MEHR TÄGLICHES GLÜCK

Wir beginnen immer mit dem Symbol des **Populus**. Es besteht aus zwei mal vier Punkten nebeneinander und sieht damit ein bisschen aus wie ein geöffneter Reißverschluss. Eine Reihe davon ist unser persönlicher Weg, die andere symbolisiert andere Menschen, die uns beim Begehen des Weges beobachten. *Populus* ist lateinisch und bedeutet »Volk« oder »Publikum«. Die Figur steht dafür, dass wir alle von anderen Menschen wahrgenommen werden wollen. Das ist ein angeborenes Bedürfnis und wichtig für unser Überleben – ein Baby ist darauf angewiesen, von anderen wahrgenommen und mit Nahrung und Liebe versorgt zu werden. Für uns Erwachsene ist es allerdings nicht gesund, zu abhängig von anderen zu sein. Wenn wir uns zu sehr nach anderen richten, um ihnen zu gefallen, können wir unsere eigenen Bedürfnisse aus den Augen verlieren.

Frage 1: Auf welche Erfolge kann ich blicken?
Im ersten Schritt vereinen wir die beiden oberen Punkte zu einem einzigen:

So verwandeln wir das Populus-Symbol in das Symbol **Laetitia**. Auch das ist Latein und bedeutet »Freude«. Das Vereinen der Punkte symbolisiert ein Zentrieren, ein Wenden nach innen. Wir verlassen die Außensicht des Populus und fragen uns (zum Beispiel am Ende eines Arbeitstages): Worüber kann ich mich bereits freuen? Welche Erfolge habe ich in diesem Projekt bereits erzielt? Wenn du noch am Anfang des Weges stehst, kannst du dich etwa schon freuen, den Entschluss gefasst zu haben, loszugehen und den ersten Schritt getan zu haben. Auch das ist bereits ein Erfolg, denn der erste Schritt ist fast immer der schwierigste. Ansonsten kannst du alles, was du für dein Vorhaben schon erreicht hast, hier würdigen. So ein Innehalten und Bewusstmachen ist wichtig, um die Motivation aufrechtzuerhalten und uns spüren zu lassen, was wir können und leisten.

Frage 2: Was macht mich auf meinem Weg glücklich?

Jetzt werden auch die nächsten zwei Punkte vereint:

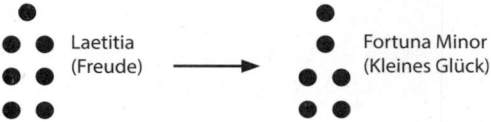

Dadurch erhalten wir das Symbol **Fortuna Minor,** kleines Glück. Hier geht es wieder um das Genießen und darum, die Aufmerksamkeit ins Hier und Jetzt zu holen: Was macht mich bei dem, was ich tue, täglich glücklich? Für welche kleinen Momente im Alltag bin ich dankbar? Das muss nicht nur die Arbeit an deinem Projekt sein, es kann auch alles drum herum sein: die kleinen Pausen, der Blick aus dem Fenster, deine Katze, die auf dem Schreibtisch liegt, die Tasse Kaffee zwischendurch.

Frage 3: Was kann ich abschließen und dann loslassen?

Der nächste Punkt wird vereint:

Cauda Draconis, der Drachenschwanz, symbolisiert den Abschluss von etwas – zum Beispiel einer Tätigkeit oder auch eines Arbeitsschritts. Immer, wenn wir ein Zwischenziel erreicht oder eine Etappe hinter uns gebracht haben, ist es vorteilhaft, sich das bewusst zu machen. Leider fällt das in der Hektik des Alltags oft hintenüber, und am Ende eines Tages haben wir plötzlich das frustrierende Gefühl, überhaupt nichts »geschafft« zu haben, obwohl wir nonstop gearbeitet haben. Das ist schlecht für die Seele. Auch damit unser Unterbewusstsein weiß, dass jetzt Platz für Neues geschaffen ist, ist es wichtig, etwas bewusst abzuschließen. Diese Frage kann uns auch daran erinnern, dass wir angefangene Projekte, die uns unterschwellig stressen, entweder weiter voranbringen oder aber bewusst abhaken. Manchmal haben wir uns einfach zu viel auf einmal vorgenommen – vielleicht musst du nicht unbedingt nebenbei noch Tomaten ziehen oder für den kommenden Kindergeburtstag jeden Kuchen selbst backen.

Frage 4: Was kann ich Neues angehen?

Der Reißverschluss schließt sich:

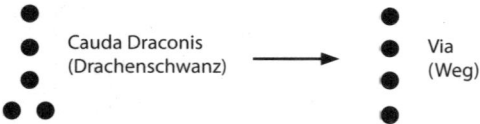

Nun haben wir den Weg vor uns, den wir gehen möchten. Ohne Ablenkung, ohne Zuschauer wie im Populus-Symbol. Wir haben im vorigen Schritt abgeschlossen, was wir abschließen konnten, jetzt vertiefen wir uns in das, was als Nächstes ansteht. Dieser Weg kann der Weg sein, den wir konzentriert beschreiten, während wir an etwas arbeiten, aber auch der Weg der Entspannung nach einem Arbeitstag. Wichtig ist, jeden Weg ganz bewusst zu gehen.

Frage 5: Wohin geht es?

Nun wird der Reißverschluss am oberen Ende wieder aufgezogen:

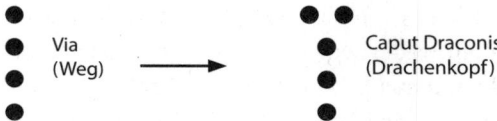

Der **Caput Draconis,** der Drachenkopf, steht für den Moment der Orientierung. Der Drache streckt den Kopf aus der Deckung und fragt sich: Wo stehe ich? Wo will ich von hier aus hin? Dieser Moment kann zum Beispiel der Moment sein, an dem man sich abends hinsetzt und sich überlegt, was am nächsten Tag zu tun ist. Es kann aber auch eine größere Inventur bedeuten, wie wir sie in Kapitel sieben in der Amulett-Frage vorgenommen haben.

NACHWORT

FÜR EINE WELT VOLLER WUNDER

Meine liebe Leserin,
mein lieber Leser,

ich möchte mich ganz herzlich bei dir bedanken, dass du dich mit mir auf diese magische Reise begeben hast. Ich gebe zu, ich bin neugierig, welche Wunder dir dabei begegnet sind, und ich würde mich freuen, wenn du sie mir erzählst. Du erreichst mich über meine Website und natürlich die üblichen Social-Media-Kanäle.

Doch ich habe noch eine Bitte: Erzähle sie nicht nur mir! Gib das, was du mit diesem Buch an Wundern erfahren hast, weiter. Weihe deine Freunde und deine Familie ein, wie auch sie zum Magier ihres Lebens werden können, denn das Wissen darum sollte nicht nur wenigen vorbehalten sein. Diese Welt, ich sagte das bereits, braucht Wunder.

Beginne doch ganz einfach damit, das Wunder weiterzugeben, das ich dir ganz zu Beginn des Buches geschenkt habe.

DER WUNDERBRIEF

Nimm Briefpapier und Schreibgerät zur Hand. Außerdem brauchst du einen kleinen Briefumschlag. Begib dich mit diesen Dingen und diesem Buch an einen ungestörten, ruhigen Ort. Schließe lächelnd die Augen und konzentriere dich für zwei, drei Atemzüge darauf, wie die Luft durch deine Nase einströmt, bis in den Bereich des Solarplexus fließt und dann wieder ausströmt. In deinen Gedanken ist nur der fließende Atem. Dann öffne die Augen, schlage dieses Buch vor dem ersten Kapitel auf und kopiere handschriftlich die Worte des Wunderbriefes. Konzentriere dich dabei voll auf ihre Aussage. Bist du damit fertig, lies beide Sätze noch einmal laut oder in Gedanken. Dann falte das Papier sorgfältig und schiebe es in den Umschlag. Du brauchst den Wunderbrief nicht zuzukleben, es reicht, wenn du die Lasche lose in den Umschlag steckst.

Wenn du das nächste Mal das Haus verlässt, nimmst du den Wunderbrief mit.

Achte darauf, über die Menschen, die dir begegnen, in Gedanken kein Urteil zu fällen. Nicht das geringste, auch kein positives. Gib keinen inneren Kommentar ab. Kein »So eine komische Frisur«, »Die ist aber hübsch« oder »Ach, ist das wieder modern?«. Alle Leute sollten in deinen Gedanken völlig gleichwertig sein. Das Teenagermädchen genauso wie der Straßenmusiker, der alte Mann mit Rollator, die Bettlerin oder die junge Mutter mit Kinderwagen.

Horche in dich hinein.

Bei einer Person, der du begegnest, wirst du wissen, dass sie der Empfänger oder die Empfängerin des Wunderbriefes ist. Übergib den Brief ohne Erklärung, aber mit einem Lächeln. Gehe gleich weiter, damit sich die Person nicht bedrängt fühlt.

Alternativ kannst du den Wunderbrief natürlich auch verschicken. Damit verschenkst du obendrein das schöne Gefühl, das

in uns allen heute aufkommt, wenn wir noch einen echten physischen Brief in unserem Briefkasten finden, in einer Zeit, in
der jeder nur noch Textnachrichten oder E-Mails verschickt,
weil es schneller geht.

Der Wunderbrief ist ein kraftvolles Ritual, das dem Mitmenschen, dem du es angedeihen lässt, Glück bringt. Wenn du Lust
hast, kannst du es bei jedem kleinen und großen Wunder, das du
erlebst, wiederholen und so weitere Wunder in die Welt tragen.
Das Ergebnis werden noch mehr tägliche Wunder für dich selbst
sein.

In diesem Sinne verabschiede ich mich jetzt von dir und wünsche dir weiterhin eine Welt voller Wunder und Magie.

Herzlich
Dein Jan Becker

LITERATUR- UND QUELLENVERZEICHNIS

Adrian, Patrick: *Labyrinths and Their Secrets: »patterns of power« for redirecting energy, creating balance and healing the spirit, the body and the environment.* Kindle-Edition 2014

Allensbacher Archiv, IfD-Umfragen 4079, 11079

Aristoteles: *Politik: Schriften zur Staatstheorie.* Reclam 1989

Bartels, Klaus: *Wie Berenike auf die Vernissage kam. 77 Wortgeschichten.* Wissenschaftliche Buchgesellschaft 1996

Baumgartner, Peter: *Handeln und Wissen bei Schütz. Versuch einer Rekonstruktion.* In: Wissen – Können – Reflexion. Ausgewählte Verhältnisbestimmungen, S. 9 – 26, StudienVerlag 2000

Becker, Jan. *Du wirst tun, was ich will. Hypnose-Techniken für den Alltag.* Piper 2012

Becker, Jan. *Das Geheimnis der Intuition. Wie man spürt, was man nicht wissen kann.* Piper 2014

Becker, Jan. *Du kannst schaffen, was du willst. Die Kunst der Selbsthypnose.* Piper 2015

Bem, Daryl: *Feeling the future: Experimental evidence for anomalous retroactive influences on cognition and affect.* In: Journal of Personality and Social Psychology, Vol. 100, Nr. 3, S. 407 – 425, 2011

Betz, Hans Dieter: *The Birth of Christianity as a Hellenistic Religion: Three Theories of Origin.* In: The Journal of Religion Vol. 74, Nr. 1, S. 1 – 25, 1994

Bongertz, Christiane Stella: *Unsere kleine Traumfabrik.* Hygge #5, Nr. 1, S. 90 – 95, 2018

Brezsny, Rob: *Pronoia Is the Antidote for Paranoia, Revised and Expanded: How the Whole World Is Conspiring to Shower You with Blessings.* North Atlantic Books 2009

Byung-Chul, Han: *Vom Verschwinden der Rituale – eine Topologie der Gegenwart.* Ullstein 2019

Chapman, Alan: *Advanced Magick for Beginners.* Aeon 2008

Chopra, Deepak: *Die sieben geistigen Gesetze des Erfolgs.* Heyne 1998

Doud, Alexander; Lucas, John et al.: *Continuous three-dimensional control of a virtual helicopter using a motor imagery based brain-computer interface.* In: Public Library of Science (PLoS), Vol. 6, Nr. 10, 2011, doi: 10.1371/journal.pone.0026322

Duhigg, Charles: *Die Macht der Gewohnheit.* Berlin Verlag 2012

Ende, Michael: *Die unendliche Geschichte.* Thienemann 1979

Esch, Tobias: *Der Selbstheilungscode: Die Neurobiologie von Gesundheit und Zufriedenheit.* Beltz 2017

Ewald, Günter: *Auf den Spuren des Dialogs von W. Pauli und C. G. Jung,* Vortrag anlässlich des Quantica-Kongresses »Evolution – Bewusstsein – Quantenphysik« vom 14./15. Mai 2011, zu sehen unter: nuoviso.tv/allgemein/synchronizitaet-und-quantenverschraenkung-quantica-kongress-2011-prof-dr-guenter-ewald/Ewald, Günter: Synchronizität – zur Deutung des Pauli-Jung-Dialogs, zu lesen auf: web.archive.org/web/20131029094754/http://www.prof-dr-ewald.de/grenzerlebnisse/BadGodesberg2010.html

Gehring, Walter J.: *New Perspectives on Eye Development and the Evolution of Eyes and Photoreceptors.* In: Journal of Heredity, Vol. 96, Nr. 3, S. 171 – 184, 2005; https://doi.org/10.1093/jhered/esi027

Hanussen-Steinschneider, Erik Jan: *Das Gedankenlesen/Telepathie.* Walheim-Eberle 1920

Jacquin, Anthony: *Reality is Plastic – The Art of Impromptu Hypnosis.* Anthony Jacquin 2008

Jodorowsky, Alejandro; Costa, Marianne: *Der Weg des Tarot.* Windpferd 2008

Jodorowsky, Alejandro: *Psychomagic. The Transformative Power of Shamanic Psychotherapy.* Inner Traditions 2010

Kahneman, Daniel; Fredrickson, Barbara et al.: *When More Pain Is Preferred to Less: Adding a Better End.* In: Psychological Science. Vol. 4, Nr. 6, S. 401 – 405, 1993; doi:10.1111/j.1467–9280.1993.tb00589.x

Kalyani, Bangalore G; Venkatasubramanian, Ganesan et al.: *Neurohemodynamic correlates of »Om' chanting: A pilot functional magnetic resonance imaging study.* In: Journal of Humanistic Psychology, Vol. 40, Nr. 3, S. 84 – 107, 2000; http://www.ijoy.org.in/text.asp?2011/4/1/3/78171

Kim, Dong Hoon: *Südkorea bei der Fußball-WM. 60 Jahre voller Höhen und Tiefen,* 2018; zu lesen auf der Seite des koreanischen Goethe-Instituts unter: www.goethe.de/ins/kr/de/kul/dos/fus/21298985.html

Kinslow, Frank: *Quantenheilung. Wirkt sofort – und jeder kann es lernen.* VAK 2009

Kunst, Michael. *Endlich Müll!* SegelReporter, zu lesen auf: segelreporter. com/panorama/ocean-cleanup-erste-erfolge-fuer-boyan-slat-und-sein- team-aber-wird-das-reichen/

Kurzweil, Ray: *The Singularity is Near.* Viking 2005

Kurzweil, Ray: *Das Geheimnis des menschlichen Denkens: Einblicke in das Reverse Engineering des Gehirns.* Lola Books 2014

Lüdecke, Christina: *Moses und das Meerwunder,* online zu lesen unter: planet-wissen.de/natur/meer/rotes_meer/pwiemosesunddasmeerwun der100.html

Meister, Gabriele: *Wunderbare Geschichten.* In: Chrismon, Nr. 4, 2014: online zu lesen unter chrismon.evangelisch.de/artikel/2014/sind-die- wunder-wirklich-geschehen-20727

Mill, John Stuart: *On Liberty and the Subjection of Women.* Penguin Classics 2006

Morgenstern, Erin: *Der Nachtzirkus.* Ullstein 2013

Nishimoto, Shinji; Vu, An T. et al.: *Reconstructing visual experiences from brain activity evoked by natural movies.* In: Current Biology, Nr. 21, S. 1641–1646, 2011

Petersen, Thomas: *Heilige Nacht?* In: Frankfurter Allgemeine Zeitung, Nr. 295, 2017

Radin, Dean: *Real Magic. Ancient Wisdom, Modern Science, and a Guide to the Secret Power of the Universe.* Harmony 2018

Robinson, Eric; Blissett, Jackie: *Peak and End Effects on Remembered Enjoy- ment of Eating in Low and High Restrained Eaters.* In: Appetite, Vol. 57, Nr. 1, S. 207–212, 2011; doi:10.1016/j.appet.2011.04.022. PMID 21570432.

Schmeidler, Gertrude: *Predicting good and bad scores in a clairvoyance expe- riment: A final report.* In: Journal of the American Society for Psychical Research Nr. 37, S. 210–221, 1943

Schmitz, Lilo: *Lösungsorientierte Gesprächsführung. Richtig beraten mit spar- samen und entspannten Methoden.* Verlag Modernes Lernen 2016

Seneca, Lucius Annaeus: *De brevitate vitae: Lateinisch/Deutsch, Von der Kürze des Lebens.* Übersetzt und herausgegeben von Marion Giebel. Reclam 2008

Skrupskyte, Auste: When was the last time you did something childish? Videoexperiment 2014, zu sehen auf: vimeo.com/89598013

Smith, Morton. *Jesus the Magician.* Harper & Row 1978

Stangl, Werner. Stichwort: *Kontakthypothese.* Online Lexikon für Psycholo- gie und Pädagogik; https://lexikon.stangl.eu/23058/kontakthypothese/

Versnel, Hendrik Simon: *Some Reflections on the Relationship Magic-Religion*. In: Numen, Vol. 38, Nr. 2, S. 177 – 197, 1991

Vezzali, Loris; Stathi, Sofia et al.: *The greatest magic of Harry Potter: Reducing prejudice*. In: Journal of Applied Social Psychology, Vol. 45, Nr. 2, S. 105 – 121, 2015

Weber, Max. *Gesammelte Aufsätze zur Wissenschaftslehre*. J. C. B. Mohr 1988

Wiking, Meik: *Die Kunst der guten Erinnerung – und wie sie uns dauerhaft glücklicher macht*. Lübbe 2019

VERZEICHNIS DER ÜBUNGEN (Ü), SKRIPTS (SK), SPIELE (SP) UND NACHDENKGESCHICHTEN (N)

ANMERKUNGEN

1 Ich verwende in diesem Buch den umgangssprachlichen Begriff »Unterbewusstsein« statt des fachlichen Terminus des Unbewussten, weil ich ihn als anschaulicher empfinde.

2 Ich bin mir bewusst, dass es Hunderte verschiedener Religionen gibt – und alle kennen Wunder. Ich nenne hier nur Beispiele, die vielen Menschen in westlichen Breiten bekannt sind, um das allgemeine Verständnis von »Wunder« und »Magie« zu beleuchten. Das bedeutet keineswegs, dass ich andere Religionen geringer schätze. Ich bin der Ansicht, dass unbedingt jeder an das glauben soll, was er möchte – im Kern ist der Ursprung aller Religionen ohnehin derselbe.

3 Wenn ich, wie hier, die männliche Form verwende, ist die weibliche Form immer auch mitgedacht. Das hat allein praktische Gründe.

4 Ich selbst betrachte neue Ideen, die neue Welten erschließen, als magisch und die sich eröffnenden Welten als Wunder – darauf werde ich noch zu sprechen kommen.

5 Sheldrakes Thesen waren von Anfang an in der Welt der Wissenschaft umstritten, sie würden aber Lösungen für diverse Probleme der Biologie liefern, die man bisher nicht erklären kann. Zwar sprachen sich die inzwischen verstorbenen prominenten Quantenphysiker David Bohm und Hans-Peter Dürr für eine eingehendere Untersuchung seiner Thesen aus, da sich von Sheldrake untersuchte Phänomene, wie etwa Telepathie, möglicherweise quantenmechanisch erklären lassen könnten, bisher ist das allerdings nicht geschehen.

6 Erkenntnisse zum Thema Synchronizität und der Freundschaft von C. G. Jung und W. Pauli in Relation zur Quantenphysik verdanke ich u. a. einem Vortrag des leider inzwischen verstorbenen Mathematikers Prof. Günter Ewald auf einem Symposium zur Quantenphysik 2011 (siehe Literaturverzeichnis).

7 Darüber hat Radin ein Buch geschrieben, das *Real Magic* heißt – wahre Magie – und das sogar der Physik-Nobelpreisträger Brian Josephson als »überzeugendes Argument für die Realität und Signifikanz der Magie« lobt.

8 Unter folgender Webadresse findet sich ein Clip, in dem der tatsächliche Film und die Rekonstruktion des Computers nebeneinandergestellt wurden: https://www.youtube.com/watch?time_continue=28& v=nsjDnYxJ0bo&feature=emb_title

9 In meinem Buch *Entspannt schaffst du alles! Mit neuen Meditationstechniken zu mehr Gelassenheit und Erfolg* findest du viele Anregungen, wie du deinen gesamten Alltag in den Meditationsmodus setzt.

10 Siehe Literaturverzeichnis.

11 Gerald ist nicht sein richtiger Name, aber da wir den Kontakt verloren haben, habe ich seinen Namen geändert.

12 Auch dieser Name ist geändert.

13 Das Sprichwort geht wahrscheinlich auf den brasilianischen Schriftsteller Fernando Tavares Sabino zurück, wird aber oft Oscar Wilde oder John Lennon zugeschrieben.

14 Sein Buch zum Thema findest du im Literaturverzeichnis.

15 Die ganze Geschichte kannst du in meinem Buch *Entspannt schaffst du alles!* nachlesen. Dort findest du außerdem zahlreiche Tricks und Übungen, wie du Stress in deinem Leben reduzierst. Das kommt auch der Magie zugute – denn jedes Weniger davon hilft dir, dich zu fokussieren, und unterstützt dich damit auch dabei, dein Leben magisch zu verzaubern.

16 Das Projekt hat zwar mehrere Rückschläge hinnehmen müssen, weil das erste schwimmende Müllsammelsystem – wie die meisten Erfindungen – noch nicht perfekt war und auseinandergebrochen ist. Dafür hat Boyan Slat viel Häme bekommen und sich trotzdem nicht entmutigen lassen. Inzwischen funktioniert das Müllsammeln und wird sicher noch weiter perfektioniert werden.

17 *Quantenheilung* von Frank Kinslow, siehe Literaturverzeichnis.

18 Ich bekomme keine Prozente, ich bin einfach von Jodorowskys Psychomagie-Ansatz begeistert.